历史紧要关头的
邓小平

周锟 著 ————————

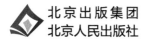

北京出版集团
北京人民出版社

图书在版编目（CIP）数据

历史紧要关头的邓小平 / 周锟著. — 北京：北京
人民出版社，2024.8. — ISBN 978 - 7 - 5300 - 0620 - 7

Ⅰ. A762

中国国家版本馆 CIP 数据核字第 2024HY2437 号

历史紧要关头的邓小平
LISHI JINYAO GUANTOU DE DENGXIAOPING

周锟　著

*

北 京 出 版 集 团
出版
北 京 人 民 出 版 社

（北京北三环中路 6 号）

邮政编码：100120

网　　　址：www . bph . com . cn

北 京 出 版 集 团 总 发 行

新 华 书 店 经 销

北 京 建 宏 印 刷 有 限 公 司 印 刷

*

787 毫米×1092 毫米　　16 开本　　18.75 印张　　227 千字

2024 年 8 月第 1 版　　2025 年 6 月第 2 次印刷

ISBN 978 - 7 - 5300 - 0620 - 7

定价：56.00 元

如有印装质量问题，由本社负责调换

质量监督电话：010 - 58572393

目　录

第一章　在民族危亡的关头：拥抱革命

眼前是一列火车。

乘上这列火车，就要离开巴黎，前往莫斯科。

这天，是 1926 年 1 月 7 日。

准备乘车的共有 20 人，其中有一位小个子的年轻人，他叫邓希贤。夜色中，邓希贤回望巴黎的夜景，也回望着在法国 5 年零 3 个月的生活，往事历历在目。或许他望得更远，看到了远在天边的家乡，想到了 21 年来的人生经历。说起来，那是相当不寻常的。

邓希贤是 1920 年 10 月 19 日的早晨由马赛海港登陆法国的。据第二天的《小马赛人报》报道："一百名中国青年人到达马赛的安德列勒蓬桥上。他们的年龄在十五至二十五之间，穿着尖皮鞋，显得彬彬有礼，温文尔雅。""从此，这些有知识的人，无论在法国还是在中国就变得更加紧密了。在另一旁站着满脸笑容、叽叽喳喳说话的六名女学生。这六名女学生到法国来同样也是为了完成她们的学业。"邓希贤就是这 100 多位中国青年中的普通一员。

码头现场举行了简单的欢迎仪式，有华法教育会代表和中国驻马赛领事前来参加。随后，青年们乘坐汽车离开了马赛，经过 16 个小时的车程，终于抵达他们的目的地——巴黎西郊的哥伦布市德拉普安特街 39 号华侨协社——这里是华法教育会的所在地。

　　显然，邓希贤到法国是来留学的。在法国这样的发达国家读书，在今天也是难得的机会，何况是 100 年前呢？我们不禁会想，邓希贤有着怎样显赫的家庭背景呢？

1. 走出广安

　　邓希贤刚出生时的名字是邓先圣，那是 1904 年的 8 月 22 日，还是清光绪年间。地点是中国四川省的东北部，如今的广安市广安区协兴镇牌坊村，当时名为广安州望溪乡姚坪里的一座农家三合院，向南距广安县城大约 7 公里。他的家乡气候温和，雨量充沛，土壤肥沃，有"金广安"之称。这个家族的祖先作为官员于明洪武年间从江西迁到广安，到邓希贤是第 19 代。出生时，邓希贤的家境确实不错。家里拥有谷地二三百挑，大院子共有 17 间木穿斗结构的房子，青瓦粉壁、坐东朝西。他的父亲邓绍昌已年过四十，为人义气，曾参加当地民间帮会组织——"袍哥会"（也就是"哥老会"），在协兴场的帮会中当过"三爷""掌旗大爷"等重要角色。辛亥革命爆发，邓绍昌参加广安的武装起义，当上广安县团练局局长、八县联防副指挥，收入颇丰。但是在军阀混战的环境下，邓绍昌任职不到一年半就因得罪人被撤换了。邓希贤后来回忆，此后邓绍昌"逃难在外约七八年之久""家庭的经济亦随之而逐渐破产"。可见，邓希贤并非来自富贵之家，那他如何又能远涉重洋，来到法国留学呢？

　　作为父亲，邓绍昌对孩子们很严厉，经常打骂，但他确有见识，尤其具有新思想，重视孩子们的教育，不惜卖掉田地也要供他们读书。邓希贤的母亲淡氏更是深爱自己的孩子，她虽然没有念过书，但非常开明，而且勤劳能干。邓希贤回忆："父母之爱我犹如宝贝一般。因为我自幼时资质就颇聪明，他们的爱我，自然是对我有很大的希望，希望我将来能够做官发财，光耀门庭。"因此，邓希贤在接受教育方面一步也没有落下。5岁时，他就进入本村的私塾——因由乾隆时中进士的同族先辈邓时敏修建，而被称作"翰林院子"——发蒙念书。他的名字也被塾师邓绍明由邓先圣改为邓希贤。一年多后，他进入协兴场开办的初等小学读书。1915年，邓希贤考入四川保路运动的领袖之一蒲殿俊创办的广安县立高等小学，1918年又考入当时广安的最高学府——位于县城西秀屏山下的广安县立中学。

与此同时，赴法勤工俭学运动在四川如火如荼地开展起来，在著名革命者吴玉章的发动和组织下，四川赴法勤工俭学的人数居全国之首。1919年8月28日，重庆留法勤工俭学分会成立，由重庆商会会长汪云松担任分会会长。邓绍昌得知后，决定让长子邓希贤去重庆报考勤工俭学留法预备学校。邓希贤很愿意去留学，他后来说："我们看到中国当时是个弱国，我们要使它强大。我们认为要达到这一目的，只有使它走上现代化的道路，所以我们去西方学习。这时所谓救国思想，无非是当时在同学中流行的所谓工业救国思想。其实我们当时去法国，也只是抱着一个'工业救国'的思想。当时我才十六岁，受到五四运动的影响，就想出洋学点本领，回来搞工业以工业救国。在那时我的幼稚的脑筋中，只是满怀希望地到法国去一面勤工，一面俭学，学点本事回国，如此而已。"而且当时他认为，只要"到了法国什么都解决了，一则可以求学，再则可以找钱"。不过，邓希贤的母亲极力反对。据弟弟邓垦回忆："我母亲舍不得，不赞成。大哥愿意去，加上家境困难，听说能出去留洋，也都做母亲的工作，家里面还有一场争论，他就跟母亲讲道理。讲不通后，他跑到我家老房子正面靠右边的一个房间，这是一个过间，是很矮的，有一个门，他进去后把门一关，不吃饭。大概有一两天吧，我母亲心里慌了。儿子不吃饭，那怎么办呢，这样就让步了，痛哭流涕，就这样很勉强同意他去了。"

邓希贤成功考入重庆勤工俭学留法预备学校，据他当时的同学回忆："他那时就显得非常精神，总是精力十分充沛，他的话不多，学习总是非常刻苦认真。"一年后，经过书面考试和身体检查，84名学生获准赴法，邓希贤是其中年纪最小的，家里好不容易才为他筹集了"到法国的路费百多元"。8月9日，法国驻中国公使馆向法国外交部提交了这批留学生的名单，上面还注明各人抵法后希望从事的专业，邓希贤写的是"铸铁"。8月27日，邓希贤他们登上"吉庆"号客轮，9月6日抵达上海，10日在黄浦码头登上法国邮轮"盎特莱蓬"号，出发远航。"盎特莱蓬"号虽是万吨邮轮，但他们乘坐的是专为勤工俭学生临时设置的四等舱，实际就是船底层的货舱，近百人与各种货物挤在一起，蚊虫肆虐。邓希贤熬过39天，途经亚洲、非洲、欧洲的多个国家和地区，首次见识了异彩纷呈的大千世界。

2. 俭学勤工

视线回到巴黎，在华法教育会的三层小楼里，邓希贤等人受到许多先期到法国的勤工俭学生的欢迎，其中就有邓希贤的四川老乡、一年前来法国的江津人聂荣臻。几天后，华法教育会将这些青年分别安排到巴耶、枫丹白露、蒙塔日、圣得田、佛勒尔等地，进入那里的中学上学，同时等待做工。邓希贤在法国的勤工俭学生活就此正式开始了。

1920年10月21日，邓希贤和23名学生一起，来到距巴黎200多公里的巴耶，进入巴耶中学的商务系学习，学校为他们单独开班，邓希贤的学号为1421。第二天，《巴耶日报》发表题为《中国学生到巴耶》的消息说："二十多名中国学生在二名法文讲得非常流利的同乡带领下，于昨天晚上到达巴耶市。这些年轻人是由他们的政府派往法国的，并在巴耶中学学习他们感兴趣的课程，以便使他们了解法国的语言和风土人情。他们是寄宿制学生。"邓希贤后来说，那是一家私人开的学校，才上了几个月，没学什么东西，吃得很坏。学校待他们像小孩子一样，每天很早就要求上床睡觉。

此时欧洲国家正经受第一次世界大战后的经济危机，在法国的1000多名中国勤工俭学生，只有不到1/4的人能找到工作。大部分学生无钱上学，又无工可做，只能聚居在巴黎华侨协社，由华法教育会发给每人每日8法郎维持生活。雪上加霜的是，1921年1月中旬，华法教育会连续发出两次通告，表示："亏竭已极。万难为继。惟有竭诚通告。华法教育会对于俭学生及勤工俭学生，脱卸一切经济上之责任，只负精神上之援助"，"在校同学与失工同学，自今日起，一律再维持两个月，至三月十五日截止。此后便与华法教育会断绝经济关系，教育会不再发维持费，须各自设法。住校的由其本人自与学校交涉"。邓希贤后来回忆：那时已在第一次世界大战后的两年，所需劳动力已不似大战期间（即创办勤工俭学期间）那样紧迫，找工作已不大容易，工资也不高，用勤工方法来俭学，已不可能。比起巴黎等地的学校，在巴耶中学的花销相对低一些，邓希贤也比较节俭，但到了1921年3月，他身上已经没有几个法郎了。由于学费没有着落，邓希贤等中国学生与校方交涉又遭拒绝，只能离开学校另谋出路。13日晚上，邓希贤和18名学生一起离开巴耶中学，去法国南部的重工业城市克鲁梭找工作。邓希贤在这所中学学习了5个月，竟是他在法国仅有的"俭学"生涯！

邓希贤是幸运的，他于4月初在克鲁梭的施奈德钢铁厂找到了他人生中的第一份工作。有3万多名工人的施奈德钢铁厂，是法国当时最大的军火工厂，第一次世界大战期间由于本国劳动力短缺曾大量招募外籍工人，包括1000多名中国劳工，此时也有100多名中国勤工俭学生集中在此。

在施奈德钢铁厂，不满 18 岁的学徒工，每天工资只有 10 法郎，而厂内的伙食费每天都要 6 法郎。而且还必须与工厂签订苛刻的 2 年合同，规定学徒期满后，至少要在工厂干满 6 个月，每天的工资还要被扣下 1 法郎，待 2 年合同期满时再发还，并奖励 200 法郎；如无故退工，则将所扣的钱作为赔偿。邓希贤进厂却连学徒工都没干上，只能当散工。散工法文发音为"马篓五"，又被戏称"马老五"，也就是杂工，无固定工位，视各工段的需要流动工作，地位低，工资更低，劳动强度很大，却学不到任何技术。尽管如此，邓希贤还是很珍惜这份工作，在他看来，这意味着有了继续求学的希望。在这里，邓希贤填写了他人生中的第一张工卡。工卡上写着："姓名：邓希贤。年龄：16 岁。服务部门：轧钢车间。工种：杂工。工作能力：很好。工作表现：好。日薪金：6 法郎 60 生丁。"……邓希贤肯定不会想到，70 多年后的 1997 年，时任法国总统希拉克会在这张工卡的复制件上亲笔签名，并于这年 5 月 15 日应邀访问中国时，作为国礼赠送给时任中国国家主席江泽民。

邓希贤进厂后，工作是在 40 摄氏度以上的轧钢车间，身着厚厚的工作服，脚上穿着特制木鞋，人工拖运热轧的钢材，即他后来说的"拉红铁"，非常辛苦又十分危险。而且中国工人在厂里的吃住条件很差。宿舍是 20 多人住一间大屋，距离工厂有 10 多公里，吃的通常是面包加自来水，有时加一块粗巧克力，每天还有不小的杂费开支。邓希贤做了 20 多天苦工后，不堪重负，却没有赚到钱，还倒赔 100 多法郎。4 月 23 日，他辞去了人生第一份工作，登记表"辞职原因"一栏写的是：体力不支，自愿离开。后来，他对家人说："我矮是正在成长的时候吃苦，在法国（的时候）。我们家人都比我高。小时候（吃苦）是十六岁，十六岁正是长身体的时候。"

但邓希贤依然是幸运的，因为他在施奈德钢铁厂第一次接触到机器大生产，亲身感受到了阶级压迫，还结识了赵世炎、李立三等人。尤其是赵世炎，他与邓希贤是四川老乡，同时进入施奈德钢铁厂，并同在轧钢车间做散工。他此时已经开始在华工和勤工俭学生中开展革命活动，后来成为中国共产党的早期领导人，对邓希贤在民族危亡的紧要关头选择拥抱革命，发挥了直接的促进作用。

邓希贤失业后也只能和其他勤工俭学生一样到巴黎华侨协社暂住，从 4 月 26 日开始每天从中国驻法公使馆领取 6 法郎。这当然不够生活维持费，于是他开始做各式各样的短工。包括扎纸花，饭馆招待，在火车站、码头搬运货物、行李，在建筑工地推砖、扛水泥，当清洁工，等等。一直到 1922 年 2 月，法国经济开始好转，邓希贤到了法国南部的小城夏莱特，在这里的哈金森橡胶厂做工。当地生活费比较低，蔡和森、向警予、蔡畅、李维汉、李富春等人就在附近的蒙塔日做工。

邓希贤于 2 月 14 日进入哈金森橡胶厂工作，工号为 5370。这个厂是以生产胶鞋和自行车内外胎而闻名的老厂，厂房是由埃菲尔铁塔的设计者古斯塔夫·埃菲尔设计的。邓希贤心灵手巧，在这里每天可以做 20 多双鞋，挣到 15 法郎左右的收入。除去开支，每月可以结余 200 多法郎。他和 30 多个勤工俭学生住在离工厂不远的小树林木棚里，生活状况有所改善。当年 10 月，邓希贤收到了家里卖谷子凑的一些钱，于是辞去了在哈金森橡胶厂的工作，想进入塞纳的夏狄戎中学上学，但最终因为钱不够未能入学。邓希贤回忆：做工所得，糊口都困难，哪还能读书进学堂呢。于是，那些"工业救国""学点本事"等幻想，变成了泡影。

西方不亮东方亮，就在邓希贤在法国境内辗转时，在中国国内，中国共产党诞生了！在欧洲，在旅欧的进步学生中，中国共产党的建党活动也开展起来了！

在赴法勤工俭学生中，赵世炎、周恩来等人是最早的中国共产党党员。其中，赵世炎和邓希贤曾是同事。周恩来到法国比邓希贤晚2个月。1921年春，他在法国加入中国共产党。日后，他成为邓希贤一生关系密切的兄长。1922年6月3日，在法国巴黎郊区的布罗尼森林，赵世炎、周恩来、李维汉、王若飞、刘伯坚、陈延年等18位勤工俭学生成立了"旅欧中国少年共产党"。他们召开会议，选举赵世炎、周恩来、李维汉为中央执行委员会委员，办公地点设在巴黎13区意大利广场附近的戈德弗鲁瓦街17号小旅馆内。赵世炎任书记，周恩来负责宣传工作，李维汉负责组织工作。1923年2月17日至19日，旅欧中国少年共产党在巴黎西郊的小镇上召开了有42名代表参加的临时代表大会，决定将旅欧中国少年共产党改名为旅欧中国共产主义青年团，成为中国社会主义青年团旅欧支部，其领导机构改称旅欧共青团执行委员会，周恩来当选为执行委员会书记。

差不多同一时间，1923年2月1日，邓希贤从塞纳回到夏莱特，再次进入哈金森橡胶厂制鞋，但到3月7日他又离开了。厂方在他的工卡上写道，离职的原因是"拒绝工作"，还注明："永不录用。"

邓希贤在法国的勤工俭学生涯中，哈金森橡胶厂的工作和生活条件算是最好的，他为什么要舍弃这难得的机会呢？实际上，尚不满20岁的邓希贤已经找到了比勤工俭学、实业救国更高的追求。

3. 终身理想

正是在哈金森橡胶厂工作期间，邓希贤开始从经常来厂里进行革命活动的赵世炎，以及同样在厂里工作的王若飞那里接受革命思想。邓希贤回忆："从自己的劳动生活中，在先进同学的影响和帮助下，我的思想也开始变化，开始接触一些马克思主义的书籍，参加一些中国人和法国人的宣传共产主义的集会。""最使我受影响的是《新青年》第8、9两卷及社会主义讨论集，我做工的环境使我益信陈独秀们所说的话是对的。因此，每每听到人与人相争辩时，我总是站在社会主义这边的。""一方面接受了一点关于社会主义尤其是共产主义的智识，一方面又受了已觉悟的分子的宣传。同时加上切身已受的痛苦，有了参加革命组织的要求和愿望。""我从来就未受过其他思想的浸入，一直就是相当共产主义的。"1923年3月，邓希贤开始参加一些活动，主动向旅欧中国共产主义青年团靠拢，并受到团组织的关注。他后来记述加入旅欧中国共产主义青年团的过程是："那时共产主义的团体在西欧已经成立了，不过因为我的生活太浪漫，不敢向我宣传，及到1923年5月我将离开哈金森时"，"舒辉暄才向我宣传加入团体，同时又和汪泽楷同志谈了两次话，到巴黎后又和穆清同志接洽，结果6月便加入了"，"我加入团体是汪泽楷、穆清、舒辉暄三同志介绍的"。6月11日，邓希贤离开夏莱特来到巴黎，不久正式加入旅欧中国共产主义青年团。从此，他确立了共产主义信仰，并为之奋斗了一生。

紧接着，邓希贤参加了在巴黎召开的旅欧中国共产主义青年团第二次代表大会。他一边在巴黎的工厂做工，一边在旅欧共青团执行委员会（支部）担任宣传干事。1923年底，他离开工厂，全身心投入执行委员会书记部的工作，主要是承担旅欧中国少年共产党的机关刊物——《少年》的编辑工作。据蔡畅回忆："《少年》刊物是轮流编辑，邓希贤、李大章同志刻蜡版，李富春同志发行。"《少年》共出了13期，主要是介绍共产党的性质和作用，宣传建党建团的意义，译载马克思和列宁的著作。赵世炎、周恩来等都曾在上面发表文章。邓希贤到编辑部不久，该刊更名《赤光》，更具有战斗性。《赤光》并不定期，是 16 开本，每期 10 多页，到 1925 年一共出版 33 期，在勤工俭学生、华工、华人中影响很大。

《赤光》由周恩来编辑、发行，他也是主要撰稿人。邓希贤则在白天做工，晚上刻蜡版、油印和装订。邓希贤和周恩来一同战斗，经常工作到深夜，一起打地铺。邓希贤多年后对外国记者说：我和周恩来"认识很早，在法国勤工俭学时就住在一起"，"对我来说他始终是一个兄长。我们差不多同时期走上了革命的道路"。在工作中，邓希贤还得了个"油印博士"的称号，这是因为"他的字既工整又美观，印刷清晰"。他也在《赤光》上发表文章，在晚年忆及此事时他说："我在《赤光》上写了不少文章，用好几个名字发表。那些文章根本说不上思想，只不过就是要国民革命，同国民党右派斗争，同曾琦、李璜他们斗争。"其弟邓垦则说："大哥在法国参加革命后，曾在周总理的领导下办一份杂志《赤光》。他经常往家里邮寄，寄了七八期。我当时才十几岁，还在念小学，只看到封面上有光身子的小孩，里面内容看不太懂。到我念中学后，逐步看懂了，什么帝国主义侵略、劳苦大众、劳农政府、翻身解放、苏维埃、人人平等，为穷人谋利益等等。我后来去上海找他，参加革命，最早受的影响就是他寄来的《赤光》。"

1924 年第一次国共合作期间，按照党的决定，邓希贤还以个人名义加入中国国民党。7 月 15 日至 23 日，旅欧中国共产主义青年团召开第五次代表大会，邓希贤和另外 4 人当选为新的执行委员会（支部）委员，聂荣臻当时是候补委员。16 日，在执委会举行的第一次会议上，邓希贤和周唯真、余增生 3 人组成执行委员会书记局，担负起旅欧共青团的日常工作。根据党的规定，不满 20 岁的邓希贤，作为旅欧共青团执委会（支部）的负责人，正式转为中国共产党旅欧支部的党员，在党团工作中承担领导责任。会后不久，周恩来回国工作。

当年年底，邓希贤参加旅欧中国共产主义青年团第六次代表大会。之后，他作为支部的特派员到里昂地区工作。1925年4月，邓希贤兼任党的里昂小组书记，成为里昂党团组织的主要负责人。五卅运动爆发后，中共旅欧党团组织领导了声援五卅运动反对帝国主义的斗争，由于在此期间很多中共旅欧支部负责人被捕或被驱逐出境，邓希贤回到巴黎，承担起党团组织的领导工作。6月30日，中国共产主义青年团旅欧区临时执行委员会成立，邓希贤为委员，和傅钟、毛遇顺三人组成书记局，积极领导开展斗争。8月16日，邓希贤被推选为中国国民党驻法总支部执行委员中的监察委员。次日，邓希贤参加旅欧中国共产主义青年团第七次代表大会第一次执行委员会会议，这次会议决定邓希贤、傅钟、施去病三人组成书记局，傅钟任书记。邓希贤还成为中国国民党驻法总支部在巴黎主办的报纸《国民》的撰稿人。

这时，法国警察开始秘密跟踪监视邓希贤的活动。为了寻找掩护，11月6日，邓希贤来到雷诺汽车厂做钳工，此时的他已经被承认是熟练技术工人了。邓希贤在革命活动方面越来越活跃，而法国警察的监视也越来越密切，他们的情报显示：邓希贤"作为共产党积极分子代表出席会议，在中国共产党人所组织各种会议上似乎都发了言，特别主张亲近苏联政府。此外，邓希贤还拥有很多共产党的小册子和报纸，并收到过许多寄自中国和苏联的来信。有两个中国同胞与邓希贤住在一起，好像他们也都赞成邓希贤的政治观点。外出时，他们总是陪伴着邓希贤"。

1926年1月8日，法国巴黎警察局局长发出搜查邓希贤等人住所的命令。早晨5点45分，巴黎警方对布罗尼·比扬古尔的朱勒费里街8号、特拉维西尔街14号、卡斯德亚街3号的三家旅馆进行搜查。他们的报告显示："搜查这三家旅馆的目的，是为了查找从事共产主义宣传中的中国人。这些旅馆的全部房间已被搜查过，上百份中文文件都被查看过。""在卡斯德亚街 3 号旅馆的五号房间里，发现了大量的法文和中文的宣传共产主义的小册子《中国工人》《孙中山遗嘱》《共产主义 ABC》等以及中文报纸，特别是莫斯科出版的中国共产主义报纸《进步报》，还有两件油印机的必需品并带有印刷金属板、滚筒和好几包印刷纸。""名叫邓希贤、傅钟和 Ping Suen Yang 的三个人在这个房间里一直住到本月 7 日。他们昨天突然离去。""这些中国人看来是活跃的共产主义分子。""看来这些人由于发现自己受到怀疑，因此，就急忙销声匿迹了。他们的同胞采取了预防措施，丢弃了一切会引起麻烦的文件。"

法国警方没有抓到邓希贤，因为他已经于前一天的晚上，按照中共旅欧支部在 1925 年 5 月就作出的决定，离开法国前往苏联了，本书开场的那一幕描述的就是这段经历。

当时，由于国内的大革命如火如荼，急需大批干部，中共旅欧支部决定选送一批干部先到莫斯科东方劳动者共产主义大学学习，然后回国工作，邓希贤就是其中一位。邓希贤在 5 年多的旅法生活中，在周恩来、赵世炎、王若飞等优秀的中国共产党人的引导和帮助下，在民族危亡的紧要关头选择了拥抱革命，从而决定了他这一生的走向，甚至影响了中国未来的命运。

4. 红都岁月

邓希贤等人乘火车途经德国时，曾在柏林停留。他于 60 多年后对德国统一社会党中央总书记、德意志民主共和国国务委员会主席埃里希·昂纳克回忆了当时的情况："住了一个星期，受到德国党非常热情的照顾。二十几个同志分住在德国同志家里。当时德国工人生活很困难，德国同志夫妇只有一个房间，让我们睡床上，他们睡地板，把最好的东西给我们吃，真是共产主义者、国际主义者。除了参观，还专门请我们看了红色赤卫队的训练。所以，我对德国共产党不生疏。那个时候我们从接触中了解到，德国党对中国革命抱有很大的热情。我们两党、两国工人阶级、两国人民声息相通，历史很久。"

几经辗转，邓希贤在 1926 年 1 月 17 日抵达苏联首都莫斯科，他先进入东方劳动者共产主义大学——通常说的"莫斯科东方大学"——学习了几天，随后又转入莫斯科中国劳动者中山大学——通常说的"莫斯科中山大学"——真正开始了一生中唯一一段接受正规高等教育的快乐时光。

莫斯科中山大学专门为"培养中国共产主义群众运动的干部、培养中国革命的布尔什维克干部"而设立。当时正值第一次国共合作时期，莫斯科中山大学聚集了中国国民党和中国共产党两大组织的青年精英。邓希贤因为年龄较长，又在法国承担党团组织的领导工作，经受了长期的锻炼，逐渐脱颖而出，在同学们——包括国民党方面蒋介石的儿子蒋经国、于右任的女婿屈武等人——的眼中，已经是成熟的革命者了。据当时中山大学的学生徐君虎回忆：第一期学员共有 600 多人。我和蒋经国同班，而且分在同一个团小组，我们的团小组组长就是邓希贤。邓希贤、蒋经国个头都不高，站队时常肩并着肩。邓希贤比我们都大，经验也远比我们丰富。他脖子上围着白道的大围巾，爽朗活泼、爱说爱笑，富有组织才能和表达才能。尽管当时天寒地冻，但我们饭后总爱到学校对面的广场、公园和莫斯科河畔去散步，领略异国风光，边散步边聊天，尤其是听邓希贤讲在法国勤工俭学时那些惊心动魄、带有传奇色彩的革命斗争故事，更是别有情趣。有一次，蒋经国和我问邓希贤：你干吗老围着一条大围巾呢？邓希贤说：在法国留学的中国学生常去当清洁工，尤其是捡马粪，因为在法国捡马粪挣钱多，干一天能搞足一个星期的开销，最划得来，法国的清洁工都围着那么一条围巾。我和蒋经国这才明白：邓希贤为自己当清洁工而自豪。

邓希贤最初分在第九班，后几经调整，编入了第七班，据也在该班学习、后成为我军炮兵部队创始人、担任东北民主联军炮兵司令等职务、1948年在辽沈战役中牺牲的朱瑞将军回忆，他们所在的这个第一期第七班"是政治上最强，斗争最剧烈，人才最集中的一个班"。该班集中了国共两党的一批骨干精英，中共方面有邓希贤、左权、傅钟、李卓然、潘子力等人，国民党方面有谷正纲、谷正鼎、陈春甫、林柏生、邓文仪、李秉中、吴淡人等人，他们理论水平较高，斗争也最激烈，因此又被称作"理论家班"。邓希贤很愿意参加同学中展开的有关共产党与国民党合作问题的辩论。这个时期，他赞成斯大林的观点，主张与国民党保持合作，反对托洛茨基认为社会主义革命已提上议事日程，应该停止同国民党合作的"左"倾观点。当同国民党右派学生争辩时，他的发言简短有力，切中要害，常把对方驳得理屈词穷，因而被同学们称为"小钢炮"。

不过，对在法国求学屡屡受挫的邓希贤来说，在红都莫斯科的10个月，首先是万分难得的读书时光。当时的他这样说道："我更感觉到我对于共产主义的研究太粗浅"，"我能留俄一天，我便要努力研究一天，务使自己对于共产主义有一个相当的认识"。在中山大学，邓希贤如饥似渴地读书，他在填写的党员调查表上如实地写下了自己的读书情况："马克思、恩格斯：《共产党宣言》，孙文：《建国方略》、《民族主义》、《民权主义》、《孙中山先生演讲录》、《国民党演讲集》二集，《陈独秀先生演讲录》。""《新建设》、《新青年》、《向导》、《中国青年》、《广州民国日报》。"除了读书自学，在学校安排的课程上他也学得很认真。中山大学开设的课程有语言（俄语、英语、法语和德语）、历史（中国史、俄国史、东方和西方革命运动史）、哲学、政治经济学（主要是马克思的《资本论》和根据苏联有关著作编写的教材）、列宁主义基础（以斯大林的著作为主），还有军事科学和军事训练，邓希贤都以非常优秀的成绩完成。有实践经验的邓希贤十分注意马克思主义经典理论的学习，并且学习效果很好。后来，莫斯科中山大学的党支部给他的鉴定中有"学习优秀"的评语。

莫斯科中山大学中共支部1926年6月16日"党员批评计划案"中记载了邓希贤当时的情况："姓名：邓希贤。俄文名：多佐罗夫。学生证号码：233。党的工作：本班党组组长。一切行动是否合于党员的身份：一切行动合于党员的身份，无非党的倾向。守纪律否：守纪律。""对于党的实际问题及其他一些政治问题的了解和兴趣如何，在组会中是否积极的或是消极的提议各种问题讨论，是否激动同志们讨论一切问题：对党中的纪律问题甚为注意，对一般政治问题亦很关心且有相当的认识，在组会中亦能积极参加讨论各种问题，且能激动同志讨论各种问题。""出席党的大会和组会与否：从无缺席。党指定的工作是否执行：能切实执行。对同志的关系如何：密切。对功课有无兴趣：很有兴趣。能否为别人的榜样：努力学习可以影响他人。党的进步方面：对党的认识很有进步，无非党的倾向，能在团员中树立党的影响。在国民党中是否消灭党的面目：未。在国民党中是否能适合实行党的意见：能。做什么工作是最适合的：能做宣传及组织工作。"邓希贤在法国已有宣传工作的实绩，经过在莫斯科的学习锻炼后，校方最后给他的评价也包含"该同志最适合做组织工作"。

这期间，邓希贤还向中共党组织写了自传。这是一份弥足珍贵的历史文献，表达了他义无反顾地献身无产阶级革命，为共产主义事业奋斗终生的坚定信仰："我过去在西欧团体工作时，每每感到能力的不足，以致往往发生错误，因此我便早有来俄学习的决心。""我来俄的志愿，尤其是要来受铁的纪律的训练，共产主义的洗礼，使我的思想行动都成为一贯的共产主义化。"他坚定地表示："我来莫斯科的时候，便已打定主意更坚决地把我的身子交给我们的党，交给本阶级。从此以后，我愿意绝对地接受党的训练，听党的指导，始终为无产阶级的利益而斗争。"

莫斯科中山大学给邓希贤的鉴定则是："多佐罗夫同志是一个十分积极、精力充沛的党员和共青团员〔联共（布）预备党员〕。他是该大学共青团委会的一名优秀组织工作者，组织纪律性强，有克制能力，学习能力强，在团委会的组织工作中积累了丰富的经验，进步很快。积极参加社会工作，同其他人保持同志关系。学习优秀，党性强（单独开展工作，单独做国民党党员的工作，被指派做这项工作的都是最优秀的党员）。"

这里要提一下在苏联的学习经历与邓希贤第一次政治磨难的联系。7 年之后，在中国江西的中央苏区，他在"邓、毛、谢、古"事件中遭遇了政治生涯"三落三起"中"第一落"。邓希贤于 1931 年夏到达江西中央苏区，先后担任瑞金县委书记、会昌中心县委书记、江西省委宣传部部长等职务。这时，推行"左"倾冒险主义的中共临时中央从上海迁入中央革命根据地。邓希贤同毛泽覃、谢唯俊、古柏等人一直坚持从实际情况出发，执行以毛泽东为代表的正确路线。他们反对"城市中心论"，主张向敌人力量薄弱的广大农村发展；反对军事冒险主义，主张诱敌深入；反对用削弱地方武装的办法来扩大主力红军，主张两种武装力量都要发展；反对"左"的土地分配政策。临时中央错误开展了对邓、毛、谢、古的斗争。邓希贤被撤销省委宣传部部长的职务，受党内最后严重警告的处分，被派往中央苏区边远的乐安县所属南村区委当巡视员。这是他在党的政治生活中受到的第一次错误处分。站在今天的视角来观察，在中国共产党发展早期，从苏联学成回国的同志由于理论功底较好，更受重视，担任党内领导职务的比较多，但他们比较容易受到教条主义束缚，在中央苏区对邓希贤施加批判的人，有不少是他在莫斯科或法国时的同学和战友。相反地，邓希贤与毛泽东除了在八七会议上的一面之缘，此前几乎没有什么交集。如果用时下流行的一些"背景""圈子""山头"的庸俗政治学的观点来看，邓希贤在中央苏区支持毛泽东的主张简直不可理解。在支持毛泽东正确主张的人中，邓希贤有苏联留学背景，遭受严厉打击亦不更改，在当时非常少见。

第一次政治磨难对邓希贤的打击可谓十分沉重，他的性格也由青少年时期爱说爱笑、善于辩论的"小钢炮"转变为后来的坚毅内敛、沉默寡言。尽管当时仅有 29 岁，但他表现出对党的忠诚和超越年龄的坚定性。当被撤销职务，送到红军总政治部驻地一间小破屋里隔离审查，并被责令作出"申明"和"检查"时，他仍未妥协，曾陈述道："我所上交的两份检查，写的全是实话。回顾历史，认为自己所做的一切，是对党的事业负责任的，是对中国革命负责任的。"他坚定地认为自己的主张和做法是正确的，决不承认自己是机会主义。不管遇到怎样的责难，都坚信自己执行的是马克思主义的正确路线，正确的就要坚持。难能可贵的是，他的态度始终是积极地要求工作，没有怨恨批判他的人，相反，批判他的大多数人后来成了他的亲密战友。由这一事例可以看出，实事求是地坚持信仰，是他在革命生涯早期就展现出来的卓越品质。

回到 1926 年的莫斯科，在邓希贤众多的同学中，有一位比他小

3 岁的女生，她叫张锡瑗。张锡瑗又名西远、希园，是河北良乡（今属北京房山区）人，1907 年出生于工人家庭，她的父亲是良乡铁路站站长。1924 年，她在直隶第二女子师范学习时加入中国共产主义青年团，并担任学校团组织的负责人，参与发动并组织学生驱赶反动校长的斗争，作为学生代表之一赴北京、天津宣传学生运动。1925 年，张锡瑗随父亲来到北京，进入清明中学学习，并参加了国民会议促成会的活动。在李大钊的影响下，张锡瑗接受共产主义思想，于同年加入中国共产党，11 月被派往苏联莫斯科中山大学学习。她在这里的俄文名是多加多娃，与多佐罗夫——邓希贤结识，但二人并不同班，当时也没有更多的交往。

也是在这一年，邓希贤的母亲淡氏病逝了，她是带着对长子的牵挂离世的，忠孝难两全，邓希贤已不可能从遥远的莫斯科回家奔丧了。只有邓希贤这个名字，排在淡氏墓碑上子嗣姓名的第一个，长伴母亲左右。邓希贤无限地怀念母亲，直到晚年时还在说，当时那个家能够保持生活下去，全靠母亲。

虽有这样的伤心事，但总的来说，邓希贤在莫斯科中山大学的学习生活是充实而快乐的，他肯定希望这样的生活能持续更久。不过，莫斯科来了一位特殊的客人，他就是中国著名的军事将领冯玉祥。

冯玉祥是在李大钊的安排下于1926 年 3 月访问苏联，并于 5 月抵达莫斯科的。此行，使冯玉祥对苏联和共产党有了进一步的认识，他很认可苏联红军的政治工作制度，表示要在他率领的国民军中仿效设立政治部。他在莫斯科期间，曾受到中山大学学员们的热烈欢迎。学员中有一位中共党员刘伯坚，非常受冯玉祥赏识。冯玉祥向共产国际提出正式要求，请刘伯坚回国去国民军主持政治部的工作，于 8 月获得了共产国际的同意。同时冯玉祥也希望从中山大学和东方大学中选拔一批优秀学员一同去开展政治工作。最后，中共中央经与中山大学、东方大学商议选出了20多位学员，前往冯玉祥的部队做政治工作，其中就包括邓希贤。中山大学在这份人员名册上对他作出的鉴定是："非常积极，有能力，是一名优秀的组织工作者。守纪律，沉着坚定。学习优秀。党性强。"

要告别难得的校园，提前回到国内战场，邓希贤心里或许也有犹豫和不舍，但他肯定还记得旅欧共青团执委会在选派他们到莫斯科时所发的通告，其中讲道："同志们！当我们底（的）战士一队队赶赴前敌时，我们更当紧记着那'从早归国'的口号。"为了践行已经确立的共产主义信仰，1926年底，邓希贤离开莫斯科启程回国，此时距离他赴法国勤工俭学已经6年有余。

5. 归国参战

1926年底至1927年2月，邓希贤和战友们备尝艰辛，由苏联经蒙古回到国内，他后来回忆："焕章（冯玉祥）先生要求我们党派人到西北军。我们从莫斯科来了二十多人。当时我们有三个人打前站，我就是其中的一个。""结果交通不通，只有我们三个人随运子弹的车到宁夏。一路走沙漠，骑骆驼，一个月老晒太阳，很热。"好不容易抵达陕西西安，邓希贤应邀到国民联军中山军事学校担任政治处处长兼政治教官，并任该校中共组织的书记。

中山军事学校是由共产党人刘伯坚等人仿照黄埔军校创建的一所培养革命军官和党务干部的学校，素有"第二黄埔""西北黄埔"之称。学校开设有"社会主义概论""共产主义ABC""国家与革命""劳工神圣""新三民主义"等政治理论课，并结合当时国内外形势开设革命形势与任务、国共合作时期的统一战线等讲座。从2月到达西安至6月离开，邓希贤与史可轩、李林等中共党员一起做了大量工作。邓希贤后来回忆："这个学校是当时担任国民革命军驻陕总司令于右任办的，于当时属于国民党左派，这个学校的主要职务都是由共产党派人担任的。校长史可轩是党员（后牺牲），副校长是由苏联回国的李林同志（我们在法国就熟识，李后在中央苏区牺牲），我同时担任校党的书记。""学校经过短期筹备，很快办起来，学生不少是党团员，除了军事训练外，主要是政治教育，健全和发展党团等项工作。政治教育主要讲革命，公开讲马列主义，在西安，是一个红色的学校。"就邓希贤本人来说，他除负责做政治工作，还兼讲政治课。当时的学员雷展如回忆："他经常给学员讲中国大革命的形势和任务，法国大革命和苏联革命的经验，要求每个革命军人应遵守纪律，养成吃大苦、耐大劳、英勇善战的作风，使学员在谈笑中明白了许多革命道理。"学员郑殿华也说：邓希贤"给全校作过几次政治报告，中心意思是反帝反封建，打倒封建军阀，铲除土豪劣绅，动员群众进行斗争，建立革命政权等革命道理。讲得生动精辟，通俗易懂，对我们的鼓舞教育很大"。中山军事学校培养出一批掌握革命理论、有革命觉悟的初级军官和党政工作干部，并向国民联军总司令部政治保卫队输送了一批毕业生，逐步组建了一支由中国共产党掌握的革命武装力量。

但是，轰轰烈烈的大革命形势却突然发生剧变。1927 年 4 月，蒋介石公开背叛革命。6 月，冯玉祥的态度发生改变，他与蒋介石在徐州会谈，达成了联合"清党"的协议，接着便下令要求所有在他的部队中工作的共产党员到开封集中，名曰"训练"，其实是"礼送出境"。7 月，冯玉祥将刘伯坚等 200 多名共产党员送到武胜关，所幸并未加害，还发给路费。在此之前，按照刘伯坚、史可轩、李林等人已与邓希贤的商议决定，邓希贤于 6 月底先行离开西安，去当时中共中央机关的所在地——湖北武汉。

7月初，邓希贤经郑州辗转抵达武汉，并在汉口找到了中共中央。令他无比高兴的是，邓希贤还在这里见到了共同留法的兄长——周恩来和聂荣臻——他们当时都在中央军委工作，周恩来任中共中央政治局委员、中央军事部部长。之后，邓希贤留在中共中央机关工作，担任中央秘书。时任党中央总书记的陈独秀，原准备在中央秘书长邓中夏之下设八大秘书，刘伯坚和邓希贤等人是第一批被任命的，但是后来这个计划没有实现，已经任命的其他几人也没能到任。邓希贤承担起中央秘书的工作，任务主要是事务性的，如做会议记录，起草次要文件，管文件、交通、机要等。

这时，国内的政治局势继续恶化。7月15日，汪精卫主政的武汉政府也公开反共，严酷的白色恐怖笼罩全国，大批共产党人和革命群众被逮捕和杀害。国共合作领导的大革命宣告失败，中国共产党被迫转入地下。

不管刚刚参加中共中央机关工作的邓希贤有没有做好准备，他已经处于极端危险的工作环境中了。他随党中央机关顽强地与国民党反动派周旋，辗转于武汉三镇之间。为了适应秘密工作的环境，邓希贤在此时将自己的名字更改为"邓小平"。

更换姓名的邓小平却在武汉遇到了故人——他在莫斯科中山大学的同学张锡瑗，她也于1927年秋经蒙古回国。此时，大革命已经失败，她受党组织指派，在河北保定参与领导了一次铁路工人罢工运动，之后也辗转来到武汉，同在中共中央秘书处工作。武汉的意外重逢使两个年轻人激动不已。

8月7日，中共中央在汉口召开紧急会议，会议坚决纠正了陈独秀的右倾投降主义错误，确定了进行土地革命和武装反抗国民党反动派的总方针。会议选出了临时中央政治局，决定瞿秋白为中央政治局常委的负责人。邓小平作为中央秘书列席了会议，他后来回忆：

"我们二十几个人分三批进来，我是第一批，记不清和谁一起进来。我在这里呆了六天，会议开了一天一夜，极为紧张。我是最后走的，走的最晚。八七会议时是武汉最热的时候，开会的当时连门也不能开，进去了就不能出来。我是一个晚上带小行李进去的，我们进去就睡地铺。""那个时候我是中央的秘书，是政治秘书。八七会议的时候，我们住在武昌，……会议是号召搞全国起义，全国到处起来，从八一就开始了。"邓小平所做的八七会议记录手稿保存至今。53年后，他又欣然为纪念馆题写了"八七会议会址"6个大字。

也是在八七会议上，邓小平第一次见到毛泽东。他回忆说："当时都是年轻人。毛泽东34岁，瞿秋白29岁，李维汉31岁，任弼时23岁，我23岁，陆定一那时比我小两岁。"毛泽东在会上发言对"不做军事运动专做民众运动"提出批评，鲜明提出："以后要非常注意军事，须知政权是由枪杆子中取得的。"这给邓小平留下深刻印象。

八七会议后，中共中央机关迁到上海，周恩来在中央主持日常工作。1927年12月，邓小平被任命为中共中央秘书长，协助周恩来等中央领导人开展工作。他随同周恩来经常出入上海同孚路柏德里700号（被称为"中央办公厅"），主要负责机关的日常事务工作。"中央各部门、各单位都来请示工作，属于机关事务性的问题和技术性的问题，小平同志作为秘书长进行处理解决。"中央政治局、政治局常委开会，他"管开会的议程，头一天开会定好下次开会的时间"。所以，1928年11月至1931年4月间中央政治局开会的地点——上海闹市中心四马路（福州路）天蟾舞台后面的447号房屋，是邓小平经常光顾的地方。会议上他负责记录，但也有权提出问题。会后，他还要负责起草和处理文件，领导中央机关秘书处，"管的事多，而且责任很大"。有时，邓小平要装扮成有钱人，穿长袍、戴礼帽，他还在上海五马路清河坊开了一间杂货铺，卖香烟、肥皂、洋火等，作为职业掩护，还当过古董店老板。出于地下工作的需要，邓小平相当熟悉上海的大路小路、街巷弄堂，特别是秘密机关所在的那种四通八达的弄堂，而且3年多的时间里他"没照过相，连电影院也没去过"。对于地下工作的危险性，邓小平也记忆犹新："有一次，我同周总理、邓大姐、张锡瑗住在一个房子里。那时我们特科工作做得好，得知巡捕发现了周的住处，就通知搬家。但当时我不在，没接到通知。里面巡捕在搜查，我去敲门，幸好里面有个特科的内线。我一听声音不对，赶快就走，没出事故。那个时候，危险呀！半分钟都差不得。"对这段革命生活，邓小平总结道：我们在上海做秘密工作，非常艰苦，那是提着脑袋在干革命。

危险中也有欢欣，张锡瑗同邓小平一起，随中央机关由武汉搬到上海，在邓小平领导下工作。共同的革命理想，共同的革命斗争，激发了他们的恋情。1928年新春伊始，两位热恋中的革命青年喜结良缘，同志们特地在上海广西中路的四川菜馆聚丰园举办了酒席，周恩来、邓颖超、李维汉、王若飞以及中央机关的大部分同志都前来贺喜。新婚之后的邓小平夫妇大约有半年时间与周恩来夫妇一起住在公共租界的一幢房子里。周恩来、邓颖超住楼上，邓小平、张锡瑗住楼下，他们共同度过了一段紧张而又十分甜蜜的美好时光。

1929年9月，中央决定邓小平以中央代表身份去领导广西地区的革命斗争。他不负组织的信任，与李明瑞、张云逸等战友一起成功组织了著名的百色起义。1930年1月，邓小平从广西回到上海向党中央和中央军委汇报工作。此时，张锡瑗正在上海宝隆医院待产，邓小平终于赶上了这人生中的重要时刻。但喜事变成了悲剧，张锡瑗在分娩中出现难产，产后几天因患产褥热去世了，孩子也夭折了。邓小平悲痛万分，但在广西前线，龙州起义已经箭在弦上，他来不及安葬爱妻就离开上海前往广西了。途经香港时，邓小平委托中央特科的李强替他回上海料理张锡瑗的后事。据李强回忆："我们把张锡瑗埋葬在上海江湾公墓，墓碑上写的是张周氏，立碑人也是用的假名，这是地下工作的需要。给张锡瑗送葬的，有邓颖超同志和她的妈妈，还有张锡瑗的妹妹张晓梅。" 1931 年 5 月，邓小平回到上海时曾带着弟弟邓垦到江湾公墓去给张锡瑗扫墓。晚年，邓小平还对孩子们说：张锡瑗是少有的漂亮！

第二章　在战略决战的关头：开国元勋

眼前是一列火车。

乘上这列火车，就要离开南京，前往北平。

这天，是 1949 年 7 月 12 日。

南京夏日的早晨，暑气尚未蒸腾，空气宜人，但对于准备乘车的邓小平来说，他的身体并不舒适。过去一个月来，他患病头疼欲裂，甚至有时下不了床。但他的心情想必是舒畅的，或许还有一些兴奋。一方面是因为他要前往即将成为新生共和国首都的北平，是他生平还没有去过的地方，尽管他已经去世的第一任妻子张锡瑗就出生在北平附近的河北良乡，就在今天的北京市房山区。另一方面，他背后的南京，也就是国民党政府的旧都，正是他和战友们在两个多月前胜利解放的！作为人民共和国的有功之臣，前往人民共和国即将诞生的地方，这实在是一种难得的人生体验。

1. 前委书记

日历翻到 8 个月前，1948 年的 11 月 16 日。这天，中共中央军委致电刘伯承、陈毅、邓小平和粟裕、陈士榘、张震，并电告谭震林、王建安、韦国清、吉洛（即姬鹏飞）暨华东局、中原局、豫皖苏分局、苏北工委、华北局，决定成立淮海战役总前委。电报中说：

"中原、华东两军必须准备在现地区作战三个月至五个月（包括休整时间在内），吃饭的人数连同俘虏在内将达八十万人左右，必须由你们会同华东局、苏北工委、中原局、豫皖苏分局、冀鲁豫区党委统筹解决。""此战胜利，不但长江以北局面大定，即全国局面亦可基本上解决。望从这个观点出发，统筹一切。统筹的领导，由刘陈邓粟谭五同志组成一个总前委，可能时开五人会议讨论重要问题，经常由刘陈邓三人为常委临机处置一切。小平同志为总前委书记。"

中共中央作出这个决定的背景是：经过两年的作战，1948年秋，中国人民解放战争进入夺取全国胜利的战略决战阶段。中共中央于9月8日至13日在西柏坡召开了被称作"九月会议"的政治局会议。毛泽东在这次会议上指出："我们的战略方针是打倒国民党，战略任务是军队向前进，生产长一寸，加强纪律性，由游击战争过渡到正规战争，建军五百万，歼敌正规军五百个旅，五年左右根本上打倒国民党。"邓小平作为中央委员、中原局第一书记参加了这次会议，并根据毛泽东的要求，就中原地区的工作情况和经验作了一次详细的书面报告。周恩来在会议结束时对邓小平说："你们的位置太重要了，要靠你们去消灭国民党蒋介石的命根子，消灭他的主力部队，还要去剿蒋介石的老窝呢！"邓小平则表示："毛主席、党中央看得远。我回去后要和刘伯承同志很好地研究一下，我们应当发挥更大的作用。主席、中央给我们的任务，我想一定能够完成。"

秋季，人民解放军在全国各战场发动了规模空前的攻势。西北野战军将胡宗南集团逼到关中一隅，华北军区部队进行察绥战役，东北野战军于9月12日发起辽沈战役，华东野战军于9月16日发起济南战役，10月18日，刘伯承、陈毅、邓小平下令发起郑州战役。

"淮海战役"这个名词，最初是华东野战军代司令员兼代政治委员粟裕提出的，主要内容是在完成济南战役后集中华东野战军主力，夺取淮阴、淮安、海州，打通山东与苏北的联系，为下一步在徐州、浦口线上的作战创造有利条件，要实现这个战略意图必须得到中原野战军的配合，尤其是要牵制国民党军华中"剿匪"总司令部总司令白崇禧集团。而后来形势发展，仗越打越大，淮海战役终于变成中国南线的战略决战。从攻打郑州开始，中原野战军和华东野战军即协同进行淮海战役。

22日，中原野战军占领郑州。紧接着，中原野战军主力四个纵队在陈毅、邓小平率领下乘势东进，解放开封；刘伯承、邓子恢率中原野战军第二、六纵队，陕南军区第十二旅及江汉、桐柏两军区主力，将国民党军张淦、黄维兵团引向平汉路西大洪山与桐柏山区。

淮海战役规模迅速扩大，粟裕建议加强统一指挥，中央军委于11月1日电告陈毅、邓小平、粟裕并告华东局、中原局："整个战役统一受陈邓指挥。"11月2日，辽沈战役胜利结束，歼灭国民党军47.2万人。6日，华东野战军按计划发起淮海战役第一阶段作战，消灭黄百韬兵团。作为配合，中原野战军举行汴徐作战，在马牧集以东之张公店歼敌五十五军一八一师5000余人。蒋介石感到徐州东线战场吃紧，急忙将孙元良兵团从宿县调徐州，命令邱清泉、李弥两兵团东援黄百韬兵团。中央军委发觉刘峙集团有放弃徐州的可能，立即作出将其歼灭于徐州地区的决策。10日，中央军委致电陈毅、邓小平，提出："你们应集中全力（包括三、广两纵）攻取宿县，歼灭孙元良，控制徐蚌段，断敌退路，愈快愈好，至要至盼。"陈毅和邓小平召集中原野战军第一、第三、第四、第九纵队负责人开会，邓小平指出："切割徐州、蚌埠线，占领宿县，可以北拒徐州，堵住徐州之敌南逃的后路；可以南阻蚌埠，斩断南线敌人北援之交通；制止敌孙元良兵团东援，夹住敌黄维兵团北上，敌黄百韬兵团只有束手待歼，蒋介石称为生命线的津浦路，就要截断了。""为了这个目的，在淮海战场上，只要歼灭了敌人南线主力，中野就是打光了，全国各路解放军还可以取得全国胜利，这个代价是值得的！"

恰好，刘伯承在同日率中原野战军前线指挥部由豫南到达安徽濉溪县临涣集，同陈毅和邓小平会合。他们根据中央军委的电报指示，一起研究制订作战计划，随即指挥中原野战军主力并华东野战军第三纵队、两广纵队转入徐蚌作战。

11日，华东野战军将黄百韬兵团包围在碾庄圩一带。同日，中央军委和毛泽东致电中原、华东两野战军："只要你们歼灭黄百韬、孙元良两兵团，占领宿县及徐蚌段铁路，徐州就处于被我包围中，就可以准备第二步歼灭邱（清泉）李（弥），夺取徐州。"14日，毛泽东在给新华社的稿件中写道："现在看来，只需从现时起，再有一年左右的时间，就可能将国民党反动政府从根本上打倒了。"中央军委和毛泽东认为，作为南线战场的战略决战，淮海战役如能取得胜利，"不但长江以北局面大定，即全国局面亦可基本上解决"。在这种情况下，中央作出了成立由邓小平任书记的总前委，统一指挥淮海战役作战的决定。刘邓大军的参谋长、开国上将李达评价："总前委的成立，对及时贯彻中央军委的战略意图，协调华东、中原两大野战军的作战行动，统筹战区党政军民全力支前，争取淮海战役的全胜，从组织上提供了保证。总前委临机处置了许多重大问题。"邓小平后来复述毛泽东当时所说的："二野、三野联合作战，不只是增加一倍、两倍的力量，数量变，质量变，这是一个质的变化。"

围歼黄百韬兵团的作战此时已经接近结束，蒋介石为救援黄百韬兵团紧急派来的国民党军徐州"剿匪"总司令部副总司令兼前敌指挥部司令杜聿明指挥的邱清泉、李弥、孙元良三个兵团，被华东野战军阻击在徐州及其周围地区；北上徐州的李延年、刘汝明两个兵团在固镇以南与蚌埠地区被中原野战军阻击；由驻马店、确山地区向徐州前进的黄维兵团也被中原野战军阻击在宿县西南的南坪集地区。摆在新成立的总前委面前的第一个重要任务，就是决定下一步先打以上哪一支敌军。

粟裕与刘伯承、陈毅、邓小平虽然不能见面，但思路非常一致，当时大家都完全赞成中央军委 11 日电文中的作战设想，准备在消灭黄百韬兵团后先歼灭邱清泉、李弥兵团。但是，黄维兵团的动向使刘伯承、陈毅、邓小平形成了新的判断。11 月 14 日，他们致电中共中央军委并告粟裕、陈士榘、张震、邓子恢、李达，认为"黄维兵团集结阜阳、太和后有三种可能：一是暂停观变，然后决定行动；二是出亳州、涡阳向永城，或出涡阳、蒙城向宿县；三是东开蚌埠掩护南京"。他们有针对性地提出先歼击黄维兵团的三种方案，认为"集中一、二、三、四、六、九及华野三纵、两广纵队共八个纵队，歼击黄维为上策"。当天晚上 10 点，他们再次致电中央军委，提出准备抽调几个纵队交粟裕指挥，参加歼灭邱清泉、李弥兵团。他们提出的先歼击黄维兵团的方案并没有在第一时间得到中央军委的认可，15 日中央军委复电："一切须待粟谭歼灭黄百韬，你们歼灭宿县之敌以后，依情况变化才能决定下一步作战方针"。"目前华野仍应争取于歼灭黄兵团以后再打邱李，你们于攻克宿县以后，如果刘汝明部在固镇，则应争取再歼刘部。"16 日，中央军委再次来电指示："你们似以二、六纵队钳制黄维，以一、三、四、九纵歼灭可能向宿县进攻之敌似较适宜，因这些敌人均是较弱的。"

11 月 18 日，中原野战军开始在蒙城地区阻击黄维兵团。此后的三天时间里，在频繁的电报往来中，刘伯承、陈毅与邓小平，就先攻击哪一支敌军的问题，与中央军委和粟裕方面进行了紧张的集中研讨。

19 日上午 9 点，刘陈邓致电中央军委并告粟裕和华东野战军参谋长陈士榘、副参谋长张震，提出了先打黄维、李延年部的主张。电报说："如果于歼黄百韬后，以七八个纵队钳制邱李，以六七个纵队先打黄维、李延年似为上策。"上午 10 点，中央军委和毛泽东致电粟裕、谭震林，并告刘陈邓："现刘峙依靠黄维（十个师）、李延年（在五十四军未到前是四个师）北上救命，我们觉得南线集中中野三、四纵及叶飞一纵歼灭李延年兵团于宿县以东地区，是极关重要的一着。"几个小时后，刘陈邓经过研究，再次致电中央军委并告粟陈张，希望华野协同先歼击黄维、李延年兵团。电报说："在目前情况下，特别是李延年、黄维北进的条件下，最好力争迅速歼灭黄百韬，尔后即将主力集中于徐东、徐南，监视邱李孙三兵团，争取休息十天半月。同时以尚未使用之五个纵队或三个纵队用于南线，协同我们歼击黄维、李延年，这个步骤最为稳当。如我们不这样，过低估计本身困难，而在南线又无保障两路大敌不北进的情况下，马上打邱李，既无胜利把握，且可能陷入被动。"中央军委于下午 5 点和晚上 7 点两次复电，基本同意了刘陈邓关于先打黄维兵团的意见。

时间来到 20 日晚上 8 点，中央军委致电粟陈张，指出："中野主力决定打黄维。"晚上 9 点，粟陈张致电刘陈邓并报中央军委、华东局，表示完全同意刘陈邓意见，抽出四至五个纵队，必要时还可增加三个纵队，协同中野歼击黄维、李延年。

21 日早上 5 点，中央军委和毛泽东致电粟裕，并告刘陈邓，提出："从目前起，即将主要注意力及兵力部署的重点放在歼灭李延年三个军的上面。""只要李延年歼灭，战局便可改观。"到当天下午 3 点，所有的部署都已经敲定。刘陈邓电告粟陈张并报告中央军委："完全同意二十日夜电部署。我们决于二十一日夜向后收缩一线，吸敌前进，即部署歼灭黄维集团于南平集以南地区。望韦吉能先率四至五个纵队于二十三日夜进至宿县、大店集之线，准备以三个纵队担任钳制刘汝明、李延年，而以两个以上纵队参加打黄维。"

由此，淮海战役第二阶段的战略部署，由原先设想的华东野战军在北线打邱清泉、李弥、孙元良三个兵团，中原野战军在南线打黄维、李延年、刘汝明三个兵团，改为在南线集中中原、华东两野战军的主力首先歼灭黄维兵团或李延年兵团。总前委在这一关键性的战略调整中发挥了重要作用。

2. 战略决战

人谋已定，天时亦至。1948 年 11 月 22 日，黄百韬兵团被华东野战军在碾庄圩地区全歼，淮海战役第一阶段胜利结束。李延年、刘汝明闻此消息畏缩不前，使华东野战军得以腾出手来将主力集中于南线。

同日，邓小平在中原野战军各纵队负责人会议上做了动员，他说："要消灭敌人，没有牺牲精神是不行的。我们要不惜一切代价，在华野协同下，坚决完成歼灭黄维兵团的任务。即使这一仗中野拼光了也值得，其他野战军照样渡江，中国革命照样胜利！"第二天，黄维兵团强渡浍河，孤军突进，败象凸显。中原野战军开始进入对黄维兵团的阻击作战阶段，第四、第九纵队和豫皖苏军区部队在南坪集及其东西地区阻击黄维兵团北进。

23 日，为指挥围歼黄维兵团的作战，邓小平和刘伯承、陈毅将淮海战役总前委指挥部移至宿县临涣集以东的小李家村。小李家村东北角的一座小院里，三位指挥官集中居住，外间是邓小平和陈毅，里间是刘伯承。据时任中原野战军作战科科长张生华回忆，这段时间邓小平每天在作战室里值班，常常到深夜，他对刘伯承、陈毅说："两位司令员同志，我比你们小几岁，身体也比你们好一些，具体工作让我多做些，夜间值班我也多值一些，这是应该的哟！"他们的房东李克光也说："邓小平总是值班，老听他打电话，一口四川话。每天晚上洗凉水澡。那么冷的天，人们都捂在被窝里不愿出来，他却敢冲凉水。每天警卫员从井里打来一桶水，站在凳子上冲，他在下边洗。"邓小平洗凉水澡这个习惯，是他在1936年底遭遇伤寒重病后专门培养的，为的就是使自己的身体经得住战争的严酷考验。

23日晚上10点，刘陈邓致电粟陈张并报中央军委，提出："歼击黄维之时机甚好，李延年、刘汝明仍迟迟不进。因此，我们意见除王张（指中原野战军第十一纵队司令员王秉璋和政治委员张霖之）十一纵外，请粟陈张以两三个纵队对李、刘防御，至少以四个纵队参入歼黄维作战，只要黄维全部或大部被歼，较之歼灭李、刘更属有利。"第二天，中央军委和毛泽东复电指示："（一）完全同意先打黄维；（二）望粟陈张遵刘陈邓部署，派必要兵力参加打黄维；（三）情况紧急时机，一切由刘陈邓临机处置，不要请示。"统一指挥，歼灭黄维兵团，从战略部署到组织安排都正式确定下来了。

尽管面对的是共12万人，包括4个军11个师和一个快速纵队，其中还有国民党军"五大主力"之一第十八军的黄维兵团，但是战况发展得很快。24日晚，中原野战军全线出击。总前委后来回顾：此着出敌意外，公路以东敌后方非常紊乱。结果黄维全部动摇，刻敌已将浍河以北主力全部退过南岸，其突围企图未逞。全部在南平集东南纵横二十里地区被我合围，极为混乱。25日早晨，我军将黄维兵团完全包围于宿县西南的双堆集地区，开始进行攻击准备。26日早上5点，刘陈邓致电中央军委，报告歼击黄维兵团战况："迄本日晨止，黄维兵团完全被我合围于南平集、蕲县集、邵围子、双堆集、芦沟集之间地区。敌企图向邵围子、双堆集之间突围已被我堵阻。我们已令各纵逐步紧缩，达成全歼此敌。请军委令新华广播台，加紧对敌的政治争取和瓦解工作。敌人始终企图向东南突围，均未得逞，其粮食已极困难，且无存营地，但仍逐村抵抗，我们采取稳扎稳打，逐步压缩，利用炮击、最后歼灭的战术。全歼该敌已大致步定。"同日晚上8点，中央军委复电："黄维被围，有歼灭希望极好、极慰，但请你们用极大注意力对付黄维的最后挣扎，保证歼灭黄维的足够兵力。"

27日，我军击退了黄维兵团在飞机、坦克掩护下发动的突围，敌八十五军一一〇师师长廖运周率部5500余人在战场起义。当天下午5点，刘陈邓致电中央军委，提出"歼击黄维兵团要集中火力先打一点，各个歼灭"，并请示歼灭黄维兵团后的行动方向。28日，中央军委复电："淮海战役的第三阶段是解决徐蚌两处之敌，夺取徐蚌。以主力取徐州，以相当大的一部取蚌埠、浦口、合肥及淮南、江北、运西、巢东地区诸城，直迫长江。"29日清晨，中央军委和毛泽东再次来电指出："解决黄维兵团是解决徐（州）蚌（埠）全敌六十六个师的关键，必须估计敌人的最后挣扎，必须使自己手里保有余力，足以应付意外情况。"就在这一天，东北野战军和华北军区主力联合发动了平津战役，中共中央也按照淮海战役总前委的形式，于1949年1月10日成立了由林彪、罗荣桓、聂荣臻三人组成的平津战役总前委，林彪任书记。

30日，杜聿明率部放弃徐州向永城方向逃窜，华东野战军当即解放徐州。淮海战役总前委立即命令华东野战军十一个纵队分三路，向永城、涡阳、亳州疾进，阻击和拦击杜聿明集团。此时，在徐州西南90公里的永城，只有豫皖苏第三军分区的部队守备，如果不能在这里阻截住杜聿明集团，可能造成杜聿明与黄维里应外合的严重局势。危急时刻，邓小平打破程序，直接给豫皖苏第三军分区的负责人打电话，作出指示："总前委已命令华野几个纵队日夜兼程赶往永城堵截敌人，在大部队到达之前，如果敌人先头部队赶到这里，你们无论如何不能让敌人通过永城！"据当时在场的陈毅保健医生翟光栋回忆，电话对面高声回答："首长，我明白了！不准敌人通过永城！"邓小平又加重语气说："打到一兵一卒也不准敌人通过！剩下你一个人也要顶住！"对方再次坚定回答："请邓政委放心！我们坚决执行命令，打到一兵一卒也不准敌人通过！"邓小平又说："再重复一次，增援部队正在往你们那里赶！"豫皖苏第三军分区的部队没有辜负邓小平的信任，顽强顶住了敌人先头部队一天多的猛烈进攻，直到增援的二纵到达封死了敌人西逃的去路。

12月1日，淮海战役总前委自战役开始以来第一次与华野指挥部架通了有线电话，华东野战军司令员兼政治委员陈毅与华野副参谋长张震就战况和配合部署直接进行了沟通。12月3日，中原野战军开始对黄维兵团转入总攻、全歼阶段，华东野战军也于4日早晨将杜聿明集团合围在永城县东北陈官庄、青龙集地区。总前委分析局势，形成了刘伯承称之为"吃一个，挟一个，看一个"的战略，即首先集中兵力"吃掉"黄维兵团，采取"大部守势，局部攻势"的办法"挟住"杜聿明集团，在蚌埠以北地区增加阻击兵力"看住"李延年兵团。

3日深夜，刘陈邓致电中共中央军委并告邓子恢、李达，决定让华野七纵、十三纵加入围歼黄维兵团的总攻，"其战法仍采用碾庄经验，即有重点的多面攻击"。5日上午11点5分，刘伯承、陈毅和邓小平分别向指挥东、西、南三个攻击集团的指挥员陈赓、谢富治，陈锡联，王近山、杜义德下达对黄维兵团发起总攻的电话命令。6日下午4点30分，中原野战军在华东野战军一部协同下对黄维兵团实施全线总攻。战至12月15日上午9点，刘陈邓决定于16日夜总攻黄维兵团司令部。下午，黄维率部开始向西突围，总前委遂指挥各参战部队阻击歼灭。16日凌晨0点，人民解放军占领敌人全部阵地，全歼黄维兵团。至此，淮海战役第二阶段胜利结束。翟光栋回忆："聚歼黄维兵团时，每天光运弹药要三四十辆汽车，战斗十分激烈。总前委当时也没有开什么会，只在歼灭黄维兵团后，各纵队司令员到总前委来了一下，首先是陈赓来的，一下车就说：'我自当兵以来，没有打过这么大的仗。'"据二野战史修订领导小组副组长陈斐琴记述：歼灭黄维兵团后，邓小平来到政治部，从口袋里掏出一个苹果，用小刀一剖为三，和大家分吃。然后，不慌不忙地拿出一张像账单一样长长的纸条，交给副政委张际春说："这张单子上中央来的二十几个电报，都是同作战没有直接关系的，还没答复，请你一个一个的起草复报。"

部队查出黄维已经被俘，是18日上午的事了。此前一天，12月17日的晚上，刘伯承、陈毅和邓小平一起来到华东野战军司令部所在的安徽萧县蔡洼村，同粟裕、谭震林会面。据张震回忆，邓小平进村后就说："你们住这么大的村子，不怕国民党飞机把你们炸了？还是要'怕死'一点啰！"张震回答："现在蒋介石搬家都搬不赢，顾不上来炸我们了。"这是淮海战役开始以来，总前委的几位成员第一次聚首。张震后来说："几位首长在淮海战役即将全胜之时，相会蔡洼（注），都显得特别高兴。他们着重研究了明年夏季渡江作战方案和对部队整编的问题。休息时，还一起照了相。这张宝贵的五人合影，使人们今天得以重睹淮海战役总前委的战斗风采。"

在蔡洼村，邓小平主持召开了总前委第一次全体会议。根据5天前中央军委给刘陈邓来电的要求："黄维歼灭后，请刘、陈、邓、粟、谭五同志开一次总前委会议，商好在邱李歼灭后的休整计划，下一步作战计划及将来渡江作战计划，以总前委意见带来中央。"这次会议研究了部队休整、整编和下一步作战计划，尤其是将来的渡江作战计划，整整开了一天。会后，由刘伯承、陈毅把总前委意见直接带到西柏坡，面呈中央军委和毛泽东，邓小平则回到了总前委指挥部所在的小李家村。30 日下午，他率总前委指挥部出发，31 日到达河南商丘以南十几公里的张菜园，在这里可以方便指挥围歼杜聿明集团的作战。

1949 年 1 月 1 日，刚刚过了 55 岁生日的毛泽东为新华社撰写了题为《将革命进行到底》的新年献词，开篇即是："中国人民将要在伟大的解放战争中获得最后胜利，这一点，现在甚至我们的敌人也不怀疑了。"这一天下午，邓小平开始组织起草《关于歼灭黄维兵团的作战总结》，并亲自总结了歼灭黄维兵团三个阶段作战的 12 条经验，于 3 日上报中央军委。6 日，华东野战军向被围困在陈官庄地区多时、陷入绝望的杜聿明集团发起总攻，10 日全歼该敌。至此，历时 66 天，歼灭国民党军 55.5 万人的淮海战役胜利结束。17 日，中共中央发电指出："淮海战役既然消灭了南线国民党军的主力，这就奠定了你们渡江南进夺取国民党匪巢南京，并解放江南各省的巩固的基础。"

在这个辞旧迎新的时节，邓小平在中原前线为晋冀鲁豫烈士陵园题词："人民解放事业的胜利是无数先烈用自己的鲜血换得，追念我们的先烈，不但要我们珍贵这个事业，巩固这个胜利，更重要的是发扬他们艰苦卓绝、英勇奋斗和自我牺牲的精神，继承他们的遗志，为达成中华民族和中国人民的最后地最彻底地解放而奋斗。"

3. 渡江战役

淮海战役刚刚落下帷幕，渡江战役的准备工作已经紧锣密鼓。

1949 年 1 月 12 日，中央军委和毛泽东致电邓小平、张际春、粟裕、陈士榘，指出：在两个半月内，中原、华东两野战军进行休整，

"并完成渡江作战诸项准备工作""待命出动"。渡江战役由此明确进入准备阶段。当时，中央关于渡江战役的设想是："如果在今后一时期内证明国民党仍然采取在京沪线组织坚决抵抗的方针，则我们仍应按原定计划，华野、中野休整至三月底为止，准备四月渡江。""如果国民党依照近来日益增多的情报所说，是准备在长江南岸一线作某些抵抗，不准备集中兵力守南京等城，而将主力撤至浙赣线布防，则我们应作提早一个月行动的准备。华野、中野应休整至二月底为止，准备三月即行渡江。"

1月31日，平津战役胜利结束。人民解放军结合政治攻势和军事攻势，使北平傅作义率部25万人接受和平改编，北平和平解放。平津战役共歼灭和改编国民党军队52万余人，解放了除归绥、太原等少数据点外的华北地区，使华北、东北两大解放区连成一片。经过三大战役的战略决战，人民解放军已基本消灭了国民党军的精锐主力，对手只剩下146万还能用于作战的陆军部队。

2月5日，正在进行渡江作战准备的中原野战军，根据中央军委1月15日的决定，改称第二野战军，司令员是刘伯承，政治委员是邓小平，参谋长是李达，副政治委员兼政治部主任是张际春。二野统率第三、第四、第五兵团部队，阵中将星云集，有大名鼎鼎的陈赓、陈锡联、杨勇、苏振华等人。

4天后，邓小平在徐州主持召开会议，会上关于渡江战役的研讨意见由总前委五人联名向中央军委并华东局致电报告，其中提出："关于渡江时间。我们一致认为，以在三月半出动，三月底开始渡江作战为最好。因为在政治上，以乘敌内部尚未求得一致，对军事部署尚在守沿江南岸和京、沪、杭诸点或将主力撤至浙赣路沿线两侧之间徘徊的时候，实行渡江较为有利。在季节上，四月初水小雨少，更便于作战。在准备工作上，确较仓促。只要前后方加紧努力，当可成行。有些准备工作（如雨具、纱布等），即再推迟一个月，亦难办到。如推迟到四月出动，四月底五月初渡江，则敌在政治上和军事上有更多准备。特别在季节上，已届春雨桃汛时间，困难增多，仅在准备方面略较充分。如提早在三月初出动，三月中旬过江，虽在政治、季节诸方面更属有利，但许多切要的准备工作，都来不及。"

2月17日，刘伯承和邓小平致电中共中央军委，提请批准：以刘伯承、邓小平、张际春、陈赓、李达五人组成第二野战军前委，邓小平为书记。中央军委20日复电批准。21日，中央军委和毛泽东复电指出："同意你们三月半出动、三月底开始渡江作战的计划，望你们按此时间准备一切。"还要求："总前委照旧行使领导军事及作战的职权，华东局和总前委均直属中央。"这里说的"总前委"，并不是前一天中央军委批准成立的第二野战军前委，而是指中共中央军委于1948年11月16日决定成立的淮海战役总前委。

2月25日，刘伯承、邓小平、李达致电各兵团及各军并报中央军委，发出了南下准备渡江作战的命令，要求各兵团于3月7日开始执行南下电令，争取我军主力于3月31日到达江北预定作战位置。第二天，陈毅、邓小平、谭震林等人从徐州出发，28日抵达西柏坡，准备参加3月5日至13日召开的中共七届二中全会。会议期间，毛泽东经常找他们商议渡江战役的问题。毛泽东对邓小平说："渡江作战就交给你指挥了。"

3月15日，陈毅、邓小平等人离开西柏坡返回前线。在前一天，邓小平被中共中央任命为中共华东局第一书记，同时担任华东军区第一政治委员，刘伯承是司令员，陈毅、粟裕是副司令员，李达是参谋长。16日，陈毅和邓小平先到济南看望了正在治病休养的粟裕，他们一起讨论了渡江作战的问题。18日，陈毅和邓小平抵达总前委、华东局、华东军区、第三野战军机关所在地——徐州。就在当天，邓小平、陈毅和饶漱石、粟裕、谭震林、张震致电中央军委，建议推迟原计划在3月中旬或下旬进行的攻击浦口和炮击南京作战，以便与渡江作战相衔接。他们提出："我们再三考虑结果，认为攻击浦口及炮击南京与夺取一切江北敌人据点，应同时施行，而且应紧接着开始渡江作战，其中间隙不宜超过七天，以三四天为最好。否则，既可使敌人的战役战术上能作比较从容的部署，又会使我江南可靠关系可能遇到很大的困难，而我们则会丧失可能的战役战术的突然性，增加渡江的困难。因此建议：攻击浦口作战，推迟至四月一日开始，以便与十日渡江作战相衔接。"

从1949年4月1日开始，中共代表团与国民党政府代表团在北平开始进行和平谈判。中共代表团以周恩来为首席代表，国民党政府代表团以张治中为首席代表。考虑到即将开始的谈判，3月19日，中央军委复电："是否攻占两浦，要待谈判接触数天才能决定。如谈判有成功希望，则不要攻占浦口、江浦，以利和平解决接收南京问题。如谈判没有成功希望，则看军事上是否有必要攻占两浦，如攻占两浦为渡江作战所必须，则攻占之；如无此种必须，则可置之不理。"

21日，邓小平从徐州出发，22日下午到达安徽蚌埠孙家圩。26日，邓小平在这里主持召开有第三野战军各兵团负责人参加的总前委扩大会议，部署渡江作战。当天，邓小平和陈毅、谭震林致电中央军委并二野，建议推迟两天渡江。推迟的原因是"各项准备尚好，惟感原定的十三日正是阴历十六日，月光通宵，我第一梯队的突击队无法隐蔽，不能求得战术上的突然性。因此，建议推迟两天，即十五日黄昏发起渡江。此时正值阴历十八日晚上九时以前昏夜，甚为有利"。他们还表示"确定不攻浦口、江浦"，转而"将八纵东移加强东集团兵力，留三十四、三十五两军，与渡江同时积极佯动两浦"。关于渡江战斗的具体部署，电报中说："江北桥头堡，决定凡对我准备工作及渡江无大妨碍者，则不攻击；凡对我准备无妨碍，但对渡江有碍，而又容易拔除者，则在渡江先一日或数日拔除之；凡对我准备及渡江妨害甚大者，则视情况于二日或二日以后拔除之。"27日，中央军委复电："同意你们十五日发起渡江战斗及对北岸敌人的处置。"29日，中央军委来电询问渡江战役的具体部署。邓小平和陈毅、谭震林决定，正式向中央军委报告具体的作战计划。31日，邓小平主持起草《京沪杭战役实施纲要》，完成后以总前委名义报告中央军委并告刘伯承、李达、张际春。张震回忆："3月31日，总前委书记邓小平同志在广泛听取各野战军情况报告基础上，统筹全局，最终确定了渡江作战的决心部署。""随即，小平同志亲自草拟了百万雄师过大江的战役纲要，即《京沪杭战役实施纲要》。4月1日午前，小平同志召集我们逐段讨论了这一纲要，上报中央军委并下发各野战军兵团以上单位。"

《京沪杭战役实施纲要》提出：蒋军集结于上海至安庆段之兵力，计有24个军72个师，共约44万人。其中直接担任江防者，计18个军49个师。我第二、第三两野战军全部，以歼灭上述全部或大部蒋军，占领苏南、皖南及浙江全省，夺取京、沪、杭，彻底摧毁国民党反动政府的政治经济中心为目的，决于4月15日下午6时，以全线渡江作战，开始进行本战役。战役分三个阶段进行：第一阶段，达成渡江任务，并依据下一阶段之要求，实行战役的展开；第二阶段，达成割裂和包围敌人之任务，并确实控制浙赣线一段，断敌退路；第三阶段，分别歼灭包围之敌，完成全战役。《京沪杭战役实施纲要》具体明确了二野、三野各兵团的作战方向、任务及指挥联络等，还分析了人民解放军渡江后敌军可能作出的几种抵抗部署，明确指出："只要我军渡江成功，无论敌人采取何种处置，战局的发展均将发生于我有利之变化，并有可能演成敌人全部混乱的局面。"4月3日，中央军委复电：同意《京沪杭战役实施纲要》。8日，刘伯承等致电中央军委：我们接到总前委《京沪杭战役实施纲要》后，即按照此纲要精神及当前情况，确定第二野战军渡江作战基本部署。刘伯承后来还说，国民党军摆的是一条"死蛇阵"，我们破阵的法宝之一，便是《京沪杭战役实施纲要》。与此同时，第三野战军也下达了京沪杭战役作战命令。

在总前委的统一指挥下，第二、第三野战军承担作战任务的各支部队在长江北岸开始了紧张的渡江作战全面准备工作。据渡江战役总前委作战处处长王德回忆："《京沪杭战役实施纲要》下达之后，各部队沿长江北岸展开各项渡江的准备工作，各兵团、各军着重抓了泅渡训练及船只的征集工作。要求每条船都能战斗，每个战士都能游过江，至少能水上自救和互救。""经过短期的训练，终于掌握了渡江的战术和技术。征集船只的问题，也在江苏、安徽两省沿江地方党政领导和当地人民群众的大力支持下解决了。部队还抓紧对敌情、地形的侦察。"著名电影《渡江侦察记》，讲的就是这一阶段的故事。

处于中枢位置的邓小平，工作极其繁忙。4月初，他和陈毅率中共中央华东局、总前委、华东军区等机关离开蚌埠孙家圩，到达安徽肥东县瑶岗村，这里成为渡江战役总前委的前线指挥部。据时任总前委参谋处参谋、分管情报工作的黎清回忆："瑶岗村离合肥不远，村子不很大，树木较多，隐蔽条件好。蒋军怎么也不会想到，指挥推翻蒋家王朝的渡江战役总前委，竟会设在这样一个不显眼的小村子里。"

渡江战役总前委是中央军委派出机构，主要任务是在中央和军委的直接领导下，统一指挥协调第二野战军、第三野战军和第四野战军十二兵团的渡江作战行动。总前委的领导主要是由二野、三野及华东军区的首长组成。由于刘伯承、粟裕、谭震林等人要具体指挥二野、三野部队作战，所以经常在总前委工作的主要是邓小平、陈毅等人，其他指挥官通常召开会议时才到瑶岗村。总前委的工作人员也是从二野、三野、华东军区机关等几个方面抽调干部组成的，人员不多，但很精干，主要编有参谋处、机要处、司务处。机要处还有两个女同志，负责监听蒋军电台广播。

黎清回忆："由于长期指挥作战，首长们习惯于研究地图。我们参谋处的墙壁四周，挂的全是地图。有时邓、陈首长来对照地图研究情况，并提出各种问题，直到没有一点疑问，才满意地离开。""邓小平、陈毅等总前委首长，在困难面前总是乐观的。""长江中下游一带细雨绵绵，给我军渡江作战带来巨大困难。在这种情况下，邓、陈首长镇定自若，谈笑风生，有时还看书、下棋，充分表现了无产阶级革命家运筹于帷幄之中，决胜于千里之外的谋略和胆识。"

总前委在瑶岗村驻下后不久，就于4月10日凌晨2点收到中央军委和毛泽东电报，内容是要推迟渡江作战的时间，原因还是为了等待同国民党南京政府和平谈判的结果。经过与一线的指挥官们一起研究，10日下午3点，邓小平和陈毅以总前委名义致电中央军委，建议"先打过江，然后争取和平接收"。次日清晨5点，中央军委复电，坚持"假定政治上有必要，还须准备再推迟七天时间，即二十三日至二十九日，但此刻不作决定"。总前委顾全大局，认为"此次我军推迟一星期渡江，完全是在政治上和军事上所必须采取的步骤。但因此也容易产生松懈战斗意志和迷失方向的危险"，于是马上开展了一系列统一部队思想认识的工作，"在部队中要一面防止急性病，一面防止战斗意志的松懈"。

4月20日，国民党南京政府拒绝接受中共中央提出的《国内和平协定（最后修正案）》，国共和平谈判破裂。当天晚上8点，第七、第九两兵团按照总前委的部署，作为中突击集团从芜湖至铜陵段江面强渡长江，渡江战役正式打响。21日，中国人民革命军事委员会主席毛泽东和中国人民解放军总司令朱德联名发布《向全国进军的命令》，命令人民解放军："奋勇前进，坚决、彻底、干净、全部地歼灭中国境内一切敢于抵抗的国民党反动派，解放全国人民，保卫中国领土主权的独立和完整。"当天晚上，东、西两突击集团开始渡江，国民党军长江防线被人民解放军全线突破。22日下午1点，总前委致电中央军委，提出："七、九兵团大部过江，二野主力亦已过江，粟、张东集团估计有三个军已过江，至此，渡江任务业已完成。我军今后力争迅速完成东西打通联系，割裂敌人，截断浙赣路。"

23日晚上，东突击集团的第八兵团一部解放了南京城，宣告了蒋介石国民党统治的灭亡！听到这个令人振奋的消息，总前委抓紧调整部署，命令第二野战军的三个兵团穿插控制浙赣线，将国民党军汤恩伯、白崇禧两大集团割裂开来，为之后的围歼创造条件。总前委还致电粟裕、张震，提出追歼逃敌和准备沪杭作战的步骤："此次渡江已取得了伟大胜利，但迄今为止，敌人被歼不多。我们除决定中野南下浙赣线并同意你们以王建安兵团入浙外，俟情况清楚后再考虑发出停止该方面的追击，争取一礼拜到十天的休息，然后再作沪杭作战。"4月24日凌晨2点，中央军委致电总前委："小平、陈毅二同志应率华东局机关入城主持一切，刘伯承同志率领之机关亦望早日去南京。"

到了午饭时分，大家终于可以举杯庆贺。邓小平还在与陈毅到野外散步时吟起了唐代诗人孟浩然的《过故人庄》："故人具鸡黍，邀我至田家。绿树村边合，青山郭外斜。开轩面场圃，把酒话桑麻。

待到重阳日，还来就菊花。"关于渡江战役的意义，邓小平后来阐释道："渡江作战无疑是一个伟大的胜利，这胜利表示了敌人在长江以南的一支最大的最有组织的力量的覆灭。经过了东北的辽沈战役、华东的淮海战役、华北的平津战役，国民党反动派剩下的最大的军队就是放在长江以南这一战线上，他们再没有比这更大的有组织的军队了。渡江歼灭了敌人四十多万，就表示国民党再没有有力的抵抗了。这胜利在政治上表示了反动的南京政府的灭亡。人民解放军在军事上将再不会遭遇到更严重的抵抗了，肃清残余敌人的时间不远了，最后解放全国的时间也不远了。"

4. 接管城市

1949 年 4 月 27 日夜间，邓小平和陈毅率总前委、中共中央华东局机关人员进入南京城。黎清回忆："我们总前委机关工作人员，随首长离开瑶岗村，渡过长江，乘车赶到南京，驻进了伪总统府，开始了解放上海、杭州的准备工作。"多年以后，邓小平的女儿邓榕问父亲："你进总统府了吗？"邓小平说："进去了，是和陈伯伯一起进去的。"邓榕问："那刘伯伯呢？"邓小平说："他那个时候在西线指挥。"邓榕又问："你们在蒋介石的总统宝座上坐了坐吗？"邓小平微笑着回答："总要坐一坐嘛！"不过，邓小平等人并没有在总统府多待，更没有住在那里。王德回忆："进城之后，在解放南京的部队首长引导下，我们首先到蒋介石的总统府，几间办公室挂的军用地图还没来得及拿走，满屋纸张杂乱地散在地上，反映着蒋军撤退的慌乱、狼狈状况。我随即问陈、邓首长住在哪里？首长们笑着说：'这个地方我们不住，要住你们住一夜吧。'我们只好先引导首长们去上海路、西康路一带国民党留下的小院住下。"

取得军事上的胜利后，如何管理南京、上海这样的大城市成为严峻的挑战。29 日，邓小平起草了总前委致中央军委的电报，报告接管南京的情况，其中说："因南京解放太快，干部尚在途中，故现仅设立军管会及警备司令部两机构开始工作。""此次南京破坏不大，房屋一般完好，仅国民党部、特务机关、司法行政部、国防部等机关为反动派撤退时自行破坏。"30 日，总前委再次致电中央军委并告粟裕、张震，建议部队推迟进驻上海、杭州，其中说明："根据南京经验，在我党我军未做适当准备，仓卒进入大城市，必然陷于非常被动地位。就军事上说，杭州、上海很快即可拿下；就政治上说，我们许多重要准备都未做好。"

在 5 月 1 日国际劳动节这天，邓小平、刘伯承、陈毅和中共地下党南京市委书记陈修良在南京"国民大会堂"主持召开南下干部和地下党干部会师大会。邓小平在会上作报告指出："中国革命的伟大胜利历尽无数艰难曲折，牺牲了成千上万的先烈，光在南京雨花台被杀的就有十余万人。经过二十二年的奋斗，中国的新民主主义革命才取得根本的胜利，真是来之不易。""进城后，一定要警惕糖衣炮弹的袭击，犯了错误对不起先烈，就应该到雨花台去检讨。""南下干部和地下党干部要互相团结，互相尊重，互相学习，互相帮助，共同做好接管南京的工作，为建设人民的新南京作出新贡献。"

4 月 30 日，中央军委又致电粟裕、张震并总前委，明确提出："总前委除直接领导南京工作外，请迅速抓紧完成攻占上海的准备工作，以便在一星期以后假如汤恩伯从上海逃跑时，你们能够主动地有秩序地接收上海。"5 月 6 日，上海战役马上就要开始，为了做好攻占和接管上海的准备工作，陈毅和邓小平率总前委离开南京，前往江苏丹阳。当时在总前委工作的唐士祥回忆："我们多次听到陈邓首长打比喻说：上海作战是一次极其特殊的战斗，好比瓷器店里捉老鼠，既要捉住老鼠，又不能把那些极其珍贵的瓷器打碎。为了打好京沪杭战役中最关紧要的一仗，陈邓首长经常在一起研究如何顺利攻占上海又完整地保留上海的办法，苦心孤诣地谋划。他们还把分散在外地的刘伯承、谭震林、粟裕等同志请到丹阳来，一起精心研究，以便根据变化了的情况不断修订、补充和完善作战计划，及时作出新的决策。"

5月10日，邓小平在丹阳致电毛泽东，报告渡江战役的情况及面临的问题，其中说："战局发展太快，我们的准备赶不上，干部赶不上，陷入了被动的状态。出毛病的往往是领导机关没有预防到的，或者是没有具体规定的事情。近日我们对外交纪律、入城守则、金融问题等等已有具体规定，对进上海的准备也较为细密。"同日，第三野战军下达淞沪战役作战命令。12日，第九、第十兵团向上海外围守敌发起进攻。23日晚，第三野战军发动总攻。26日，邓小平率总前委、华东局机关和大批接管干部乘火车前往尚在激战的上海。27日，人民解放军胜利解放上海市，共歼灭国民党军15万余人。

接管上海的工作马上全面开展起来，邓小平首先考虑尽快恢复经济。唐士祥回忆："来上海以后，在不同场合不止一次地听邓政委说，当前的首要任务是重点解决上海的经济恢复问题。"6月5日，邓小平在上海听取了七、八、九兵团负责人关于渡江战役和宁沪杭作战中部队伤亡、减员情况以及进城后部队的思想情况的汇报，随后谈道："要以虚心谨慎态度来迎接新的任务。由农村转到城市是一个大变化，可能产生思想、政治、组织、生活方面一系列的问题。要减少城市驻军，减轻人民负担。骄傲即丧失前进的基础，要经常注意检查，发现自己的弱点和缺点，要从积极方面出发，保持前进的精神。要用学习的方法保持和发扬共产主义的精神，创造性地进行工作。"

不久，陈毅和邓小平的家人得以到上海团聚。两家人先后住进了上海市湖南路 262 号的一个小院，分别住在楼上和楼下，两家都是 3 个孩子共 5 口人，相当的热闹。利用难得的工作间隙，邓小平还与妻子卓琳一起去寻找亡妻张锡瑗的墓。由于抗战时期日本人在江湾公墓所在地修机场，许多烈士的墓都找不到了。依靠当初帮助料理后事的李强作为地下工作者的超强记忆力，他们终于找到了张锡瑗的墓地，但已经被水淹了。邓小平把张锡瑗的遗骨取出，放在小棺木中，和当时找到的苏兆征烈士遗骨一起，都存放在邓小平在上海居住过的原国民党励志社旧址内。邓小平很快又离开上海进军大西南，张锡瑗和苏兆征的棺木就一直留在此处，直到 1969 年安葬于上海烈士陵园。

但是，经历了长时间的紧张工作，尤其是过去几个月承担淮海战役和渡江战役总前委的领导责任，十分注意身体锻炼的邓小平也终因疲劳过度而病倒了，病情一度十分严重。中央专门批准邓小平到北平休养一个月。7 月 10 日，邓小平带着全家从上海到南京，12 日一早乘火车离开南京前往北平，也就是本章开始的那一幕。

7 月 14 日晚，邓小平到达北平。尽管在养病期间，但从 15 日到 19 日，他先后同毛泽东、朱德、周恩来、陈云谈话，同毛泽东更是谈了两次。

7 月 16 日，中央军委正式下达了向西南进军的指示："刘邓共五十万人，除陈赓现率之四个军外，其主力决于九月取道湘西、鄂西、黔北入川，十一月可到，十二月可占重庆一带。另由贺龙率十万人左右入成都。由刘邓贺等同志组成西南局，经营川、滇、黔、康四省。"17 日下午，邓小平在毛泽东主持召开的中央政治局会议上正式汇报渡江战役前后华东局的工作和接收南京、上海、杭州的情况，他还提出解决华东、上海困难的 4 条意见。19 日，他又写信给华东局的负责同志，通报同中央领导人谈话的情况。

邓小平又踏上新的征程，他回到华东，与刘伯承等战友反复研究，根据中央军委和毛泽东确定的宏观战略，形成了解放大西南"大迁回""大包围"的作战方针和完整部署。

5. 刘邓情谊

这里，有必要专门谈一下刘伯承元帅与邓小平这两位开国元勋之间的友谊。

"刘邓不可分"，是一段著名的佳话。刘伯承和邓小平相识是在中央苏区时期的江西瑞金，年长12岁的刘伯承给邓小平留下了"忠厚、诚挚、和蔼的深刻印象"。抗战烽火中，1938年1月，二人作为八路军129师的师长和政委，从此开始了长达13年的亲密合作，带出了一支威震中外的"刘邓大军"，也书写了他们长达半个多世纪的革命友谊。在研究作战方案时，他们常常是一个人讲话，另一个不时地插话，共同拟定作战命令，联名签发，翻阅一下《刘伯承军事文选》就不难发现这一点。所以刘邓部队中一般都搞不清哪些指示和意见是刘的，哪些是邓的，只知道这是"刘邓的意图""刘邓的指示"。

对邓小平这个好搭档，刘伯承非常尊重和关心。他多次对官兵讲："邓政委是我们的好政委，文武双全，我们大家都要尊敬他，都要听政委的。"千里跃进大别山时，在抢渡淮河的关键时刻，邓小平做了行军部署，刘伯承立即以命令的口吻要求："政治委员说的，就是决定。立即行动！"刘伯承之子刘蒙参与编写的《刘伯承传》中还记载了这样一件事：

（1947年）12月上旬，刘伯承、邓小平决定采取内线与外线配合的作战方针，迅速实施战略再展开，在大别山立足生根。

分手的那天，邓小平冒着雨雪寒风给刘伯承送行。他们都不上马，并肩而行，一坡又一坡，一程又一程。尽管他们把分兵后可能遇到的问题都研究过，但都像有一肚子话要说。

直到夜幕降临，两人才互相道别。刘伯承翻身上马，一面走，一面吩咐身边的随员们说："如果我们北上受阻，不幸被敌人冲散，大家就原路向南集中，到文殊寺去找邓政委。"并特别嘱咐电台，要按时和邓政委联络。从此以后，他增加了每天早晨向警卫员问话的内容，第一句话必定是："政委在什么位置？几时取得的联系？他周围的敌情如何？我军的位置有什么变化？"

对刘伯承这位兄长，邓小平更是非常钦佩和敬重。1942 年 12 月 4 日是刘伯承五十寿辰，邓小平于 12 月 15 日专门在《新华日报》上撰文祝贺："在三十年的革命生活中，他（指刘伯承）忘记了个人的生死荣辱和健康，没有一天停止过自己的工作。他常常担任着最艰苦最危险的革命工作，而每次都是排除万难，完成自己的任务。他为国家和人民的解放事业负伤达九处之多。他除了国家和人民的福利，除了为党的事业而努力，简直忘记了一切。在整个革命过程中，他树立了不可磨灭的功绩。"文章后来收入《邓小平文选》第一卷，成为《邓小平文选》中唯一的一篇祝寿文章。邓小平还说过："我比他小十多岁，性格爱好也不尽相同，但合作得很好。人们习惯地把'刘邓'连在一起，在我们两人心里，也觉得彼此难以分开。同伯承一起共事，一起打仗，我的心情是非常愉快的。"

关于刘邓的亲密关系，身边的工作人员有目共睹。他们的老参谋长李达将军说："刘邓配合得好。邓抓大事，小事不管。刘对政委决定的问题很尊重，叫下面照办。对作战问题、命令、计划等，邓不过问，撒得开。"曾任新华社刘邓大军前线分社社长的李普在《记刘帅》一书中写道："他们彼此尊重，相互支持。政治委员有最后决定权。军政两位首脑那样地亲密和谐，在人民解放军中堪称典范。

列宁说马恩两位的关系，'超过了古人关于人类友谊的一切最动人的传说'，刘邓两位也可以说是这样。"他还有一句话流传甚广："在刘邓之间是难以放进一个'顿号'的。"

但一段时间以来流传着一种说法，说"刘邓长期矛盾尖锐""邓小平不准刘伯承生前平反"，在社会上产生了很坏的影响。对这个问题有必要做一点考证和分析。

为刘伯承元帅平反，指的是为1958年召开的中共中央军委扩大会议开展的"反教条主义"运动中，刘伯承元帅遭到的错误批评平反。

新中国成立后，人民解放军进入新的建军阶段，建设一支强大的正规化、现代化革命军队成为一项根本任务。按照中共中央和毛泽东关于"向苏联学习"的指示精神，主持全军训练工作的刘伯承等军队领导，在抓军队正规化、现代化建设的过程中，推动军队学习苏联军队在军事训练等方面的有益经验。但是，受苏联经济建设弊端日益暴露、中苏关系变化以及苏联发生"朱可夫事件"的影响，毛泽东提出反对在学习苏联中的教条主义偏向，这在当时是有针对性和合理性的。1956年6月，中共中央发出了关于学习五个文件的通知，要求全党"克服实际工作中的主观主义即教条主义及经验主义，特别是克服学习马克思列宁主义和外国经验中的教条主义倾向"。同全国各条战线一样，人民解放军内也开展了检查纠正学习苏联经验中的教条主义偏向的工作。1957年2月，国防部部长彭德怀、总政治部主任谭政视察由刘伯承任院长的南京军事学院，对学院做了"教条主义相当严重"的估计和学院领导对反对教条主义"仍然徘徊、犹豫、拖延，未能下决心"的判断。对这一判断军队领导中产生了分歧，比如萧克、叶剑英等人就认为结论过重。

1958年3月召开的成都会议上，毛泽东在批评经济工作中"硬搬苏联规章制度"的教条主义时，也批评了从 1950 年开始军事工作中搬了一部分教条。但他也说，军事工作中基本原则坚持了，还不能说教条主义。他要求 4、5、6 三个月抓工、商、学，结合抓军队，7 月以后秋季再着重抓军队。会议根据毛泽东的建议作出《关于国防工作的意见》，提出"建议军委召开一次扩大会议，用整风方式，讨论军事建设中的重要问题，统一认识，提高觉悟，并在这个基础上使各项工作得以贯彻"。建议得到中央政治局会议的批准。

关于这次会议的中心议题，彭德怀在成都会议期间曾经同周恩来交换过意见，原来想解决别的问题，并没有准备把反教条主义拿到军委扩大会议上来。但林彪参加成都会议回到北京后，听说在 1958 年 3 月 10 日至 5 月的训练总监部四级干部会议上，对怎样认识和反对教条主义有争论，他认定萧克、李达等是"反对反教条主义的"，报告了毛泽东，并建议将军委扩大会议的主题改为反教条主义斗争。毛泽东同意了林彪的建议，并在莲花池会议上决定要刘伯承作检讨。

1958 年 5 月 27 日至 7 月 22 日，军委扩大会议召开，40 人参加，彭德怀主持会议。按照毛泽东的要求，尚不是中央军委常委的邓小平任会议领导小组组长。会议开始后，即对总参谋长粟裕的所谓"个人主义"问题进行批评。5 月 29 日，任海军副司令、海军学院院长的方强给会议主席团写信建议：会议的指导思想"应当是认真贯彻党的八大二次会议精神，在鼓足干劲、力争上游、多快好省地建设社会主义总路线的指导下，以反教条主义和经验主义为纲，检查军队各方面的工作"。毛泽东阅信后于 6 月 5 日批转彭德怀、黄克诚、邓小平："此件写得很好，提出了问题，彭、黄、邓看后还我。我暂时不宜讲话，先要让他们把问题都放出来。过几天，我准备找各小组长分别谈一下，调查一下情况，摸一下底。"毛泽东还就此专门写信给主持会议的彭德怀和黄克诚："有些同志对会议的开法感到不满。此事容易，调整一下就好了，振起生气，大有可为。请小平商彭、黄召集七八个同志经常谈一下，似可不必开小型会，只开大会和小组会。如何，请酌定。"6月7日，毛泽东又致信邓小平："6、7两月份，你应做两件事：（一）第二个五年计划的布局，如你自己所提的；（二）帮助彭德怀同志将军事会议开好，关键是本月一个月，宜与彭等少数同志每三天商量一次。大事抓起来干，多快好省。""军事会上，你应该准备去讲一次话，时机可在结尾的时候。"根据毛泽东的意见，邓小平开始直接过问军委扩大会议。他于6月7日、11日、14日、18日连续召集军委负责人开会，了解情况，讨论会议中的一些问题。

6月20日，会议规模扩大，1004人正式出席会议，438人列席会议，大会主席团由32人增加到42人，会场移到中南海怀仁堂。真正以"反教条主义"为主题的会议从这时开始。到7月1日，发言全部集中到"反教条主义"。会议采取"大鸣、大放、大字报、大辩论"的方式，批判军队工作中所谓的"教条主义路线""资产阶级军事路线"等等，开展所谓的"两条军事路线"的斗争，并先后点了萧克、李达、陈伯钧、宋时轮、粟裕、叶剑英、刘伯承等军队领导人的名，说他们是"资产阶级军事路线的代表"。

此时在外地疗养的刘伯承，接到军委通知赶回北京参加会议，因患眼疾住进了医院。6月29日，邓小平出席毛泽东召集的军委扩大会议小组长会议，会议记录上清晰记载着，为了保护刘伯承，邓小平在毛泽东讲话时插话说："让刘伯承好好休息，可以不来参加会议作检讨，表示个态度就可以了。""刘伯承同志工作积极认真，对组织是尊重的。今年六十六岁了，又有病，不要搞得太紧张。"刘伯承抱病写了检讨送给邓小平，7月8日，邓小平将刘伯承的检讨打印了几份，送请陈毅、聂荣臻、叶剑英、黄克诚阅，同时报送毛泽东。9日，毛泽东批示："伯承此件写得很好。所附七大讲话一段，也是好的。"10日，刘伯承在搀扶下上台作检讨。在检讨中，他既实事求是地说明情况，也作了自我批判。19日，邓小平根据毛泽东意见在军委扩大会议上作长篇讲话，讲话中对军队被认为存在的"教条主义"和"个人主义"，只是一般性地提到，并没有展开，整个讲话比较温和，没有严厉的批评和指责。关键是，在最严重的时候，毛泽东曾经有过撤销刘伯承中央政治局委员职务的考虑，征询中央委员会总书记邓小平的意见，邓小平明确表示异议，为毛泽东所接受，刘伯承的政治局委员得以保留。

但是，邓小平对刘伯承婉转的保护并没有改变整个会议的走向。7月20日，大会通过的《中共中央军事委员会扩大会议决议》认为："训练总监部和一些院校，教条主义倾向直到最近仍然占着统治地位。而且某些个别同志，还坚持一条与党的军事路线相对抗的资产阶级的军事路线。"会后，在全军开展了反对"教条主义"的"单纯军事观点"的"教育和斗争"，使不少为军队正规化、现代化建设作出过贡献的军队工作者受到错误的处分和打击。

后来，邓小平多次谈到这次会议是错误的。

据《张震回忆录》记载："早在1973年8月，小平同志就收到一位在'反教条主义'运动中受迫害同志的申诉信，他当即批示：'反教条主义'是一件历史公案，拖了多年，当年受到迫害和冲击的同志，要求作出正确结论，是合理的。这个批示，已经非常明确地表示了他对'反教条主义'运动的否定。"此信由邓小平转给了时任总政治部主任的李德生。

邓小平对于平反"反教条主义"的正式表态，是在1980年9月30日。这一天，解放军总参谋长杨得志，副总参谋长杨勇、张震到邓小平住所汇报召开第十一次全军院校会议有关情况。当时的情景，《张震回忆录》中有详细记载：

"1980 年国庆节前夕，我们一起来到邓小平同志家里，向他汇报、请示召开第十一次全军院校会议的有关问题。"

"当谈到'反教条主义'问题时，得志对小平同志说，他要在第十一次院校会议上讲话，里面有一段关于'反教条主义'的问题，准备讲 1958 年'反教条主义'是错误的。有人讲，这不是反到你头上来了吗？"

"小平同志态度十分明确，马上表示：可以讲。'反教条主义'主要是整刘帅，最后还是我向毛主席提出来要保刘帅的。当时，有人对我说，二野打仗主要靠你。我向毛主席讲，没有一个好的司令，我这个政委怎么行呢？小平同志还向我们讲了当年'反教条主义'运动的复杂背景和具体经过。"

这一段史实，不仅有张震将军回忆为证，在《邓小平年谱》第4 卷、《邓小平传（1904—1974）》中也有明确记载，也得到了 1992年出版的《刘伯承传》的印证。要说明的是，这本《刘伯承传》的编写组成员中包括刘伯承之子刘蒙。

邓小平在 1980 年国庆节前夕对此事平反的明确支持很快就发生了作用。当年 10 月由三总部在北京召开的全军院校会议上，总参谋长杨得志在讲话中明确表示"反教条主义"是错误的。1981 年 11月 23 日，张震作为副总参谋长在全军防化战备会议上讲话，专门传达："邓副主席去年说，'那次反教条主义是错误的。'"会议的见证者众多，由军事科学院编写的《刘伯承年谱（1892—1986）》也对此事进行了详细记载。

1982 年，中共十一届七中全会给刘伯承发去致敬信，从正面肯定了刘伯承在新中国成立初期所进行的军队现代化、正规化建设的成就。同年，经中央军委批准，《刘伯承军事文选（内部本）》由战士出版社出版，邓小平亲自题写书名。1986 年 10 月 7 日，94 岁的刘伯承在北京病逝。10 月 14 日，在万寿路总后礼堂举行刘伯承遗体告别仪式，邓小平率全家最先到场。10 月 16 日，刘伯承追悼大会在人民大会堂隆重举行，邓小平主持追悼会，胡耀邦在悼词中指出："1980 年邓小平同志明确指出，那次'反教条主义'是错误的，这也是党中央一致的意见。"10 月 21 日，邓小平撰写《悼伯承》一文，感人至深，其中又专门写道："一九五八年批判他搞教条主义，那是不公正的。完全可以说，伯承是我军现代化、正规化建设的奠基人之一。他在这方面的重大贡献，永远值得我们珍视。"这样的追悼文章，《邓小平文选》三卷仅此一篇。1987 年 11 月 25 日，中国人民解放军总政治部、中央军委纪律检查委员会正式行文为全军反教条主义平反，文件中指出："关于 1958 年反教条主义的问题，在为刘伯承同志致的悼词中，党中央已经做了彻底否定。"1992 年，《刘伯承传》由当代中国出版社出版，邓小平又亲自题写了书名。

习近平总书记曾专门指出："邓小平同志客观公正对待党的历史、对待同志、对待自己，谦逊随和，平易近人，善于同人合作共事。革命战争年代，他同刘伯承同志共事 13 年，形成亲密无间的革命友谊。"

6. 开国大典

1949 年 9 月底，当进军大西南的各项工作部署完毕，部队也已经出动，邓小平再次从南京赶到北平，准备参加中华人民共和国的开国大典。

9 月 20 日下午 3 点，邓小平出席在中南海怀仁堂召开的中国人民政治协商会议第一届全体会议最后一次会议，并当选为中华人民共和国中央人民政府委员、政协全国委员会委员。10 月 1 日下午 2 点，邓小平出席毛泽东在中南海勤政殿主持召开的中央人民政府委员会第一次会议。随后，他出席了首都 30 万军民在天安门广场举行的中华人民共和国开国大典。

10 月 1 日下午 3 点，毛泽东主席向全中国、全世界庄严宣告："中华人民共和国中央人民政府今天成立了。"邓小平亲眼见证了这一镌刻在历史上的光辉时刻。刚满 45 岁的他还为纪念中华人民共和国成立题词："永远铭记着，在过去长期艰难的岁月里，人民英雄们用了自己的鲜血，才换得了今天的胜利。"

第三章　在艰辛探索的关头：担当重任

眼前是一列火车。

乘上这列火车，就要离开北京，前往上海。

这天，是 1959 年 2 月 9 日。

已经是晚上了，准备与邓小平一起去上海的，还有彭真、李富春和杨尚昆。他们一行于次日早上 7 点抵达上海，随后的几天里，主要视察了上海的工业建设。比如，11 日，参观上海工业展览会；12 日，视察江南造船厂、上海手表厂；13 日，视察上海钢铁三厂；16 日，视察上海电机厂、英雄金笔厂；19 日，视察杨树浦纺织、印染工厂。恐怕这段时间邓小平满脑子都是发展工业的问题。实际上，在他来上海的两天前，邓小平刚刚主持召开了中共中央书记处会议，讨论的也是工业生产的问题。

2 月 20 日上午，邓小平和彭真、李富春、杨尚昆一起出席中共上海市委工业会议的开幕式。在会上，邓小平讲起了对 1958 年工作的评价："去年是全面大跃进，各方面发展很快。但真正冷静地来看一下，农业还没有翻身，工业也没有翻身。总的说来，科学技术、工农业水平，我们还是落后的。照毛主席的话，还要加上个'很'字，还是很落后的。我们国家'一穷二白'的形势，还没有基本解决，当然有所改变，但是还没有基本改变。根本改变还差得远，还需要十五年或者更多一点时间，才能真正把我国建成一个工业强国。所以我们要干的事情还很多。我们要利用对我们有利的国际形势，争取时间，好好地搞建设。"

他特别指出："我们对成绩要有足够的估计，但是同时也不能言过其实，迷惑自己。去年下半年宣传工作有点浮夸，有不少是言过其实的。有一些事情本来做得不错，但是擦上了一层厚厚的粉，不光外国人，连我们本国人也不相信。这样的例子在报纸、刊物、电影中都有。公开宣传要谨慎，宁可做的多说的少，不要说的多做的少。"

邓小平强调："毛主席在八大会议上讲，虚心使人进步，骄傲使人落后。我们要永远记住这个教导。"

邓小平发表这篇讲话的身份，是中共中央委员会总书记、中央领导集体的成员。他在讲话中特别强调的"八大"，召开于3年前，但相关的记忆邓小平永远不会忘怀。

1. 中共八大

在中国共产党召开的历次代表会议中，党的第八次全国代表大会具有特殊的意义。八大是党在中华人民共和国成立后召开的第一次全国代表大会，从七大到八大，经过了10余年的时间，国际国内形势发生了根本变化，八大要根据新的形势，正确总结中国革命和建设的经验，制定正确的路线，把党建设成为领导社会主义事业的坚强核心，这关系着党和国家的前途和命运。党的八大，对于邓小平个人的命运，也有重大的影响。

1955年3月31日，毛泽东在党的全国代表会议闭幕会上宣布，中共中央决定于1956年下半年召开党的第八次全国代表大会。他还提出，1956年7月以前"要完成代表的选举及文件的准备工作"。

此时，邓小平任党中央秘书长，兼任中央组织部部长，同刘少奇、陈云等一起负责八大的筹备工作。

邓小平于 1952 年 7 月由中共中央西南局第一书记的岗位调至中央，8 月 7 日被任命为政务院副总理。1954 年 4 月 27 日，毛泽东主持召开的中共中央政治局扩大会议作出决定：任命邓小平为党中央秘书长，兼任中共中央组织部部长。这是邓小平第三次就任中央秘书长，时年 50 岁。

1955 年 10 月，在扩大的七届六中全会上，邓小平代表中央政治局就八大的主要议程安排、代表选举要求和具体召开时间等一一作了说明，并解释了八大推迟多年召开的原因。邓小平深知，筹备这样一次重要的会议，责任重大、千头万绪。未来一年的时间里，他继续主持中央秘书长会议，协助毛泽东、刘少奇等领导人处理大量的中央日常工作，同时承担了非常繁重的筹备工作。

当时，根据国际国内的形势变化，通过对长期革命斗争经验教训的总结，中央领导集体的核心毛泽东形成了一系列新的重要思想，集中体现在他 1956 年 4 月 25 日中央政治局扩大会议上的讲话《论十大关系》中。这篇讲话，向全党提出了以苏联经验教训为借鉴，总结中国自己的经验，探索中国社会主义建设道路的任务；确立了调动国内外一切积极因素为社会主义服务的基本方针；借鉴苏联的经验教训，集中阐明了中国经济建设和政治、思想、文化建设所需要处理好的十大关系。这成为筹备党的八大的指导思想，为八大的顺利召开奠定了基础。

筹备工作中，首要的是写好几个文件。八大文件的准备，最先动手的是邓小平主持的对党章的修改。七大通过的党章到这时已经整整 11 年，中国共产党的情况发生了巨大的变化，正因如此，党章修改工作的难度和工作量也特别大。

七届六中全会闭幕几天后，党章修改小组拿出党章修改初稿，邓小平指示分送中央政治局委员征求意见，同时对初稿从内容框架到文字表述作了推敲和修改，并加写了"人民解放军党组织"一条。此后，在他的主持下，反复征求各方面的意见和组织讨论，数易其稿。到5月，形成了第四稿，他又亲自进行修改。5月中下旬，中央政治局连续开会仔细讨论党章修改稿。根据会议意见，28日邓小平为中共中央起草《关于印发党章修改稿交各地方、各单位讨论的通知》。7月中旬，讨论意见陆续报到中央，邓小平主持起草委员会会议和起草小组会议，吸收各方面意见，对稿子再作修改。

时为修改党章和修改党章报告起草委员会成员的李雪峰回忆："修改党章及修改党章报告起草委员会的9个人，实际上是党中央正副秘书长，所以，有的档案材料中也将这个委员会称为秘书长会议或修改党章小组会议。这个委员会的工作由小平同志来主持。关于党章的修改工作，小平同志一直抓得很紧。""党章修改工作虽然很费力，但是我们思想上没有顾虑，畅所欲言，可以提出任何意见，气氛很活跃。总的说来，在小平同志主持下进行得比较顺利。"8月15日，党章修改稿基本定稿。

8月27日，最后一次集体讨论修改后，邓小平将修改党章报告稿报毛泽东审阅。毛泽东连夜对报告稿作了一些修改，并批示邓小平："此件看了一遍，觉得大体可用。作了一些小的修改，请你酌定。"至此，关于修改党章的报告基本定稿。

随后，邓小平还参与了八大政治报告稿和《关于发展国民经济第二个五年计划的建议》及《关于发展国民经济第二个五年计划的建议的报告》稿的讨论修改工作。李雪峰回忆："由于大家的努力，修改党章的报告完成得比较早，后来邓小平又将精力集中到起草政治报告上去了。"在讨论时，邓小平提出："先提大势，先提方针性的意见。但是有些文件，像党章，那就不好提大势了，必须是哪一个字要改就改那一个字。”

八大召开时，毛泽东致开幕词，刘少奇代表中央委员会作政治报告，周恩来作《关于发展国民经济第二个五年计划的建议的报告》，邓小平作《关于修改党的章程的报告》。邓小平的报告，阐述了修改党章所依据的条件，包括党的历史任务和地位的深刻变化，党所面临的新的形势，以及党员干部队伍思想作风上出现的新的情况和问题等，是对中国共产党自身建设的历史经验的总结，也是对国际共产主义运动经验教训的总结。他所提出的一系列重要的思想、观点，不仅在当时具有重要的现实指导意义，而且对于党在长期执政条件下加强自身建设具有长远的指导意义。

与此同时，邓小平还承担了选举八大代表的组织工作，并和陈云一起组织了第八届中央委员会候选人的酝酿和预选工作。

1956 年 3 月至 5 月，邓小平主持召开多次中央秘书长会议讨论八大代表选举的问题。5 月上旬，陆续收到各地报来的八大代表候选人名单。12 日，邓小平主持召开中央秘书长会议讨论各地报来的名单，并主持起草中央给各省（市）委、自治区党委及西藏工委的电报，布置各地将代表候选人名单，再经充分酝酿并提交省（市）委、自治区党委全体会议讨论后，连同中央推荐的名单，一同提到省（市）、自治区党的代表大会通过。要求各地区党的代表大会对所有候选人加以郑重的审查，对于不适当的候选人，应加变动。26 日，邓小平一天签发 28 封中央分别给各省（市）委、自治区党委、中直党委、中央国家机关党委的加急电报，一一提出具体要求并做布置。

八大要选举产生新一届中央委员会，怎样进行选举，这是需要在大会召开之前研究确定的。邓小平和陈云一起为此做了大量深入细致的工作。李雪峰说：“整个八大筹备工作既紧张繁忙，又很注意发扬民主，坚持集体领导，走群众路线。比如筹备工作中最早的工作是提中央委员候选人名单，就是小平同志和一些老同志负责，先从六个大区和军队的领导同志中选，大家可以随便提，提了约四百人，比较全面。"后来七届七中全会和八大预备会，经过几下几上的酝酿协商预选出的中央委员会 170 名候选人名单，就是在这 400 人的范围内产生的。

邓小平还承担了邀请和接待参加八大的国外兄弟党代表团的工作。到 1956 年 8 月中旬，已确定有 50 多个国家兄弟党的 300 多人将应邀来华。考虑到会后有些代表团可能到各地参观访问，8 月 22 日，邓小平审批发出《中共中央关于接待参加八大的各国兄弟党代表团的指示》，要求："各地党委应该本着国际主义的精神，对兄弟党代表表示真诚的、热情的关怀和虚心学习的态度。对所有兄弟党代表团，不论其为当政的党、未当政的党、大国党、小国党、大党、小党、合法党、不合法党，均应贯彻一视同仁的态度，对于未执政的党、小国党和小党绝不应有所歧视和怠慢。必须反对骄傲自满，粗枝大叶，形式主义的作风，特别是大国主义的思想和表现。"后来，八大在世界各国共产党、工人党中产生了很好的影响，除了会议确定的关于中国社会主义建设正确的路线、方针和政策，以及关于国际共产主义的一些正确的思想主张为他们所认可之外，会上会下中国共产党所表现出来的谦虚谨慎和平等对待每一个党的代表团的态度也是一个重要原因。

在主要文件的起草工作基本完成和其他各项准备工作基本就绪后，邓小平于 8 月 7 日、15 日受中央委托起草了两个会议通知：一个是关于召开党的七届七中全会的通知，另一个是关于召开党的八大和八大预备会的通知。从 8 月下旬到 9 月中旬，讨论八大各项准备工作的七届七中全会和八大预备会议交叉进行、相互衔接。邓小平是两个会议组织工作的总负责人。

9月13日，七届七中全会第三次会议在中南海怀仁堂举行，毛泽东主持会议，邓小平对八大的主席团名单、秘书处名单、大会发言安排等作了说明。其间，在他说明大会秘书处名单时，毛泽东提议："秘书长我看是邓小平吧！"邓小平说："不要秘书长。"毛泽东边说"不要秘书长怎么行呀！"边问大家"要不要秘书长？"会场上的人齐声说"要"。毛泽东风趣地说："干了这么多年的秘书长，现在又不想当了！""那末，还是邓小平。"全场一片笑声。于是，邓小平又被选为大会秘书处的秘书长，这也是他担任的最后一个"秘书长"职务。以这次七届七中全会第三次会议为标志，八大的筹备工作基本完成。

9月15日，党的八大顺利召开。会上，邓小平又成了最忙的人。作为大会主持人之一、主席团委员和常委，他要参加主席团会议和主席团常务委员会会议。作为大会秘书长，他是大会诸多事务的总负责人，所有大会、小会的具体安排和外国兄弟党代表团的活动安排，都由他和大会秘书处负责。大会中间20分钟休息时间，他还多次同主席团常委会其他委员一起会见兄弟党代表团。

会议期间邓小平还负责一项重要工作，就是审阅大会发言稿。会议共收到发言稿180多篇，既有中央领导人的，也有基层代表的，全部经过他审阅、修改，而且相当一部分是大会期间审定的。最后在会上安排口头发言68篇，书面发言45篇。在安排和审改发言稿过程中，邓小平简明扼要、重点突出的文风也展现无遗。筹备过程中，他就要求发言者"互相访问，通一点消息，体裁多一点，文字短一点"，得到毛泽东的完全赞成。后来，邓小平还为此批评了李雪峰的发言，李雪峰回忆："我在大会发言之后，他听后问我：怎么搞的？不是原来的稿子，原来的稿子可以嘛。我回答，这是又请'秀才们'修改过的。小平同志说，坏就坏在这里。他认为，有时修改后的文章面面俱到，不能突出重点。"

党的八大，开启了我国全面建设社会主义的新时期，因其对探索建设社会主义的中国道路所取得的重要成果而载入史册。八大的顺利召开，反映出邓小平作为优秀的中央秘书长的能力与担当，也成为他政治生涯的新起点。在八届一中全会上，邓小平当选为中央政治局委员、常委、中央书记处书记、中央委员会总书记，成为以毛泽东为核心的党的第一代中央领导集体的重要成员。这时，中共中央政治局常委由毛泽东、刘少奇、周恩来、朱德、陈云、邓小平6人组成。邓小平晚年说，这之后的10年，是他一生中工作最繁忙的10年。

2. 顺义调研

党的八大后，中国共产党和中国人民开始了对社会主义建设道路的艰辛探索。在良好的开局之后，1958年兴起的"大跃进"运动使经济建设遭受了挫折，人民生活遭遇困难，中央决定对经济全面进行调整。邓小平后来说："过去几年的教训，把老本吃光了，虽然跃进了，但不持久，坐飞机上去，坐电梯下来。在今后的日子里，领导干部要不断总结这方面的经验，努力学习科学技术，变外行为内行。"

1961年1月，在中共八届九中全会上，毛泽东提出要恢复党的实事求是的优良传统，大兴调查研究之风，1961年成为实事求是年。3月，在比较透彻地检查几年来工作中的错误、比较彻底地讨论和解决农村问题的"广州中央工作会议"上，邓小平分别于19日和23日代表中央书记处作了自我批评，他说："全国胜利后搞民主革命和社会主义改造，要保证几亿人口的吃、穿、用，那时我们的工作是比较细致、比较谨慎的，党的调查研究和实事求是的作风还是保持的。从中央到下面的干部，对情况都比较熟悉，社会主义改造猛是猛，但是都经过试点相当细致，是经过多年政治准备和工作准备，步骤是稳妥的。""一九五六年高级合作社运动出现高潮，形势很好，我们头脑就不够冷静了。资本主义工商业非改造不行，手工业也要改造，但是搞得快变成全民的了。尤其是一九五八年以后事业兴旺起来，我们也有一点经验了，就比较马虎了。人民公社在北戴河会议后一哄而起，中央听取意见也是按级听汇报，群众的呼声听不大到；许多事情没有充分研究和试点，就是那么一下子推广开去，使工作受到相当大的损失。这个教训是相当深刻的，就是缺乏一个根本的工作方法——调查研究，心中无数，情况不明，办法当然就不对，因而决心愈大愈糟糕。"这次会议讨论通过了后来被通称为"农业六十条"的《农村人民公社工作条例（草案）》，还有中共中央《关于讨论农村人民公社工作条例草案给全党同志的信》和中共中央《关于认真进行调查工作问题给各中央局，各省、市、区党委的一封信》。会后，中央领导人们都身体力行，奔赴各地进行调查研究，解决工作中存在的问题。

在此期间的 3 月 13 日，毛泽东给刘少奇、周恩来、陈云、邓小平、彭真等人写信，提出："大队内部生产队与生产队之间的平均主义问题，生产队（过去小队）内部人与人之间的平均主义问题，是两个极端严重的大问题""希望小平、彭真两位同志在会后抽出一点时间（例如十天左右），去密云、顺义、怀柔等处同社员、小队级、大队级、公社级、县级分开（不要各级集合）调查研究一下，使自己心中有数，好做指导工作。"根据大力开展调查研究的精神和毛泽东的指示，邓小平于 4 月 7 日下午来到京郊的顺义县（今顺义区）开展农村调查。

　　和邓小平一起前往调研的是中共中央秘书处机要秘书卓琳、中央办公厅工作人员曹幼民、北京市委宣传部副部长张大中、北京市委农村工作部副部长常浦和北京市委统战部部长廖沫沙。为了不干扰地方工作和增加负担，他们乘坐火车前往，并且大部分时间就在火车上吃住，车皮就停靠在牛山火车站附近的道岔上。时任中共顺义县委第一书记李瑜铭回忆："邓小平在顺义时和普通干部一样，顿顿吃的都是'瓜菜代'。河里打上来的水草，煮一煮也摆上了总书记的饭桌。唯一的一次改善伙食，还是经请示北京市委同意后加的豆腐。"

　　10多天的时间里，邓小平以蹲点、座谈、访问形式，详细了解农村实际和干部群众的情况。到达顺义的第二天，邓小平就召集县委负责人开座谈会。在全面了解农村生产生活情况后，他抓住了一个重点问题："看来还是要根据群众要求，早些把社队规模定下来，公社规模的调整可以靠后一些。考虑得充分一些，要联系到水利、机械化、加工业、手工业、商业、供销社等问题来考虑。春耕大忙季节来了，要用最快和最简便的办法解决这些问题，不要耽误生产。"

　　1958年"大跃进"时，兴起的公共食堂是浮夸风的产物，是"共产风""平调风"的表现，也是人民公社初期的一个突出问题。当时提出吃饭不要钱的所谓共产主义生活，不符合社会实际状况，违背了经济发展规律，群众心里很不满意，但由于它被认为是共产主义因素的体现，谁也不敢碰。在顺义调研初期，邓小平的认识也是倾向于继续把公共食堂办好。他在4月8日的县委负责人座谈会上说："公共食堂问题是一个大问题，现在群众的议论很多，要注意一下，正是困难时候不能一哄而散。""总的方针还是积极办好，自愿参加。要把食堂当作一个企业来经营管理，把它的优越性表现出来。将来生活富裕了，食堂可能比现在更好办些。"随着调研逐渐深入，邓小平的认识发生了明显的变化。4月15日，他在北小营召开的由上辇大队、北小营大队、仇家店大队支书、生产队长参加的座谈会上，反复询问当地干部：公共食堂是吃好，还是不吃好？这时多数人都不敢说不吃好，相反违心地拼凑了一些公共食堂也不错的理由。邓小平没有下结论，只是说："食堂要多种多样，方针是办好，办得更节约。"在公社书记座谈会上，当听到公共食堂存在着占用人员多等问题时，邓小平说：把原粮加工成熟食，增加成本50%多，这样贵，群众当然不会赞成。一个50户左右的食堂，占用十几个劳动力太多了，食堂人员超过吃饭劳力的10%就不合算，粮食加工应该做到半机械化，这样既可以节省成本，又可以节省劳力。食堂要种好菜，养好猪，搞好家底。

4月18日上午，邓小平来到白庙村公共食堂调研，看到食堂已经停伙，当地社员没有吃的，途中他还从社员群众那里了解到对食堂真实的尖锐意见，明确意识到这是一个严重的问题。邓小平决定马上解决这个问题，随后就在牛栏山公社桑园村召开的社、队干部会议上当众明确表示："吃食堂是社会主义，不吃食堂也是社会主义。以前不管是中央哪个文件上说的，也不管是哪个领导说的，都以我现在说的为准，根据群众的意见，决定食堂的去留。"他还特意对县委领导讲，关于这个问题"农业六十条"写得很灵活，从办到不办，形式是允许多样的。当地干部群众表示："小平同志的指示像暖流，温暖了干部群众的心，说出了大家心里想说而又不敢说的话。"而且，就在当天下午，邓小平马上主持召开中共中央书记处会议，汇报了在顺义县通过农村调查得到的真实情况。

邓小平在调研中还发现，当地一些干部群众曾对"一平二调"提出过意见，但在"反右倾"斗争中被当作攻击总路线、"大跃进"、人民公社"三面红旗"而受到批判，所以变得吞吞吐吐不敢直言。邓小平坦诚地表示：""一平二调"搞得大家都没劲头了，要尽快制定'三包一奖惩'（包工、包产、包成本，超产奖励、减产惩罚）和'四固定'（将土地、劳动力、耕畜、农具固定到队使用）责任制。现在包产过大的单位应当适当划小。包产单位小一些，便于互相比较生产条件，你瞒不过我，我也瞒不过你，包产指标就容易落实了，要让他们在同等条件下搞生产竞赛。定生产指标要力求合理，还要留有10%的余地，照顾到有产可超，这样他就会有奔头了，就拼命去干了。"

他还特别强调要克服平均主义，提出："要认真执行'按劳分配，多劳多得'的分配原则，承包单位之间、社员之间无论如何不能拉平，要克服分配上的平均主义，这样才能调动起社员的积极性。评工记分必须搞得严密一些，死分死记、死分活记都不能很好地体现同工同酬，还是初级社时的老办法。比如二等劳力干一等劳力的活，还记二等工分，这就存在着平均主义，就会打击二等劳力的积极性，这种不合理现象必须克服。一定要实行定额包工，多劳多得是天经地义的事，是社会主义分配原则。""总之不要拉平，人与人之间劳动有强弱，干活也有好坏，出勤多少也不一样，为了奖勤罚懒，不仅在劳动报酬的工分上有差别，口粮差别也要相当明显，这样就能克服平均主义，农民就放心了，就能刺激生产者搞好生产和克服各种自然灾害的积极性。"同时，"集体对五保户要照顾，对困难户要给予补助"。

在各个基层单位，邓小平对木林公社上輋村赞赏有加，他了解到上輋村公共食堂的情况是由食堂分粮食，社员自己回家做饭，表示充分肯定："你们村的干部对共产风、平调风顶得好，锅、碗、瓢、盆没有被刮跑，锁没有砸，门没有拆，是很好的事。吃食堂光荣，不吃食堂也光荣。吃不吃食堂要由群众决定。"他也了解到上輋村在粮食分配时采取40%卖给国家，剩余60%的一半按工分分配，一半的 20% 作为大队机动粮，10% 按人头分，10% 奖励给劳动好的社员。另外，小队开荒"十边地"的粮食归小队积累，拿出一部分按工分分配。这些分配方法促进了生产，得到社员们的一致拥护。1959 年上辇大队粮食亩产 540 多斤，比 1958 年提高 60 多斤，副业收入 3 万多元，社员的生活水平得到明显提高。邓小平明确说："上辇村的余粮分配办法很好，很有道理，国家、集体、个人几方面都照顾到了，就应该是这样，定好超产部分，几成卖给国家，多为国家做点贡献，而且群众心中也有了底，生产积极性就会高，生产就能搞上去。县委要搞几个这样的好典型，总结推广下去。"后来，上辇村经验经过县委特别是北京市委第二书记刘仁的指示进一步完善，再加以推广，收到了很好的效果。上辇村此后也发展得更快，被称作北京市农业战线上的一面红旗。

在顺义，邓小平还于 4 月 17 日考察了城镇集市和庙会。他看到农贸市场萧条，供应紧张，还了解到大批手工业和家庭副业的消失严重影响了群众的生产生活。邓小平心情沉重地对县委及公社领导说："现在县城的手工业、经济生活非常单调。要研究一下过去的组织有什么利弊，有什么需要恢复。有的手工业变成社办工业，到底好不好？""你们要把手工业及家庭副业都发展起来，增加市场上买卖的品种和数量，把农村集市繁荣起来，满足生产和生活需要，增加农民收入。"在供销社干部的座谈会上他又谈道："先把有劳力、有原料、社员生活和生产急需的苇编、柳编、荆编、烧石灰、打木具的传统手工业发展起来。"

在各类农村家庭副业中，邓小平特别强调"应该是六畜兴旺，尤其是养猪很重要"。此前，在"大跃进"运动中，各地农村不顾实际条件，一哄而起大办养猪场；反"五风"后，很多地方又搞"一刀切"一律停办养猪场。4 月 15 日，邓小平在座谈会上对生产队干部们讲："你们县是个传统的养猪县，社员喜欢养猪，也有经验，把这个传统扔了很可惜。一头猪不仅能赚二十多元钱，肥料还能养二三亩地，一人一头猪，没有化肥也能丰收。""中国大，靠化肥怎么靠得住？你们这里土地和水利条件都很好，就是肥料问题制约了粮食生产的发展。"他几乎在每个座谈会上都谈道："养猪是很重要的家庭副业收入。""多养猪、养好猪，社员的收入增加了，粮食生产也搞上去了。""你们要抓住春天这个大好时机，尽快地把养猪事业发展起来，既满足了城乡人民的生活需要，又能增加农民的收入，这是件好事。"在调研结束后，邓小平还和彭真一起找顺义县的领导谈话，针对当时北京市生猪饲养量下降和市场猪肉短缺的情况，再次提出："你们要大力发展养猪，北京市要尽快做到每年向市场提供 100 万头肥猪。"根据这些指示，当年北京市实行"公养私养并举，以私养为主"方针，加强保养措施；1962 年又制定了养猪奖励和收购肥猪的购留比例，调动了农民养猪的积极性，使养猪生产较快地得到恢复和发展。1962 年全市生猪存栏 77.5 万头、收购生猪 22.7 万头，分别比 1961 年末的存栏 60 万头、收购 9.3 万头增长 29% 和 144%。1963 年，上辇大队的社员孙举、孙梦雄还专门给邓小平、彭真写信，汇报"到一九六二年底，共养猪一千多头，已经达到每人一头"。1965 年，顺义县生猪存栏达到 145 万头、收购生猪达到 93.4 万头，接近了 100 万头的指标。此后，尽管是在"文化大革命"中，邓小平的指示也在实际工作中落实着。顺义县 1976 年、1977 年养猪 64 万头，年交售商品猪 28 万头，被农业部命名为"全国养猪先进县"。

人民公社化以后，实行的粮食供给制是按人口分配，与劳动数量和质量不挂钩，《农村人民公社工作条例（草案）》提出粮食 30% 按人口分配，70% 按劳分配，即三七开，有比较大的调整，但群众仍然不满意。在开始调研时，邓小平认为在比较富裕的生产队，比如人均年分配在 70 元以上的，完全可以实行三七开。所以他在 4 月 12 日的公社干部座谈会上说："供给制三七开的原则还是要坚持，现在有条件的就可以实行；条件不够的可以把供给制比例缩小一点，将来增产了再实行三七开。"但到了调研结束时，他的想法已经不同，他在调查报告中提出，应该废除三七开供给制。此外他还积极鼓励当地发展农业机械化和工业，顺义县在 20 世纪 80 年代成为全国产粮百强县和农业机械化先进县。

邓小平通过在顺义县的实地调研，掌握了大量农村实际和农民真实愿望的第一手材料。4 月 22 日，邓小平结束调研返回北京。23 日、26 日，5 月 2 日、8 日，他多次主持召开中共中央书记处会议，内容都有讨论修改《农村人民公社工作条例（草案）》。4 月 27 日下午，他还专门召集有关人员开会，听取关于《农村人民公社工作条例（草案）》修改和食堂问题的汇报。5 月 3 日，邓小平再次来到顺义县调研。

5 月 10 日，邓小平与去北京怀柔调研的彭真一起，联名给毛泽东提交调查报告，提出："要进一步全面地调动农民的积极性，对于供给制、粮食征购和余粮分配，三包一奖、评工记分，食堂，所有制等问题的措施，还需要加以改进，有些政策要加以端正。"关于供给制问题，他们鲜明地提出："现在实行的三七开供给制办法，带有平均主义性质，害处很多。干部和群众普遍主张取消，而主张只对五保户生活和困难户补助部分实行供给。这样做，不仅可以更好地解决五保户和困难户的问题，而且可以大大提高劳动分值，更好地贯彻按劳分配原则，更好地调动社员的生产积极性。"关于关键性的公共食堂问题，他们提出："食堂问题比较复杂，除居住分散的队不办、长年食堂一般主张不办外，对农忙食堂（半年多），群众意见很不一致。看来，吃不吃食堂的问题，不能像供给制一样，一刀两断地下决心。尤其要走群众路线，让社员慢慢考虑、好好讨论，完全根据群众自愿，他自己感到怎样合算就怎样办。今后要办食堂的，一般应把食堂的经济核算同生产队分开。食堂不要大了，应办小型的或自愿结合的。"关于供销社和手工业、家庭副业问题，报告中说："对手工业和家庭副业，必须大力恢复和发展。为之，必须迅速恢复和健全供销社的工作，为手工业、家庭副业供应原料、工具，推销产品，组织生产。"5月13日，毛泽东批示："此信发给各中央局，各省、市、区党委，供参考。"北京市据此向各县、区群众宣布了3条政策：吃食堂、不吃食堂完全根据自愿；吃食堂、不吃食堂都好，都光荣；吃食堂、不吃食堂都给予便利。"结果远郊区的食堂大部分都散了"，"食堂问题最终得到了解决"。

5月21日至6月12日，毛泽东在北京主持召开中央工作会议。由于这次会议是在中央和地方负责人对农村实际调查研究的基础上召开的，全党在困惑了几个月的供给制和食堂等问题上很快取得一致意见，《农村人民公社工作条例（修正草案）》得以顺利制定，取消了大多数农民群众反对的部分供给制和公共食堂，确定人民公社实行以生产队为基础的三级集体所有制。会议还通过了通称"商业四十条"的《关于改进商业工作的若干规定（试行草案）》和通称"手工业三十五条"的《关于城乡手工业若干政策问题的规定（试行草案）》，有力地推动了城乡经济的恢复和发展。会议还提出《关于减少城镇人口和压缩粮食销量的九条办法》，规定3年内减少城镇人口2000万以上，本年内减少1000万；决定本年钢产量由原定的1800万吨降为1100万吨。这些措施行之有效，对在国民经济调整时期纠正"大跃进"和人民公社化运动以来农村工作中"左"的错误具有十分重要的意义。

3. 恢复农业

1962年1月11日至2月7日，中共中央在北京召开扩大的工作会议，也就是著名的"七千人大会"。这次大会深刻地总结中华人民共和国成立以来特别是"大跃进"和人民公社化运动以来社会主义建设的经验教训，统一全党的思想，提出克服经济困难的方法，对于最终克服国民经济严重困难发挥了重要作用。邓小平于2月6日在大会上讲话提出："这几年工作中的缺点和错误的责任，中央首先负责，而在中央，首先应由做具体工作的中央书记处负主要责任。要搞好国内建设，搞好各方面的工作，首先决定于我们党的领导。"并提出："现在，必须把党的优良传统恢复起来，加强起来，发扬起来，这是我们党成为执政党的特点所决定的。"邓小平后来回忆说："在我们党的历史上，像'七千人大会'这样，党的主要领导人带头做自我批评，主动承担失误的责任，这样广泛地发扬民主和开展党内批评，是从未有过的，所以它的意义和作用，在我们这些亲身经历过的人当中，永远不会忘怀，而且我相信会历时愈久，影响愈深。"

"七千人大会"后，农业方面的基本核算单位下沉到生产小队，对调动生产积极性起到了一定作用，但还没有从根本上解决平均主义和出工不出力的问题，又增加了干部的数量，群众仍然不满意。于是，在一些省份自发形成了将生产单位进一步划小甚至包产到户的办法。在中央，刘少奇、周恩来、陈云、邓子恢等人不同程度地提出或赞成实行"生产责任制""包产到户""分田到户"的主张。

7月2日，邓小平主持召开中央书记处会议，在讨论如何恢复农业时他说："恢复农业，群众相当多的提出分田，陈云同志作了调查，讲了些道理，意见提出是好的。现在所有的形式中，农业是单干搞得好。不管是黄猫、黑猫，在过渡时期，哪一种方法有利于恢复，就用哪一种方法。我赞成认真研究一下分田或者包产到户，究竟存在什么问题，因为相当普遍。你说不好，总要有答复。群众要求，总有道理。不要一口否定，不要在否定的前提下去搞。要肯定，形式要多样。公社、大队为基础都可以，不要轻易否定一种。但现在大队是少数，小队也发生了问题，不如包产到户。分田到户也有好的。"5 天以后，邓小平在会见出席共青团三届七中全会的全体人员时再次讲道："有些以生产队为核算单位的地方，现在出现了一些新的情况，如实行'包产到户''责任到田''五统一'等等。以各种形式包产到户的恐怕不只是 20%，这是一个很大的问题。怎么解答这个问题？""生产关系究竟以什么形式为最好，恐怕要采取这样一种态度，就是哪种形式在哪个地方能够比较容易比较快地恢复和发展农业生产，就采取哪种形式；群众愿意采取哪种形式，就应该采取哪种形式，不合法的使它合法起来。""刘伯承同志经常讲一句四川话：'黄猫、黑猫，只要捉住老鼠就是好猫。'这是说的打仗。""现在要恢复农业生产，也要看情况，就是在生产关系上不能完全采取一种固定不变的形式，看用哪种形式能够调动群众的积极性就采用哪种形式。"

在这两段话中，邓小平引用了老战友刘伯承常说的四川民谚"黄猫、黑猫，只要捉住老鼠就是好猫"，这就是"猫论"的原始出处。"文化大革命"中，这句话作为邓小平的重要"罪状"之一遭到集中批判，反而闻名海内外。20 多年后，邓小平的办公室里挂起了被誉为"江南猫王"的著名画家"海石老人"陈莲涛在 83 岁高龄画的一幅《双猫图》，老画家在画上亲自题词："不管白猫、黑猫，会捉老鼠就是好猫。"在这幅画产生前不久，薄一波曾问邓小平，对"黑猫白猫"这个说法现在怎么看？邓小平回答："第一，我现在不收回；第二，我是针对当时的情况说的。”邓小平在 20 世纪 60 年代提出这个观点，就是贯彻实事求是的方针，主张根据人民生产生活的具体情况，决定应当采取的正确政策。

4. 三线建设

1962 年，国民经济调整取得明显成效，人民生活状况逐步趋向好转。中央领导集体提出新的发展目标，继续探索社会主义建设道路。处在党中央一线岗位的邓小平参与了探索的全过程，其中包括制定工业方面的文件以及部署三线建设。

1962 年 9 月 24 日至 27 日在北京召开的八届十中全会，贯彻毛泽东提出的以农业为基础、以工业为主导的国民经济发展方针，提出把发展农业放在首要地位，正确地处理工业和农业的关系，坚决地把工业部门的工作转移到以农业为基础的轨道上来。在这次全会上，毛泽东考虑到农业、商业都已经制定相关的文件，尤其是其中农业文件已经修改多次，而工业方面只在 1961 年 9 月颁发了《国营工业企业工作条例（草案）》，也就是“工业七十条”，此后也没有修订过，所以提议起草一个关于工业问题的决定。1963 年 8 月 13 日，邓小平主持召开中央书记处会议，根据 7 月召开的中央工作会议的决定，组成了以邓小平为主任，周恩来、彭真、李富春、李先念、谭震林、陈伯达等参加的中央关于工业问题决定起草委员会。

首先，由陈伯达根据起草委员会的意见，起草了一个《关于工业发展问题》的初稿。8 月 20 日，邓小平主持召开起草委员会会议，并发表讲话指出：制定发展工业的方针和规划，要从现实出发，考虑到农业、工业和科学技术的基础，考虑到管理水平问题。美国、日本工业发展快，靠的是农业有一个强大的基础。许多国家工业发展得快，尖端工业能够较快地上去，都是因为有强大的基础工业。

在一定时期内，我们的工作重点，必须按照以农业为基础的方针，适当解决吃、穿、用的问题，着力解决基础工业薄弱的问题。他建议："首先提出一个近期奋斗目标，即经过五年至七年的努力，到一九七〇年，初步建立一个全国范围的独立的工业体系。为工业、农业和国防建设的更快发展打下一个基础。在这个过程中，第一要抓吃、穿、用的问题。第二要抓基础工业。要建设新的铁路。第三要抓国防尖端技术。"此后一直到24日，起草委员会都在对文件初稿进行讨论。

8月26日，邓小平出席毛泽东主持召开的中央政治局常委会议，在会上就《关于工业发展问题》稿的修改作出说明。第二天下午，邓小平主持召开有各中央局第一书记参加的会议，他在讲话中说："关于工业发展问题，我们讨论的精神和主席的想法一致了，这样，文件就比较好搞了。"9月6日至27日召开的中央工作会议讨论了工业发展方针。9月14日，邓小平主持召开起草委员会会议，决定将修改稿印发中央工作会议各小组讨论。这份文件中提出了重要的观点，比如"在一个不太长的历史时期内把我国建设成为一个农业现代化、工业现代化、国防现代化和科学技术现代化的伟大的社会主义国家"，以及"我们的工业发展可以按两步来考虑：第一步，搞十五年，建立一个独立的完整的工业体系，使我国工业大体赶上世界先进水平；第二步，再用十五年，使我国工业接近世界的先进水平"。由于种种原因，《关于工业发展问题》的文件最终没有下发，但是其包含的这些思想火花为后来周恩来在三届全国人大一次会议上的《政府工作报告》中完整提出"四个现代化"奋斗目标做了重要准备。

1964年5月15日至6月17日，中共中央召开工作会议，主要讨论第三个五年计划。会议期间，毛泽东提出："在原子弹时期，没有后方不行"，"把全国划分为一、二、三线的战略布局，下决心搞三线建设"。5月27日，毛泽东主持召开中央政治局常委会议，专门讨论三线建设问题。28日，在刘少奇主持召开的有中央政治局常委、中央书记处书记和各中央局第一书记参加的会议上，邓小平表示了对三线建设的赞同。他发言说："原来，我们只提沿海与内地的关系，现在看来，内地也有二线、三线的问题。""现在毛主席提出我们对三线建设注意不够，对基础工业注意不够，这是一个重要问题，这方面要增加投资。"他还专门谈到三线建设中的重点工程"攀枝花钢铁工业基地"的建设，认为"只能打'歼灭战'"。在落实部署三线建设方面，邓小平的态度积极，行动很快。中央工作会议的最后一天，也就是6月17日，邓小平主持召开中央书记处会议，提出"有些现在就开始着手，攀枝花不着手就不行"。此后，国家经济建设逐步转变到以国防后方和基础工业为重点，一、二、三线的战略布局正式确立，邓小平在三线建设领域也投入很大精力。

三线建设全面展开后，国家在三线地区部署了一大批大中型项目，到1965年，已经有几百个工厂从东南沿海和东北迁到西南和西北三线地区。邓小平认为："实际上，三线一提出来，第三个五年计划的骨干已经有了，就是一个轻重缓急排队的问题了，就是哪个先上，哪个后上，哪个多一些，哪个少一些的问题了。"他抓重点、抓骨干的想法得到周恩来的认同，周恩来曾针对控制投资规模在中央政治局会议交代说："控制权，我在家就经过我送书记处批，我不在家直接找小平同志批。"

1965年11月2日，邓小平同李富春、薄一波率领国务院各部门负责人到四川、贵州和云南等西南三线地区考察。12月1日，他们抵达三线建设的重点四川省渡口市——也就是今天的攀枝花市。

在攀枝花，邓小平视察了兰尖铁矿、弄弄坪厂址，仔细听取基地负责人徐驰、安以文关于钢铁、煤炭、电力、水泥、铁矿、石灰石矿及副食品生产基地的厂址和建设安排的汇报。邓小平代表党中央，批准了攀枝花钢铁工业基地建设方案。并且指出："煤钢联盟，中心是煤。攀枝花是得天独厚的好地方。在弄弄坪建厂，是非常理想的。"

这里要提及后来发生的一件大事，即举世闻名的中国第一个经济特区——深圳经济特区的建立。大家可能很难想象，邓小平在攀枝花的视察与 15 年后发生的这一突破存在一些联系。

今天很少有人记得，深圳经济特区是从生产农副产品起步的。1977 年 11 月 17 日，邓小平到广州视察，谈到广东具有得天独厚的条件，一是地接港澳，二是重要的侨乡，有对外经济交往的传统，可以利用这些优势建立出口基地。他说："你们是第一个口岸，然后才是上海、天津等地方。深圳每年光兑换外币就三千多万美元。""看来中心的问题还是政策问题。"他布置："供应香港、澳门，是个大问题。你们要提个方案，把情况作个分析，如实反映情况，说清楚你们负担的是什么任务、遇到了什么问题、哪些可以自己解决、哪些要中央解决。比如，搞几个现代化养猪场、养鸡场，宁肯进口一点粮食养猪养鸡，以进养出，赚回钱来。生产生活搞好了，还可以解决逃港问题。逃港，主要是生活不好，差距太大。"根据邓小平的意见，国务院有关部委和广东省领导先后到宝安调研，提出把宝安、珠海两地建成供应港澳鲜活农副产品的出口生产基地，后来决定把卖海沙收入的 400 万元留给宝安，建起一批养殖场和果园。1978 年 4 月，习仲勋到广东任省委第二书记，主持日常工作。面对重重危机，他上下求索，寻求将经济尽快搞上去的办法。4 月 19 日，邓小平在中央政治局会议上提议："广东搞出口基地，要进口饲料，应该支持，试一试也好嘛。"11 月 10 日至 12 月 15 日中央工作会议期间，习仲勋在中南分组会议上发言提出："希望中央能给广东更大的支持，同时多给地方处理问题的机动余地。如果中央允许我们吸收港澳、华侨资金，从香港引进一批先进设备和技术，购进电力、进口部分饲料，就可以一方面先把国营农场、畜牧场、淡水养殖场等武装起来，作为示范，培养人才，取得经验。凡是来料加工、补偿贸易等方面的经济业务，授权广东决断处理，以减少不必要的层次和手续。"福建省的领导也提出，要利用侨乡优势，吸收外资、侨资，搞出口贸易，建议中央在具体政策上给予支持，外贸分成多给地方一点，开放福州、厦门等港口。这些建议引起了中央的重视。会议期间，12月11日，中央还决定习仲勋任广东省委第一书记，杨尚昆任省委第二书记。

1979年4月，中央在北京召开工作会议，专门讨论经济建设问题，其中包括广东、福建两省要中央给点政策、加快发展的要求。其间，邓小平等中央领导专门听取了习仲勋等人的汇报。习仲勋、杨尚昆在汇报中提出，可以在邻近香港、澳门的深圳、珠海以及属于重要侨乡的汕头兴办"出口加工区"。希望中央下放若干权力，让广东在对外经济活动中拥有较多的自主权和机动余地。

对于这些设想，邓小平非常赞同。4月17日，他在各组召集人汇报会议上，建议中央批准两省的这一要求："广东、福建实行特殊政策，利用华侨资金、技术，包括设厂，这样搞不会变成资本主义。""如果广东、福建两省八千万人先富起来，没有什么坏处。"会上，代表们对广东的设想进行认真的讨论，一致认为，在指定地区试办出口特区，发展出口商品生产是一项可行的措施。而这四个地方代表的新事物该起什么名？不仅有习仲勋等人的汇报，谷牧也曾就这一问题向邓小平请示，邓小平表示："还是叫特区好，陕甘宁开始就叫特区嘛！"他还在不同场合谈道："中央没有钱，可以给些政策，你们自己去搞，杀出一条血路来。"后来，习仲勋回顾当时的感受："在这次会议上，我知道邓小平同志对搞改革开放的决心很大，说这次'要杀出一条血路来'，充分表达了我们党搞中国式的社会主义现代化的坚强决心。""对广东来说，中央这个决策，是关系重大的事，但毕竟又是全新的责任重大的事。我的心情是'一则以喜，一则以惧'。""我们确信'路是人走出来的'，只要我们团结战斗，就总会有办法。"

邓小平提出"特区"的概念，在 1979 年来说也非常新颖。不过对于邓小平来说，"特区"一词并不陌生。除了他提到的"陕甘宁"，还有 20 世纪 60 年代中央曾经成立的安达特区（现为黑龙江省大庆市）和攀枝花特区（现为四川省攀枝花市），都是他亲身参与决策的。

就在邓小平将攀枝花作为考察三线建设重要一站的 1965 年，攀枝花特区成立。据薄一波回忆："小平同志看了攀枝花后，认为那里建设后方钢铁工业基地的条件得天独厚，当即代表党中央确定了攀钢的建设方案。"当然，邓小平时隔 15 年两次提出的"特区"概念，其内涵截然不同。

邓小平一行对西南地区三线建设的实地考察，从 11 月 2 日一直持续到 12 月 7 日，历时一个多月，除了攀枝花，他们还考察了四川、贵州和云南省的许多重要建设项目。比如，11 月 24 日上午，在视察贵州六枝煤矿、听取西南煤矿建设指挥部负责人关于六盘水矿区生产建设情况汇报时，邓小平明确了"南方的煤炭基地在贵州"，同时还确定了"北煤不南调，六盘水煤炭基地建成后，年产四千万吨煤，东调二千万吨，供应攀枝花钢铁基地一千万吨，贵州留一千万吨"的建设方案。12 月 3 日，他在视察昆明钢铁厂时指出："云南的发展重点，从长期看，是有色金属，因为云南这方面条件特别好，'宝'很多。云南要搞成一个有色金属省。"总体来说，邓小平认为西南三线建设有很大的发展潜力，"有煤、有铁，办好西南两个大型联合企业就有希望"。

对西南三线的建设情况有数了，邓小平决定再去西北三线地区看看。1966年3月9日至4月4日，邓小平和李富春、薄一波率领谷牧、余秋里、吕东等部委负责人，从西安开始，考察西北地区的三线建设情况。其中，西安飞机制造公司、西北冶金地质勘探公司、酒泉钢铁厂和西北国防建设基地是视察重点。不过，邓小平在西北形成的认识与在西南有所不同。3月31日，他在兰州听取王恩茂关于新疆情况的汇报后说："这次来西北，主要的印象，第一，对西北地区一、二、三线的界线弄清楚了，这对今后的建设很重要。从整个战略布局来说，整个三线的大东西还是摆到秦岭以南地区，青海西宁以南地区。第二，西北的关键问题是农业，不是工业。这些地方不怕工业上不去，这里是大三线，又有这么多宝，工业怎么能上不去？关键是农业能不能上去。"

邓小平在1966年总结，三线建设"会使工业布局更加合理。到处都有点底子了，空白点少了，发展就会更快"。后来的实际发展证明，三线建设虽然由于主要考虑国防纵深的问题而产生了浪费，但确实起到了推动地方工业发展的作用。一些经济比较落后的地区在较短时期内形成了一批新工业基地，有效调整了全国工业特别是基础工业的布局，为我国最终实现工业化创造了重要条件。

4月4日这天，邓小平一行正在他们拥有美好回忆的革命圣地延安考察。邓小平满脑子想的是工农业发展和三线建设问题，他对时任中共延安地委书记的韩一平说："你们的农业情况很好，搞了几件扎扎实实的事情，这就好。搞工业要根据农业的情况。不要以为工业搞多了就是好事，如果农业顶不住，要调入粮食，搞了工业也是个很大的负担。陕西省委、西北局决定在这里搞一些工厂，但不要勉强搞。"

但就在这一天，邓小平接到电话，通知他回北京准备主持召开中央书记处会议。当天下午1点30分，他离开延安，乘飞机返回北京。在飞机上，邓小平想的可能还是对西北视察该怎么总结，怎么汇报。但第二天，他看到了中央处理罗瑞卿问题工作小组写的《关于罗瑞卿同志错误问题的报告（草稿）》。报告称罗瑞卿犯了"反对党中央、反对毛主席、反对林彪同志的错误"，决定停止其中央书记处书记、国务院副总理的职务。或许邓小平此时已经感觉到，局势发生了他无法充分理解的改变。一个多月后的5月16日，中央批转这个报告。也就在这一天，中央政治局扩大会议通过了毛泽东主持起草的指导"文化大革命"的纲领性文件《中国共产党中央委员会通知》，即"五一六通知"。后来被邓小平称为"我一生最痛苦的"时期——"文化大革命"开始了。

第四章　在扭转乾坤的关头：全面整顿

眼前是一列火车。

乘上这列火车，就要离开福州，前往北京。

这天，是 1973 年 2 月 20 日。

1. 谪居江西

1969 年，在"文化大革命"中被打成"党内第二号走资派"的邓小平，被疏散到江西劳动。在江西的红土地上，1933 年 29 岁的邓小平遭遇了第一次政治磨难，36 年之后，他在"第二落"中又来到了这里。

在周恩来的关照下，邓小平、卓琳夫妇以及邓小平的继母夏伯根三人住进了南昌陆军步兵学校的"将军楼"。"将军楼"是一栋两层小楼，保卫人员和工作人员住在一楼，邓小平一家住在二楼。邓小平和卓琳每天步行到新建县拖拉机修造厂参加劳动。在那里，被工友们称作"老邓"的邓小平，先被分配清洗零件和看图纸，后根据他本人的要求，被安排做钳工，用锉刀加工零件，实际上是干起了 40 多年前在法国勤工俭学时从事过的活计，也算是重操旧业的熟练工。卓琳被分在电工班，和女工们一起清洗线圈。毕竟是上了年纪的人，一次邓小平在工作中低血糖发作，女工程红杏跑回家端来一杯糖水才救了急。这个阶段，邓小平和卓琳处于被软禁和监管状态，规定他们除到工厂劳动外不能随意外出，连住所的小院子也不能随便出去。子女们来探视，须先征得江西省革命委员会的同意。于是，邓小平差不多每天上午去工厂参加劳动，下午和晚上，除了做家务，就用来读从北京带来的几大箱书，而且"每日都读至深夜"。他的小女儿邓榕在谈到邓小平这段特殊生活时说："在孤寂的年代，靠着读书，可以疏解寂寞，可以充实生活，可以增长知识，可以陶冶情操，可以安静心灵。父母亲都喜欢看书，在闲暇的午后，在万籁俱静的夜晚，书，陪伴着他们共度岁月。"此外，邓小平坚持给中央和毛泽东写信，哪怕只写些生活琐事，以这种方式保持着与中央的联系，反映出过人的政治智慧。

1971年11月5日，邓小平和卓琳突然接到通知，去工厂听传达中共中央关于林彪叛国出逃的通知及其反党集团的罪行材料。这是到江西后，他们首次和工人们一起听传达中央文件。此时67岁的邓小平听力已大不如前，时任新建县拖拉机修配厂党支部书记的罗朋回忆："我进去的时候，传达文件以前，看他（邓小平）坐得比较远一点，这件事对他来说很重要，我就说坐前面点，你耳朵不好坐前面点，他就坐到前面来。他聚精会神地听，听完以后还觉得不清楚，就要求把文件拿回去看一看。看了以后，那天晚上他们一家都很兴奋，在楼上气氛都不一样，可能就是那个时候发出的一个声音：'林彪不死，天理难容'。"11月8日，邓小平就林彪事件、陈伯达问题给毛泽东写信，信中说："林陈反革命集团这样快地被揭发被解决，真是值得庆幸的大事。"

1972年8月3日，邓小平在拖拉机修配厂参加了全体职工会议，第四次听取关于林彪反党集团罪行材料的传达。当天他再次致信毛泽东，说："对于林彪和陈伯达，没有什么重要材料可以揭发，只能回忆一些平时对他们的感觉。对林彪，觉得他是一个怀有嫉妒心和不太容人的人。""我觉得自己身体还好，虽然已经六十八岁了，还可以做些技术性的工作（例如调查研究工作），还可以为党、为人民工作七八年，以补过于万一。"8月14日，毛泽东在邓小平这封信上批示："请总理阅后，交汪主任（汪东兴）印发中央各同志。邓小平同志所犯错误是严重的。但应与刘少奇加以区别。（一）他在中央苏区是挨整的，即邓、毛、谢、古四个罪人之一，是所谓毛派的头子。整他的材料见《两条路线》《六大以来》两书。出面整他的人是张闻天。（二）他没历史问题。即没有投降过敌人。（三）他协助刘伯承同志打仗是得力的，有战功。除此之外，进城以后，也不是一件好事都没有作的，例如率领代表团到莫斯科谈判，他没有屈服于苏修。这些事我过去讲过多次，现在再说一遍。"同日，周恩来批示汪东兴"立即照办"。当晚，周恩来主持中央政治局会议，传达毛泽东的批示内容。周恩来还以中央的名义正式通知江西方面，宣布对邓小平立即解除监督劳动，恢复他的组织生活，并指示江西安排他进行一些参观、访问和调查研究工作。邓小平知道，这意味着他的政治生命再次复苏。

11月12日至19日，根据江西省革委会安排，邓小平和卓琳赴井冈山地区参观访问。这是他们到达江西2年多以来第一次外出，也是自"文化大革命"开始6年以来第一次外出。1973年1月，江西省委书记黄知真告诉邓小平，中共中央通知他于近期内回北京，邓小平却表示："不忙，过了春节再走。"到2月，邓小平和全家人开始收拾东西，准备回北京。2月18日，他委托卓琳买了糖果、点心等，代表全家到新建县拖拉机修配厂几个工人家里告别。19日早晨，他们又接待了来送行的工人们。邓小平向工友们表示感谢，说："我们在厂里三年多了，麻烦了大家。厂里的工人、干部都很好，我们会想念你们的。"当天，他和全家乘汽车离开南昌。2月20日上午 11 点，邓小平和全家登上福州开往北京的 46 次特快列车。

2. 复出工作

3 月 29 日下午 3 点，邓小平和周恩来到毛泽东处谈话。这是毛泽东与邓小平分别 6 年后的第一次会面。见面握手时，毛泽东对邓小平说："努力工作，保护身体。"毛泽东问起，这些年是怎么过来的，邓小平回答："等待。"

当天晚上 9 点，根据毛泽东的意见，周恩来主持召开中央政治局会议，邓小平也参加了。会议决定：邓小平正式参加国务院业务组工作，并以国务院副总理身份参加外事活动；有关重要政策问题，邓小平列席政治局会议参加讨论。30 日，周恩来致信毛泽东，报告政治局会议所议上述事项，毛泽东批示同意。

4 月 1 日下午，周恩来召集中央国家机关各部委负责人开会，宣布中央政治局决定，恢复邓小平党的组织生活和国务院副总理职务。周恩来说："今天这个会是毛主席催促要开的，再不传达就失职了。"邓小平由此正式恢复了国务院副总理的工作，完成了政治生涯中的"第二起"。

1974 年下半年至 1975 年 1 月，毛泽东相继发出要安定团结、学习理论反修防修、把国民经济搞上去三项指示，以修正"文化大革命"的某些错误。同一个时间段，围绕四届人大的人事安排，周恩来、邓小平、叶剑英、李先念等人与"四人帮"之间进行了激烈斗争。12 月，周恩来抱病飞往长沙，与王洪文一同面见毛泽东，汇报四届人大的筹备情况。23 日至 27 日，毛泽东与他们进行了多次谈话，并同周恩来单独长谈了一次。在这些谈话中，毛泽东批评了以江青为首的"四人帮"，并指示要安定团结，把国民经济搞上去。毛泽东沉重地对周恩来说："你的身体不行了，我也不行了，叶帅也不行了，康老也不行了，刘伯承也不行了，朱德也不行了，难啊。"周恩来表示："我们都拥护主席的意见，小平作军委副主席兼总参谋长、第一副总理。"毛泽东说："小平同志政治思想强，人才难得。"

1972 年 5 月被确诊患膀胱癌的周恩来，1974 年 6 月住进三〇五医院做第一次大手术，这以后一直住院治疗，这时毛泽东重申四届人大周恩来还是总理，并对他说："你身体不好，四届人大之后，你安心养病，国务院的工作由小平同志去顶。"这样，四届人大的人事安排终于有了结果。

1975 年 1 月，邓小平相继担任中共中央副主席、国务院第一副总理、中央军委副主席兼解放军总参谋长。2 月 1 日，重病中的周恩来主持召开四届人大后的第一次国务院常务会议，讨论国务院 12 位副总理分工问题。会议确定，第一副总理邓小平主管外事，在周恩来总理治病疗养期间，代总理主持会议和呈批主要文件。周恩来说："我身体不行了，今后国务院的工作由小平同志主持。"紧接着，周恩来又主持召开各部委负责人会议，指出："主席指定副总理第一名是小平同志，主席称赞小平同志有能力，他政治思想强，人才难得，小平同志现在是党中央副主席，又是国务院第一副总理、军委副主席兼总参谋长。""今天是开始，恐怕我也只能够完成这个开始的任务"，"这样的会，我不可能常来参加，将来这样的会，请小平同志主持"，"希望新的国务院成立以后，出现新的气象，争取今年第四个五年计划能够完成而且超额完成"。由此，邓小平实际上接替周恩来主持国务院工作。4 月，毛泽东对来访的金日成表达了对邓小平的支持："我今年八十二了，快不行了。我不谈政治，由他来跟你谈了。此人叫邓小平。他会打仗。还会反修正主义。红卫兵整他，现在没事了。那个时候打倒了好几年，现在又起来了。我们要他！"

3. 重点突破

邓小平成为党、国家和军队的主要领导人之一，走到中国政治舞台的中心，此时的他，并没有因为经受挫折和磨难而变得世故，而是迅速领导了一场气势磅礴的全面整顿。时任国务院副总理兼国家基本建设委员会主任的谷牧回忆："整顿是非常必要的。生产已经到了崩溃的边缘，我很寄希望于整顿。整顿的目的就是把'四人帮'搞乱了的思想，搞乱了的生产秩序，搞乱了的生产指挥系统，恢复起来，把一些必要的管理制度建立起来，把没有经验、不懂生产、造反派的干部撤换掉。没有明讲，实际上就是跟'四人帮'对着干。"时任国家计划革命委员会副主任兼生产组长的袁宝华说："小平同志2月1日上任，2月10日就批准了'1975年国民经济计划'，如此雷厉风行，充分体现了小平同志一贯的办事痛快、干脆的工作作风"，"这个计划一发下去，大局就定了，就是1975年要干些什么事情"。袁宝华后来总结："整个1975年是紧紧张张地过了一年，拿我们的话来说，就是这一年应该算是不平凡的一年，大家的心情、工作，应该说是紧张而愉快。"

面对国内十分严峻的政治经济形势，邓小平想首先把国民经济搞上去，他选择工业交通部门作为全面整顿的起点，其中又以铁路运输的整顿作为突破口。当时铁路运输既是国民经济的"大动脉"，又是最突出的薄弱环节。在铁路系统内，形成了长期对立的两派势力，派性争斗破坏了运输秩序，大量站厂出现了班子瘫痪、线路堵塞、货物积压、安全不稳、指挥不灵的状况。有4个重要站点——徐州、南京、南昌、太原和2条主干线路——陇海、浙赣的情况特别严重。邓小平进行全面整顿首先从铁路系统开刀，采取了抓重点的办法。他在当年12月20日的中央政治局会议上以作检讨的形式谈到当时的思路："九号文件以前一段时间，看到相当部分工业生产上不去，事故比较多，不少地方派性比较严重，确实很着急。二三月间铁路运输问题很多，影响到各方面的生产，所以我提出首先从铁路着手解决问题。"谷牧回忆说："记得那是四届人大产生的国务院组成后不久的一天上午，小平同志主持召开常务会议。我们已经先到坐下，他走了进来，边走边说：铁路问题很严重啊！一片混乱，不整顿不行了！他坐下后，我们又反映了许多严重的问题，提出中央一定要有个态度。经过讨论，小平同志确定，搞个文件，统一思想认识，贯彻下去，迅速扭转局面，先念同志等都表示赞成。"

好在，邓小平整顿铁路系统有一员干将可用，他就是1974年底刚刚就任铁道部部长的万里。1月28日，邓小平约见万里，万里汇报，目前铁路运输问题严重，情况十分复杂，不少单位处于瘫痪、半瘫痪状态。邓小平提出："看来有几个问题要解决。第一，关于体制问题，应当实行铁路运输的集中统一领导，把权力集中到中央，铁道部在中央直接领导下工作。第二，关于干部管理，由铁道部统一管理，调配使用，与地方脱钩。第三，关于运输生产，要建立健全的规章制度，加强组织纪律性，保证安全正点。"鉴于派性问题非常严峻，万里的设想是争取用半年的时间来解决铁路问题，而邓小平强调："不行，不能拖，不能等，要用最快的速度、最坚决的措施，迅速扭转形势，改变面貌。"2月6日晚，邓小平同另两位国务院副总理纪登奎和王震一起继续听取万里汇报，邓小平指示铁道部为中央起草一份关于解决铁路问题的文件，要写清楚有关方针政策，文件不要太长。

2月11日，也就是农历大年初一，邓小平约谷牧、万里、袁宝华等人到他的家里专门研究解决铁路问题。万里说，准备在3月召开以解决铁路问题为重点的全国工业书记会议，邓小平马上表示：

"不行，要在 2 月 25 日开。"他还现场口授了铁路整顿文件的主要内容，强调铁路要集中，要实行军事化管理。袁宝华回忆："小平同志指出，铁路是国民经济的命脉，特别是'高、大、半'：就是高度集中，大规模运作，半军事化。所以，解决铁路问题的办法，就是要加强集中统一，建立必要的规章制度，增强组织纪律性，坚决反对严重妨碍大局的派性。"

按照邓小平的部署，2 月 25 日至 3 月 8 日中共中央在北京召开全国省区市党委主管工业的书记会议，集中研究解决铁路运输问题。在审改中共中央《关于加强铁路工作的决定》稿时，邓小平专门增写一句："对于少数资产阶级派性严重、经过批评和教育仍不改正的领导干部和头头，应该及时调离，不宜拖延不决，妨害大局。对严重违法乱纪的要给予处分。"3 月 5 日下午，邓小平来到会场，此时会议还没有开始，他对所有人严肃地说："不拉手了，现在工业情况还不好，等你们工业搞上去了再拉手。"他在讲话中指出："现在有一个大局，全党要多讲。大局是什么？到二十世纪末，把我国建设成为具有现代农业、现代工业、现代国防和现代科学技术的社会主义强国。全党全国都要为实现这个伟大目标而奋斗。这就是大局。听说现在有的同志只敢抓革命，不敢抓生产，说什么'抓革命保险，抓生产危险'，这是大错特错的。怎样才能把国民经济搞上去？分析的结果，当前的薄弱环节是铁路。铁路运输的问题不解决，生产部署统统打乱，整个计划都会落空。解决铁路问题的办法，是要加强集中统一，建立必要的规章制度，增强组织性纪律性，还必须反对派性。现在闹派性已经严重地妨害我们的大局。要把这个问题摆到全体职工面前，要讲清楚这是大是大非问题。这个问题不解决，光解决具体问题不行。对于当前存在的问题，要有明确的政策。要从大局出发，解决问题不能拖。拖到哪一年呢？搞社会主义怎么能等呢?"就在 3 月 5 日这一天，经中央政治局会议讨论和毛泽东审定，中共中央发出了《关于加强铁路工作的决定》，也就是著名的 1975 年九号文件。在九号文件下发第二天，铁道部就召开大会传达九号文件和邓小平讲话，再过一天又召开电话会议传达到整个铁路系统。万里提出"不唱天，不唱地，只唱九号文件这出戏"，要求"安全正点，畅通无阻，四通八达，当好先行"。

3 月 8 日，邓小平同交通部部长叶飞谈道："目前我首先要抓铁路、钢铁、煤炭、军工，还有教育。但是交通战线的整顿，你们不要等，不要误了时机，整顿的方针已经明确，你们放手去做。"可以说，邓小平关于全面整顿的思路从一开始就很清晰，而且在短短一个月内他就将思路变成了全国范围实实在在的行动，真可谓"雷厉风行"。邓小平后来总结了当时设计的整顿方案："除了在管理体制上提出强调集中统一以外，特别强调了放手发动群众，批判资产阶级派性，强调了抢时间，企图迅速解决问题。因此，在方法上强调对少数坚持打派仗的头头，采取坚决调离的方法。"

工业书记会议结束后的第二天，3 月 9 日，万里即率领工作组到达徐州，在江苏省和徐州市党政负责人的配合下，正式拉开铁路整顿的序幕。徐州铁路分局处于津浦、陇海两大铁路干线的交会点，从 1967 年形成彼此激烈争斗的两大派别，阻碍全国铁路运输的正常运行。在工业书记会议上，邓小平点了徐州铁路分局顾炳华的名，他说："徐州那个闹事的头头'本事'可大啦，实际上是他在那个地方专政。对这种人不及时处理，等到哪一年呀？我说，只等他一个月，等到三月底。如果再不转变，顽固地同无产阶级对立，那样性质就变了。"他还提出具体解决办法："一定要把铁路上搞派性活动的里外联系割断。这次确定，铁道部门的人事调动，还是由铁道部统一管理。铁道部有这个权。铁路上的派性问题，地方解决不了的，由铁道部解决。要把闹派性的人从原单位调开。当然是调头头。调动后又钻出个新的头头怎么办？钻出来再调。调两次、三次，总可以解决了吧。我们也不捉人，当然反革命的除外。闹派性的头头不服从调动怎么办？不服从调动不发工资。你的'行业'是闹派性，何必到我们这里来拿工资？总之，解决问题要有一点办法。"王震也表示，坚决落实这些措施，"保证一个月内见效"。3月10日，徐州铁路分局召开全体职工、家属参加的万人动员大会，传达中央文件和邓小平讲话。同日，江苏省革委会发出通告，正告徐州市大搞打砸抢的极少数人，限在两天内退出强占的一切公用房屋、抢走的车辆和其他公共财物；策划和指挥上述破坏活动的为首分子，必须立即到公安机关检查交代自己的违法犯罪行为。之后，由邓小平亲自批准，对搞打砸抢的帮派核心人物顾炳华实施逮捕。万里于11日、13日、15日接连召开徐州地区党员干部大会、徐州铁路分局机务段确保铁路畅通誓师大会和济南、上海、郑州铁路局领导干部会议，"到会人数之齐，秩序之好，震动之大，都是几年以来少有的"。各项整顿措施得到认真贯彻落实，徐州铁路分局整顿领导班子，建立健全各项规章制度，有效保障运输的安全正点。仅半个月，这里的面貌就焕然一新。4月份日平均装车由700多辆增加到1400多辆，提前3天完成运输任务。

全面整顿首战告捷，邓小平决定趁势而行，解决整个铁路系统乃至整个工交系统的问题。3月22日，邓小平和国务院有关领导人听取万里关于解决徐州铁路分局问题的汇报，决定万里25日在国务院全体会议上作进一步汇报。25日的会是邓小平主持的，他在万里汇报过程中多次插话，针对军队和铁路系统支持搞派性的干部明确提出："属于军队的，军委下命令调走；属于铁路系统的，铁道部赶快调走。中央、国务院下了决心，从四月一日开始行动。犯错误我们承担，我们已经等了很久了。"邓小平还在最后总结："中央九号文件发下去之后，铁路运输迅速好转，对各行各业都有很大影响和推动。他们的主要经验，就是只要放手发动群众，同派性进行坚决斗争，生产就能搞上去。铁道部门这方面做得很突出，徐州的经验比较典型。这些经验值得大家很好地学习。"徐州铁路分局的整顿取得初步成效，马上总结成功经验，整顿重点随即延伸至南昌、昆明、郑州等重要站点分局。当时在国家计委工作、负责起草九号文件的房维中回忆："在问题严重的铁路局一共抓了 30 多个坏人，调离了一批派性严重、不肯改悔的坏头头。"到 4 月底，堵塞严重的几个铁路路段全部疏通，全国铁路平均日装车达到 5.37 万车，创历史最高水平，全国 20 个铁路局中 19 个超额完成计划，昆明铁路更是扭转了连续 31 个月未能完成国家运输任务的被动局面。房维中后来总结，铁路系统的整顿能够迅速取得成效，原因是："第一是任命一位能坚决执行小平同志指示，敢于碰硬、敢于捅马蜂窝的铁道部长，这就是万里同志。因为当时派性头头都有后台支持，可以说是受'四人帮'支持的。如果没有一位敢于碰硬的铁道部长，怎么能整顿铁路！第二是指定国务院代表中央起草一个加强治理整顿铁路工作的决定。这表明是中央集体的行动，统一号令，统一行动，是'尚方宝剑'。第三就是召开全国主管工业书记会议，专门讨论问题，如全国铁道的形势、形成的根源、如何整顿等等。第四是小平同志的重要讲话，把铁路工作的主要问题提出来，并确立了解决的方针。"

4. 全面整顿

铁路系统整顿的成功只是第一步，邓小平以此为突破口，迅速打开全面整顿的局面。

在 3 月 25 日的国务院全体会议上，邓小平指出："铁路一通，就暴露出冶金、电力等各行各业的问题。""下一步的中心是要解决钢的问题。"他甚至在会上提出:"平反工作要真正搞起来也快,要一批一批地搞,不要一个一个地搞。弄错了就要立即平反。"万里在回忆这次会议时说:"小平同志要我回来参加国务院召开的会议,张春桥当时是国务院副总理也参加了会。小平同志让我汇报情况,其实就是说给张春桥听的。因为不少情况我早就向小平同志汇报了。我汇报完了以后,小平同志大讲了一通整顿。从那时起,全面整顿开始了。"邓小平后来也回顾:"徐州问题的解决,铁路上的面貌很快地改观,我当时觉得,用这种方法的结果,打击面极小,教育面极大,见效也最快,同时我还觉得江苏运用铁路的经验解决全省其他问题,也得到较快较显著的效果,所以我认为这个方法可以用之于其他方面。"谷牧也是邓小平部署的坚决执行者,他回忆邓小平在25日会议上的指示:"九号文件的精神不仅适用于铁路工作,除了体制以外,也适用于一切工业部门。当时,我主管计划工作,主管工业生产建设的任务,正在急切地设法解决存在的严重问题。小平同志的这一指示,给我指明了路径。"3月30日,国家计委遵照邓小平的指示发出电话通知,传达了国务院全体会议精神,指出:"中央九号文件精神,除体制外,适用于各行各业,各地区一定要抓紧有利时机,大张旗鼓地迅速把文件精神传达到整个工交战线的广大群众中去,务必做到家喻户晓。要按照中央九号文件的要求,解决好领导班子的问题,促进安定团结,把运输和工业生产尽快搞上去。"由此,轰轰烈烈的全面整顿正式开始了。

当全面整顿在铁路系统取得突破进展,在其他工业领域也逐步展开后,邓小平按照早已确定的思路,将整顿的重点放到了钢铁工业方面。钢铁工业是遭到"文化大革命"破坏的重灾区,当时鞍山、武汉、包头、太原四大钢铁公司的情况都很严峻。谷牧回忆:"四月下旬，我在小平同志主持的一次国务院常务会议上作了汇报。我说，钢铁上不去，现在主要是内部问题，不是外部条件，得采取大措施加以解决，否则要拖其他行业的后腿。小平同志说，现在到了下决心解决钢铁问题的时候了。他提出要召开全国钢铁会议，要我组织准备材料，把情况和问题搞清楚，提出解决办法，供会议讨论。"5月8日至29日，根据邓小平的意见，中共中央在北京召开由鞍山、武汉、包头、太原、攀枝花、首钢、本溪、唐山、湘潭、马鞍山十大钢铁企业的负责人和12个省区市的负责人，以及冶金部等有关部委负责人参加的全国钢铁工业座谈，李先念主持会议并开宗明义地表示："钢铁工业再不赶上去不行了。钢铁上不去，什么都被拖住，农业机械化、国防建设、基本建设，统统都谈不上。"座谈会期间，邓小平于5月21日上午主持国务院办公会议，讨论座谈会的文件。他指出："对钢铁生产，我看到了解决问题的时候了，解决的条件也成熟了。各个行业都要支持。现在的问题是，你们敢不敢接受中央的支持，敢不敢按中央这次批示的要求去办。不管是哪一级的领导，不能总是怕这怕那。现在，干部中的一个主要问题，就是怕字当头，不敢摸老虎屁股。我们一定支持你们，也允许你们犯错误。要找那些敢于坚持党的原则、有不怕被打倒的精神、敢于负责、敢于斗争的人进领导班子。"邓小平特别地说道："要严格，对坚持闹派性的人该调的调，该批的批，该斗的斗，不能慢吞吞的，总是等待。像铁道部这样采取坚决措施，损伤面很小，保护面很大。""搞社会主义建设，不能不搞生产，不能不搞科学技术。我们强调劳动生产率，强调科学技术，不能算作'唯生产力论'。如果不讲这些，还能谈得上社会主义总路线吗？我们总是要把革命和生产都搞得好才行。"他表示赞成座谈会讨论形成的文件——《中共中央关于努力完成今年钢铁生产计划的批示（草案）》，后来作为中共中央1975年十三号文件下发。

5 月 29 日，邓小平、叶剑英、李先念、谷牧等人在人民大会堂东大厅会见出席钢铁座谈会的全体人员。邓小平又鲜明地提出当前"钢铁工业重点要解决四个问题"：必须建立一个坚强的领导班子；必须坚决同派性作斗争；必须认真落实政策；必须建立必要的规章制度。他指出："那种坚持闹派性的人，中央他怕吗？省委他怕吗？市委以及公司、厂矿的领导，对他来说就更不在话下。可是他最怕群众，怕群众起来。所以治那种人的办法，就是发动群众同他斗，寸步不让，而且要有一个声势，不能冷冷清清。"他还特别说："今年三月我在全国工业书记会议上的讲话，就有人说是'复辟纲领'。这种人是有的，你不要怕。只要我们有了明确的态度，有了正确的方针，事情就好办了。"邓小平的主张得到与会人员的认可和拥护，李先念在座谈会结束时也谈道："搞好了班子，消除了派性，落实了政策，健全了制度，生产面貌很快就变化了。"

在中国共产党人的艰辛探索过程中，"钢"与"纲"一直有很密切的联系。就在这次研究钢铁工作的座谈会上，邓小平提出适用于整个全面整顿的指导思想，这就是"三项指示为纲"。从 1974 年 7 月到 1975 年 1 月，毛泽东在不同场合先后作出了"还是安定团结为好""学习理论反修防修""把国民经济搞上去"三项重要指示。其中的"把国民经济搞上去"，毛泽东首先是 1974 年 11 月 6 日在长沙对李先念说的，李先念回北京后传达给中央政治局。12 月 27 日凌晨，毛泽东在与周恩来单独长谈时再次说道："要安定团结，要把国民经济搞上去。"到 1975 年的 2 月 10 日，这一方针出现在当年国民经济计划中，以中央文件的形式传达，但未能产生根本性的影响。而邓小平敏锐地把握住了毛泽东的这些指示，出人意料地将其融会贯通，构成了推进全面整顿的指导思想。5 月 29 日在钢铁座谈会上，邓小平首次提出"三项指示为纲"，他说："毛主席最近有三条重要指示，一条是关于理论问题的，要反修防修，再一条是关于安定团结的，还有一条是要把国民经济搞上去。这三条重要指示，就是我们今后一个时期各项工作的纲。这三条是互相联系的，不能分割的，一条都不能忘记。"后来，邓小平反复强调这个思想。"三项指示"都是毛泽东作出的，但"三项指示为纲"，尤其是突出强调其中的"把国民经济搞上去"，其实是邓小平的重要创造，其中包含了高度的政治智慧。万里说，邓小平提出"三项指示为纲"，"强调的是'三者是一个整体'，'是不可分割的'。阶级敌人破坏了安定团结，而破坏安定团结，就是破坏生产，就必须狠狠整顿。实际上我们着重抓的是把生产搞上去这一项"，"是在阶级斗争的口号掩盖下抓生产，用所谓的'阶级斗争'来为抓生产开道"，"那个时候的斗争是很复杂的。我们这些人也还是不能不举着'阶级斗争为纲''三项指示为纲'这样的旗帜"。袁宝华也说："毛主席的指示一下子就传达到最基层，这个影响很大"，"毛主席讲了话，下面都是要紧紧地跟着，虽说造反派、'四人帮'还在那里进行干扰。"

邓小平还直接指导了全国重点特大型钢铁企业——鞍钢的整顿。鞍钢是中华人民共和国第一个钢铁基地，其管理经验被誉为"鞍钢宪法"，但此时陷入严重混乱，产量急剧下降。在5月21日主持国务院全体会议时，邓小平就专门谈到鞍钢，他说："现在钢铁生产上不去，主要是包钢、武钢、鞍钢、太钢等大钢厂的生产上不去。特别是鞍钢，它的产量要是上不去，一天掉下来两三千吨，别的厂是没有办法补起来的。""像鞍钢这样的大企业，有管理问题，也有个体制问题。大的钢铁厂整个生产过程从上到下是一环扣一环的，要有一个指挥生产的好办法。公司必须单独有一个班子，不是管油、盐、酱、醋、柴，而是指挥生产的，有一个单独的系统。领导鞍钢这样大的企业，那么复杂，没有懂行的，没有一个强有力的指挥机构，不打败仗才是怪事哩！"

11 月 18 日，经邓小平、李先念、谷牧等批示同意，中共中央印发《关于成立鞍山钢铁公司、建立鞍钢党委的批复》，指出："中央同意成立鞍山钢铁公司，并建立鞍钢党委，鞍山市的主要精力要放在鞍钢，切实地把鞍钢的工作抓好。"据此，鞍山市委宣布撤销市革委会第一工交组，恢复了鞍钢的原有建制。同时，鞍山、鞍钢在全国率先结束了"三支两军"[在"文化大革命"期间人民解放军支左（支持当时被称为左派群众的人们）、支工（支援工业）、支农（支援农业）和对一些地区、部门及单位实行军事管制、组织对学生进行军事训练]，撤出了支左部队。邓小平 7 月 14 日曾在中央军委扩大会议上指出："军队支左，许多人也卷到派性里面去了。一些人卷到这一派里，另一些人卷到那一派里。军队的权力大得很，变成了派的后台，以后把派性带回到军队，在军队内部不少单位也分成了两派。现在，文化大革命已经九年了，军队还有相当一部分人没有摆脱派性，这一点影响了我们军队本身的团结。派性在军队里存在是很危险的，说严重一点，这种现象是不能容忍、也不应该容忍的。"经过这些整顿措施，鞍钢迅速走出困境，恢复生产。半年后，鞍钢、武钢、太钢等重点企业的生产形势好转。到 6 月，全国日均钢产量达到 7.24 万吨，全国当年共增产 279.4 万吨钢。

全面整顿使"文化大革命"以来全面混乱和工业发展停顿的局面得到极大扭转。7 月 17 日，中共中央转发国务院《关于今年上半年工业生产情况的报告》，指出：自 3 月以来，"工业生产和交通运输一个月比一个月好"。5 月和 6 月，原油、原煤、发电量、化肥、水泥、内燃机、纸和纸板的产量，以及铁路货运量等重要经济指标都创造了月产历史最高水平。

5. 针锋相对

当然，"四人帮"是不会对邓小平大刀阔斧的全面整顿袖手旁观的。1975 年 3 月 1 日，张春桥在解放军各大单位政治部主任座谈会上讲话，借用毛泽东 1959 年在庐山会议上"现在，主要危险是经验主义"一语，大讲所谓"反经验主义"，影射攻击周恩来。当时，各地的宣传舆论阵地基本都被"四人帮"控制，3 月初开始，全国各地报刊发表大量"反经验主义"文章，攻击目前形势是"卫星上天，红旗落地"、存在"亡党亡国的危险"。4 月 1 日，张春桥发表《论对资产阶级的全面专政》一文，提出：中国仍然存在变修的危险，林彪一类人物上台，资产阶级的复辟，仍然可能发生。4 月 4 日、5 日，江青在两次讲话中称：经验主义是修正主义的帮凶，是当前的大敌；党现在的最大的危险不是教条主义而是经验主义。4 月上旬，江青、王洪文私下找政治局一些成员谈话，提出"经验主义是当前的大敌"。4 月中旬，江青在中央政治局会议上一再提出"反经验主义"的问题，并要求政治局讨论。4 月 20 日，新华社受姚文元指使撰写一份《关于报道学习无产阶级专政理论问题的请示报告》，其中提出"特别要注意宣传各级干部通过学习，认识和批判经验主义的危害，自觉克服经验主义"，并由姚文元亲自转呈毛泽东。

很明显，"四人帮"突然大张旗鼓发动所谓"反经验主义"运动，目的是攻击比他们更富有执政经验的周恩来、邓小平，以及刚被解放出来的老干部们。而周恩来和邓小平也果断决定坚决反击，他们首先通过为毛泽东做外事翻译的王海容、唐闻生向毛泽东反映真实情况，接着在 4 月 18 日毛泽东会见金日成时由陪同的邓小平亲自向毛泽东反映。邓小平向毛泽东直陈，不同意经验主义是当前主要危险的提法，得到毛泽东的赞同。4 月 23 日，毛泽东在姚文元所送的《关于报道学习无产阶级专政理论问题的请示报告》上批示："提法似应提反对修正主义，包括反对经验主义和教条主义，二者都是修正马列主义的，不要只提一项，放过另一项。""我党真懂马列的不多，有些人自以为懂了，其实不大懂，自以为是，动不动就训人，这也是不懂马列的一种表现。""此问题请提政治局一议。"4月27日，中央政治局根据毛泽东的意见开会传达了这个批示。会上，邓小平和叶剑英等人在发言中严词批评江青、张春桥等人的错误，并对他们搞宗派活动提出尖锐质问，迫使江青作出检讨。

"四人帮"不会就此罢休，政治局会议后，江青等人说这是邓小平和叶剑英对他们搞"突然袭击"和"围攻"，王洪文以汇报会议情况为名致信毛泽东，诬告周恩来、叶剑英、邓小平总是把形势说得一团漆黑，并称"这场争论，实际上是总理想说而不好说的话，由叶、邓说出来"，"目的是翻前年十二月会议的案"。江青也给毛泽东打电话，说这是1970年"庐山会议的再现"。

但这次"四人帮"的阴谋活动起到了反效果。5月3日深夜，毛泽东一生中最后一次召集中共中央政治局会议，连病重的周恩来也前往毛泽东的住处出席。会上，毛泽东对江青等人提出批评：我看批判经验主义的人，自己就是经验主义。你们只恨经验主义，不恨教条主义。不要搞"四人帮"，你们不要搞了，为什么照样搞呀？为什么不和二百多个中央委员搞团结，搞少数人不好，历来不好。这一次还是三条，要马列不要修正，要团结不要分裂，要光明正大不要搞阴谋诡计，就是不要搞宗派主义。毛泽东还点名批评江青：不要随便，要有纪律，要谨慎；不要个人自作主张，要跟政治局讨论，有意见要在政治局讨论，印成文件发下去；要以中央的名义，不要用个人的名义，比如也不要以我的名义，我是从来不送什么材料的。毛泽东还说：我看问题不大，不要小题大做，但有问题要讲明白。上半年解决不了，下半年解决；今年解决不了，明年解决；明年解决不了，后年解决。毛泽东还提到了"邓、毛、谢、古"事件，指着邓小平说：其他的人都牺牲了。我只见过你一面，你就是毛派的代表。

根据毛泽东的意见，周恩来和邓小平连续召开中央政治局会议和常委会议，批评、质问江青等人。一直到6月7日下午，邓小平在陪同毛泽东会见菲律宾总统马科斯后，向毛泽东汇报中央政治局批评江青等人的情况。毛泽东肯定政治局会议有成绩，把问题摆开了，还提出政治局风向快要转了，希望邓小平把工作干起来。邓小平向毛泽东表示："在这方面，我还有决心就是了。"6月28日，江青迫于压力，向毛泽东和中央政治局上交书面检讨，检讨了自己一年多来所犯的错误，并且承认："'四人帮'是客观存在"，"有发展成分裂党中央的宗派主义的可能"。经在京中央政治局成员传阅后，毛泽东圈阅了江青的书面检讨。6月下旬，根据毛泽东的意见，"四人帮"中的王洪文也被派往浙江、上海"帮助工作"，不再主持党中央日常工作。7月1日凌晨2点，叶剑英致信毛泽东，建议由邓小平主持中央日常工作，"以利党的工作"。毛泽东于当日批示："同意。"邓小平由此开始全面主持党中央和国务院的工作。随后，毛泽东同邓小平进行了一次谈话。邓小平向毛泽东汇报：全国生产情况形势不错。钢没有完全达到指标，但是有希望。今年农业，夏粮是丰收了，秋粮还不错。最后，他对毛泽东说："我处理这些问题名声不大好，都说我两次讲话叫复辟。"毛泽东说："任劳任怨。"邓小平答："有人讲点，有好处，没坏处。"毛泽东说："是啊，无非是挨骂。我历来就是挨骂的。"

这样，在毛泽东的支持下，周恩来、邓小平、叶剑英等人取得同"四人帮"斗争的重大胜利。邓小平决定抓住难得的有利时机，将全面整顿向更深更广的方向推进。他认为，前一段解决铁路问题、钢铁问题，都是一个一个地解决，光这样不行，要通盘地研究。9月中旬，国务院在山西省昔阳县召开全国农业学大寨会议，到会的有邓小平等党和国家领导人，国务院有关部委和各省区市的负责人以及各方面的代表共3700多人。在9月15日的开幕式上，邓小平发表讲话指出："为了完成周总理在四届人大上重申的实现'四个现代化'的宏伟目标，我们必须保持清醒的头脑，正视目前落后的现状"，"从明年起，二十五年，我们赌了咒，发了誓，要干这么一件伟大的工作，这真正够得上是雄心壮志。我们相信大家能办到，但是不要疏忽大意，不要以为轻而易举"，"现在全国存在各方面要整顿的问题。毛主席讲过，军队要整顿，地方要整顿。地方整顿又有好多方面，工业要整顿，农业要整顿，商业也要整顿，文化教育也要整顿，科学技术队伍也要整顿。文艺，毛主席叫调整，实际上调整也就是整顿。"这是邓小平对全面整顿的系统阐述，这一"雄心壮志"在人民心中燃起热烈的希望。

1975年7、8、9月，邓小平主持的全面整顿达到高潮，涉及农业、工业、科技、教育、文艺，以及军队和国防科技各个领域，强有力地扭转着极度危急的国内形势。在短短大半年时间里，初步改变了"文化大革命"9年来造成的严重混乱局面，使1975年成为"文化大革命"10年中经济发展状况最好的一年。当年年度计划和第四个五年计划全面超额完成，全国工农业总产值比1974年增长11.9%。其中农业总产值比上年增长4.6%，在河南、安徽、湖北、辽宁等省部分地区夏季遭遇特大洪水的情况下，全国农业仍然取得丰收，全年粮食产量比上年增长3.4%，达28452万吨，创历史最高水平。工业整顿成效最为显著，总产值增长15.1%，其中钢增长13.2%。社会商品零售额增长9.2%。全面整顿的效果立竿见影，邓小平临危受命，雷厉风行，大刀阔斧，凭借党内正义力量的支持和卓越的治国才干，极其出色地完成了扭转乾坤的艰巨任务，因此赢得了全党、全军和全国各族人民的由衷爱戴。

邓小平卓有成效的工作，给病重的周恩来带来许多安慰。周恩来生前最后一次会见外宾，是 1975 年 9 月 7 日在医院会见罗马尼亚共产党中央书记伊利耶·维尔德茨。周恩来对客人说："马克思的'请帖'，我已经收到了。这没有什么，这是不以人的意志为转移的自然法则。""我现在病中，已经不能再工作了。邓小平同志将接替我主持国务院工作。邓小平同志很有才能，你们可以完全相信，邓小平同志将会继续执行我党的内外方针。"邓小平也得到了毛泽东的支持。9 月 24 日，毛泽东在会见越南劳动党第一书记黎笋时说："现在天下最穷的不是你们，而是我们。我们有八亿人口。我们现在有领导危机。总理身体不好，一年开过四次刀，危险。康生身体不好，叶剑英身体也不好。我八十二岁了，我也有病。"毛泽东用手指着陪同会见的邓小平说："只有他算一个壮丁。"在这段话中，毛泽东不仅概括了当时的中国国情，也点明了邓小平在未来政治格局中的位置。但是，形势不久发生了逆转。

6. 再遇挫折

毛泽东与邓小平的关系是微妙的，也是彼此非常熟悉和了解的。对于毛泽东而言，邓小平会打仗，懂政治，能领导国家走上正轨，"人才难得"，是最合适的接班人；对于邓小平而言，毛泽东是最高领袖和革命导师，是由衷尊重和始终追随的历史巨人；然而，二人在治国思路上存在显而易见的分歧。很快，一些因素迫使这种分歧到了必须做一个了结的关头。

1975 年下半年，邓小平的全面整顿开始从经济领域扩展到科教领域，这是"文化大革命"内乱的发起点和重灾区，整顿逐渐触及一系列本质问题，已经有全面否定"文化大革命"的倾向。这必然引起毛泽东的不满。恰在此时，8月13日和10月13日，清华大学党委副书记刘冰等人两次上书毛泽东，反映清华大学党委书记迟群和副书记谢静宜这两个"文革干将"在生活作风和违反党纪等方面的问题。这两次上书，都是由邓小平转呈毛泽东的，这更加重了毛泽东的疑忌。他认为："刘冰等人的来信告迟群和小谢的动机不纯，是想打倒迟群和小谢，而且矛头是对着我的。我在北京，信为什么还要经小平转。小平偏袒刘冰。"

与此同时，毛远新也向毛泽东汇报："我很注意小平同志的讲话，我感到一个问题，他很少讲文化大革命的成绩，很少提批刘少奇的修正主义路线。"毛泽东肯定了毛远新的看法，说："有两种态度，一是对文化大革命不满。二是要算账，算文化大革命的账。"毛泽东提议召开小范围的会议，当面向邓小平谈出以上意见。"四人帮"抓住此点，迅速向邓小平发难，指责全面整顿的各方面政策。邓小平不得不一边坚持工作，一边据理力争。

11月20日，中央政治局召开会议，讨论对"文化大革命"的评价问题。会议根据毛泽东的意见，提出由邓小平做一个关于"文化大革命"的决议，总的看法是"文化大革命"基本正确，有所不足。对此，邓小平表示："由我主持写这个决议不适宜，我是桃花源中人，'不知有汉，无论魏晋。'"

邓小平引用《桃花源记》，是7天前毛泽东在一个批示中引用的。实际上，邓小平是用毛泽东的话婉拒了毛泽东。尽管是婉拒，后果却是严重的。对邓小平的批评，迅速发展为声势浩大的"批邓、反击右倾翻案风"运动。1976年2月2日，邓小平被停止中央的领导工作。4月7日，中央作出《关于撤销邓小平党内外一切职务的决议》，并提出"保留党籍，以观后效"。这是邓小平第三次被打倒，是他政治生涯中的"第三落"。

关于 1975 年的全面整顿，其意义不仅体现在当时，邓小平后来将其与改革明确联系在了一起，他说："其实，拨乱反正在一九七五年就开始了。那时我主持中央党政工作，提出了一系列整顿措施，每整顿一项就立即见效，非常见效。这些整顿实际上是同'文化大革命'唱反调。""改革，其实在一九七四年到一九七五年我们已经试验过一段。一九七三年周恩来总理病重，把我从江西'牛棚'接回来，开始时我代替周总理管一部分国务院的工作，一九七五年我主持中央常务工作。那时的改革，用的名称是整顿，强调把经济搞上去，首先是恢复生产秩序。凡是这样做的地方都见效。不久，我又被'四人帮'打倒了。我是'三落三起'。一九七六年四五运动，人民怀念周总理，支持我的也不少。这证明，一九七四年到一九七五年的改革是很得人心的，反映了人民的愿望。"

第五章 在历史转折的关头：解放思想

眼前是一列火车。

乘上这列火车，就要离开平壤，前往本溪。

这天，是 1978 年 9 月 13 日。

1. 北方谈话

1978 年 9 月，邓小平应邀对朝鲜进行了一次短暂的访问，主要是率中国党政代表团参加朝鲜国庆 30 周年的庆祝活动。

中国党政代表团于 9 月 8 日上午抵达平壤。在朝鲜期间，邓小平先后会见同样来参加庆祝活动的马达加斯加总统迪迪埃·拉齐拉卡、孟加拉国总统齐亚·拉赫曼和坦桑尼亚总理爱德华·莫林格·索科伊内，发展与各国的外交关系。他对外国领导人表示："中国党和政府领导人从不隐瞒自己的观点，从不企图也不会把自己的观点强加于人。任何最好的朋友之间有时也会有不同意见。我们从来不认为只有自己的观点是对的，而对方是错误的；我们总是尊重对方的观点，当我们认为自己的观点比较好时也要坚持自己的观点。一些问题的是非，要根据事物的发展和历史的发展才能做出结论。"9 月 12 日上午，邓小平同朝鲜劳动党总书记、朝鲜民主主义人民共和国主席金日成举行会谈，他对金日成谈起了最新的认识："我们一定要以国际上先进的技术作为我们搞现代化的出发点。最近我们的同志出去看了一下，越看越感到我们落后。什么叫现代化？五十年代一个样，六十年代不一样了，七十年代就更不一样了。"

　　9月13日上午，邓小平率中国党政代表团乘专列回国，但是他并没有直接回北京，而是到东北三省及河北唐山、天津进行视察。这是一次刻意安排的极其重要的调查研究，他自己称之为"到处点火"。

　　从行程上看，邓小平于13日下午抵达本溪，开始了在东北地区的视察。当天傍晚他就前往大庆，次日上午8点抵达。在大庆整整一天的考察里，邓小平特别提出："大庆贡献大，工人工资太低了，应该提高。房子要盖得好一点，要盖楼房，要搞建筑材料。"在当天傍晚离开大庆前往哈尔滨时，他还在叮嘱："要把大庆建设成美丽的油田。"15日上午，邓小平在哈尔滨听取黑龙江省委负责人的汇报，之后谈道："总的说来，我们的体制不适应现代化，上层建筑不适应新的要求。"这天晚上他来到长春，16日上午听取中共吉林省委第一书记王恩茂的汇报时特别插话谈起引进先进技术："不要搞改良主义，要彻底革命。所有的引进，必须坚持这一点，否则就没有资格引进，我们就永远落后。我们的人海战术打不赢现代化战役。要培训人才，不但管理人员要合格，就是工人也要合格的。"听完汇报后，他又就实事求是的问题发表了长篇讲话。当天晚上，邓小平抵达沈阳，马上同中共辽宁省委第一书记曾绍山谈话。17日上午，他正式听取曾绍山、任仲夷等中共辽宁省委负责人的汇报，再次讲"实事求是，理论与实际相结合，一切从实际出发"的问题。下午，他接见了中国人民解放军沈阳军区机关及沈阳军区师以上干部，并听取沈阳军区司令员李德生的汇报，就在这里讲道"我是到处点火，在这里点了一把火，在广州点了一把火，在成都也点了一把火"，并提出了当前对军队的要求。视察中，邓小平基本都在火车上过夜。

他于 17 日晚上离开沈阳，次日上午抵达鞍山，在视察鞍山钢铁公司炼铁厂时提出"引进技术改造企业"，甚至振聋发聩地指出："社会主义要表现出它的优越性，哪能像现在这样，搞了二十多年还这么穷，那要社会主义干什么？我们要在技术上、管理上都来个革命，发展生产，增加职工收入。"18 日晚上他又上路，19 日上午 8 点 30 分到达唐山，除了唐山钢铁公司第二炼钢厂这样的工矿企业，邓小平还专门视察了正在施工中的开滦煤矿职工宿舍建设工地，要求"使用面积要扩大，水管、煤气管道都要安装好，还要考虑洗澡问题"。当天下午，他即前往天津，于 20 日上午听取林乎加等天津市委负责人和中国人民解放军北京军区副政治委员罗应怀、天津警备区政治委员曹中南的汇报，在谈话中指出："我走了几个地方，一再讲就是要解放思想，开动机器，不要当懒汉，要从实际出发。"这天晚上他回到北京，完成了这一周内多个省市的视察活动。

一周的时间并不长，但这一路上，邓小平发表一系列讲话，提出许多带有突破性的观点，史称"北方谈话"。尽管当时国内的主要媒体并没有详细报道，但这些振聋发聩的讲话还是迅速传播开来，为历史转折的实现提供了重要的思想基础。

在"北方谈话"中，邓小平打破固有的条条框框，讲了很多新话，强调"开拓创新""打开新局面"的重要性："世界天天发生变化，新的事物不断出现，新的问题不断出现，我们关起门来不行，不动脑筋永远陷于落后不行。""总之，实事求是，开动脑筋，要来一个革命。"邓小平论述这一问题时，结合的是当时非常重要的如何高举毛泽东思想伟大旗帜的问题，并且鲜明地支持真理标准问题的大讨论，他说："怎么样高举毛泽东思想旗帜，是个大问题。'两个凡是'不是高举毛泽东思想的旗帜。这样搞下去，要损害毛泽东思想。毛泽东思想的基本点就是实事求是，就是把马列主义的普遍原理同中国革命的具体实践相结合，毛泽东思想的精髓就是这四个字。我们现在要实现四个现代化，有好多条件，毛泽东同志在世的时候没有，现在有了。中央如果不根据现在的条件思考问题，下决心，很多问题就提不出来，解决不了。""马克思主义要发展嘛！毛泽东思想也要发展嘛！所谓理论要通过实践来检验这样的问题还要引起争论，可见思想僵化。"当时，"两个凡是"的束缚尚未被冲破，邓小平这样明确地提出开拓创新的重要性，展现了强大的政治勇气，也体现了作为一位优秀中国共产党领导人的历史担当。

"北方谈话"中最重要的内容，是邓小平集中论述了什么是社会主义的核心问题，实现了对社会主义本质的破题。9 月 16 日，他在长春听取中共吉林省委常委汇报工作时发表讲话谈道："现在在世界上我们算贫困的国家，就是在第三世界，我们也属于比较不发达的那部分。我们是社会主义国家，社会主义制度优越性的根本表现，就是能够允许社会生产力以旧社会所没有的速度迅速发展，使人民不断增长的物质文化生活需要能够逐步得到满足。按照历史唯物主义的观点来讲，正确的政治领导的成果，归根结底要表现在社会生产力的发展上，人民物质文化生活的改善上。如果在一个很长的历史时期内，社会主义国家生产力发展的速度比资本主义国家慢，还谈什么优越性？我们要想一想，我们给人民究竟做了多少事情呢？我们一定要根据现在的有利条件加速发展生产力，使人民的物质生活好一些，使人民的文化生活、精神面貌好一些。"

在这里，邓小平使用的是"社会主义优越性"这一概念，他提出，"社会主义制度优越性的根本表现，就是能够允许社会生产力以旧社会所没有的速度迅速发展，使人民不断增长的物质文化生活需要能够逐步得到满足"。这是邓小平关于社会主义本质较早的概括。邓小平是从两个方面进行概括的，其一是生产力的发展，其二是人民生活水平的提高，这是此时邓小平思考社会主义本质的两个基本点，也是他此后领导实现历史转折的基本思路。后来，这种认识被形象地概括为"贫穷不是社会主义"。正是基于这种认识，邓小平确立了中国共产党在新时期执政的出发点。

与此同时，邓小平在"北方谈话"中还初步提出了实现"社会主义优越性"的基本途径。

首先，打破平均主义。邓小平从社会主义按劳分配的基本原理出发，在"北方谈话"中反复强调要打破平均主义。9月15日，他在哈尔滨时谈道："按劳分配政策很值得研究，不能搞平均主义。管理好的企业，工资待遇应该不同。企业管理得好，为国家贡献大的，应给予奖励，刺激技术水平、管理水平的提高。平均主义害处太大了。"16日，他在长春时再次指出："不管大中小企业，搞得好的要奖励，不能搞平均主义，要鼓励先进"，"要真正搞按劳分配，鼓励向上，鼓励人们努力学习，这对社会主义的极大益处是发展社会生产力"。20日，他在天津时同样说："我们过去是吃大锅饭，鼓励懒汉，包括思想懒汉，管理水平、生活水平都提不高。现在不能搞平均主义。毛主席讲过先让一部分人富裕起来。好的管理人员也应该待遇高一点，不合格的要刷下来，鼓励大家想办法。讲物质刺激，实际上就是要刺激。"后来，这一观点发展为"让一部分人先富起来"和"两个大局"的思想，实际上是社会管理理念的根本转变。

其次，加强引进。邓小平在东北各地都谈到了引进，而最为集中的是在鞍钢："引进技术改造企业，第一要学会，第二要提高、创新。凡是引进的技术设备都应该是现代化的。世界在发展，我们不在技术上前进，不要说超过，赶都赶不上去，那才真正是爬行主义。我们要以世界先进的科学技术成果作为我们发展的起点，我们要有这个雄心壮志。引进先进技术设备后，一定要按照国际先进的管理方法、先进的经营方法、先进的定额来管理，也就是按照经济规律管理经济。一句话，就是要革命，不要改良，不要修修补补。"10月10日，邓小平进一步指出："我们引进先进技术，是为了发展生产力，提高人民生活水平，是有利于我们的社会主义国家和社会主义制度。"这一思想此后迅速发展成为"对外开放"政策。

最后，重新考虑体制问题。邓小平在"北方谈话"中反复说道："从总的状况来说，我们国家的体制，包括机构体制等，基本上是从苏联来的，人浮于事，机构重叠，官僚主义发展。'文化大革命'以前就这样。办一件事，人多了，转圈子。有好多体制问题要重新考虑。""企业管理，过去是苏联那一套，没有跳出那个圈子。那时候，苏联企业管理水平比资本主义国家落后得多，后来我们学了那个东西，有了那个东西比没有好。但现在连那个落后的东西也丢掉了，一片混乱。""要提倡、要教育所有的干部独立思考，不合理的东西可以大胆改革，也要给他这个权。"总之一句话："现在我们的上层建筑非改不行。"当然，这是个非常复杂的问题，邓小平当时想的主要是扩大基层的自主权，但是这一思想不断发展完善，最终形成了"多个领域改革"的基本政策。总之，"北方谈话"包含了许多关于中国发展道路的新思路和新设计，其中很多思想火花迅速发展为后来实行的路线方针政策，影响了中国历史进程的许多重大问题。

1978年中国实现了伟大的历史转折，这个事实我们都清楚。但这个转折并不是自然而然产生的，而是依靠强大的勇气、魄力和智慧实现的伟大突破。"北方谈话"发表在1978年9月，是在十一届三中全会召开的两个月前，当时关于真理标准问题的大讨论方兴未艾，国家未来尚不明朗，"'中国向何处去'成为摆在中国人民面前头等重要的问题"。邓小平选择发表"北方谈话"，实际上是一次重要的破题，破的正是"什么是社会主义"之题，为的是实现"社会主义、共产主义的光明前景"，反映了他"革故鼎新、一往无前的勇气"和"善于创造性思维、善于打开新局面的锐气"。

"北方谈话"是实现历史转折中的一个重要环节，而关于转折的完整故事，要从一年前说起。

2. 真理标准

1977年7月1日，告别颠沛流离，邓小平带着全家迁居北京东城区米粮库胡同五号。此后，在人生的最后20年里，他一直在这里居住和办公。

半个月后，7月16日至21日中共中央召开了十届三中全会。17日，全会一致通过《关于恢复邓小平同志职务的决议》，决定恢复邓小平中共中央委员，中央政治局委员、常委，中央副主席，中央军委副主席，国务院副总理，中国人民解放军总参谋长的职务。

21日，邓小平在全会上发表讲话。他说："作为一名老的共产党员，还能在不多的余年里为党为国家为人民做一点力所能及的事情，在我个人来说是高兴的。出来工作，可以有两种态度，一个是做官，一个是做点工作。我想，谁叫你当共产党人呢，既然当了，就不能够做官，不能够有私心杂念，不能够有别的选择，应该老老实实地履行党员的责任，听从党的安排。"

这是邓小平政治生涯的"第三起"。他在刚刚回到领导岗位的这个场合，就无畏地提出："要用准确的完整的毛泽东思想作指导思想的意思是，要对毛泽东思想有一个完整的准确的认识，要善于学习、掌握和运用毛泽东思想的体系来指导我们各项工作。只有这样，才不至于割裂、歪曲毛泽东思想，损害毛泽东思想。""我们要创造这样一种政治局面，在党中央领导下，全党、全军和全国人民团结起来，既有统一意志，又有个人心情舒畅，生动活泼，什么问题都可以摆到桌面上来，对领导人有意见，也可以批评。"

粉碎"四人帮"之后，党和国家面临在思想、政治、组织等各个领域全面拨乱反正的任务。广大干部和群众强烈要求打破思想上的禁锢，尽快扭转局面。但是，由于受"左"的思想束缚，许多人还不能正确区分毛泽东的功绩和晚年犯的错误，不能从"无产阶级专政下继续革命"的理论中解放出来。当时党中央的主要领导人没有从根本上认识到"文化大革命"的错误，错误地提出了"两个凡是"的方针。如果按照这个方针，拨乱反正就不能顺利进行，冤假错案就不能平反，"文化大革命"及其以前的"左"的错误就不能纠正，党和国家的各方面工作只能沿着过去的道路滑行，不可能出现广大人民群众所期盼的历史性转变。因此，当时的各项工作出现一种在徘徊中前进的局面。

在这样一个历史紧要关头，邓小平的思路十分明确。他认为，要开创现代化建设的新局面，首先就必须打破思想的禁锢，坚持实事求是的原则，解决思想路线问题。针对思想僵化、迷信盛行的情况，他明确指出"两个凡是"是错误的。在 1977 年 4 月 10 日写给中央的信中，邓小平提出："我们必须世世代代地用准确的完整的毛泽东思想来指导我们全党、全军和全国人民，把党和社会主义的事业，把国际共产主义的事业，胜利地推向前进。"5 月 24 日，他在同中央两位同志的谈话中，更加明确地批评了"两个凡是"的口号，指出毛泽东自己多次说过，他有些话讲错了，自己也犯过错误。一个人讲的每句话都对，一个人绝对正确，没有这回事。"这是个重要的理论问题，是个是否坚持历史唯物主义的问题。彻底的唯物主义者，应该像毛泽东同志说的那样对待这个问题。马克思、恩格斯没有说过'凡是'，列宁、斯大林没有说过'凡是'，毛泽东同志自己也没有说过'凡是'。"胡乔木曾说："提出反对'两个凡是'是我们党的历史上的一个重大转折的开端，是三中全会的思想上的开端。"

在实践中，邓小平从 1977 年 7 月复出到 1978 年初，首先领导了以恢复高考和全国科学大会为标志的科教战线的拨乱反正，打开了全面拨乱反正的突破口，让全国人民感受到春天的气息。到 1978 年的年中，真理标准大讨论和邓小平发表的"北方谈话"，又为历史转折提前做好了重要的思想准备工作。

1978 年 5 月 10 日，中共中央党校《理论动态》发表《实践是检验真理的唯一标准》的文章。第二天，《光明日报》以本报特约评论员的名义公开发表。这篇文章引起巨大反响，同时也受到坚持"两个凡是"的人的批评和压制。对此，邓小平认为，这是关系到坚持什么样的思想路线的大问题，于是旗帜鲜明地给予了支持。5 月 30 日，他对几位负责同志说道："现在发生了一个问题，连实践是检验真理的标准都成了问题，简直是莫名其妙！只要你讲话和毛主席的不一样，和华主席的不一样，就不行。毛主席没有讲的，华主席没有讲的，你讲了，也不行。怎么样才行呢？照抄毛主席讲的，照抄华主席讲的，全部照抄才行。这不是一种孤立的现象，这是当前一种思潮的反映。"6 月 2 日，他在全军政治工作会议上发表讲话："有一些同志，天天讲毛泽东思想，却往往忘记、抛弃甚至反对毛泽东同志的实事求是、一切从实际出发、理论与实践相结合的这样一个马克思主义的根本观点，根本方法。不但如此，有的人还认为谁要是坚持实事求是，从实际出发，理论和实践相结合，谁就是犯了弥天大罪。他们的观点，实质上是主张只要照抄马克思、列宁、毛泽东同志的原话，照抄照转照搬就行了。要不然，就说这是违反了马列主义、毛泽东思想，违反了中央的精神。他们提出的这个问题不是小问题，而是涉及到怎么看待马列主义、毛泽东思想的问题。"7 月 21 日，他再次告诫有关同志，"不要再下禁令、设禁区了，不要再把刚刚开始的生动活泼的政治局面向后拉"。次日，他又明确肯定和支持真理标准问题的讨论，并指出：《实践是检验真理的唯一标准》这篇文章是马克思主义的。争论不可避免，争得好。引起争论的根源就是"两个凡是"。正是在邓小平的领导下，真理标准问题的大讨论才轰轰烈烈地开展起来，形成一次全国规模的思想解放运动，彻底冲破了"两个凡是"的束缚，大大解放了全党和全国人民的思想。

突破"两个凡是"，是为了从根本上实现转折——就是把全党工作的重点转移到经济建设上来，一心一意搞现代化建设，发展社会生产力。粉碎"四人帮"之后，由于还受"左"的思想的束缚，"以阶级斗争为纲"的指导方针没有很快扭转过来。党的十一大虽然宣布"文化大革命"已经结束，重申在本世纪内把我国建设成为社会主义现代化强国的根本任务，但仍然坚持"无产阶级专政下继续革命"的理论，认为"文化大革命这种性质的政治大革命今后还要进行多次"。对此，邓小平旗帜鲜明地表示反对。早在 1977 年下半年他就提出：看起来现在以揭批"四人帮"为纲可以，但是很快就要转，要结束，要转到经济建设上来，要以经济建设为中心，再不能提"以阶级斗争为纲"了，肯定不能"以阶级斗争为纲"了。到1978 年下半年，真理标准大讨论如火如荼，邓小平深入到人民群众之中，先后去了一些省份，以发表"北方谈话"为代表，引导人们进一步解放思想，从实际出发寻找适合中国的社会主义现代化建设道路。

大转折的历史关头，终于在 1978 年的年底到来了。党的十一届三中全会在这个时间召开，成为中国历史上的伟大转折点。这次会议的成功召开，是历史发展的结果，是依靠与会同志的共同努力实现的，这其中，邓小平发挥了尤其重要的作用。如果没有邓小平的领导和推动，这次历史转折不可能在这个时候顺利实现。

3. 历史转折

党的十一届三中全会在 1978 年 12 月 18 日至 22 日召开，历时 5 天。为了这影响深远的 5 天，邓小平进行了很多准备工作。

十一届三中全会召开前，按照惯例，先召开中央工作会议。这次"规模很大，规格很高"的中央工作会议，于 1978 年 11 月 10 日至 12 月 15 日在北京召开，历时 36 天。参加会议的有各省、自治区、直辖市和各大军区的主要负责人，中央党、政、军各部门和群众团体的主要负责人，共 212 人，分 6 个组进行讨论。由于当时的指导思想还没有发生根本改变，十一届三中全会及之前的中央工作会议，原来只安排了以下三项议程：（1）讨论如何进一步贯彻以农业为基础的方针，尽快地把农业生产搞上去，以及《关于加快农业发展速度的决定（草案）》和《农村人民公社工作条例（试行草案）》两个文件；（2）商定 1979 年、1980 年两年国民经济计划的安排；（3）讨论李先念在国务院务虚会上的讲话。按照这个议程，这次会议主要是讨论经济工作，并不涉及全党工作重点转移的根本问题。如果开成一次一般性的工作会议，十一届三中全会就不可能发生重大转折。

紧要的历史关头，邓小平再一次发挥关键作用。在中央工作会议召开前，邓小平提出应该在讨论经济工作之前，首先讨论一下全党工作重点转移的问题，这一建议得到了中央政治局大多数常委的支持。于是，华国锋 11 月 10 日在中央工作会议开幕会上宣布三项议程后，接着代表政治局宣布："在讨论上面这些议题之前，先讨论一个问题，这就是在新时期总任务总路线指引下，从明年一月起把全党工作的着重点转移到社会主义现代化建设上来"，并说"这是一个关系全局的问题，是我们这次会议的中心思想"。这个问题的提出，引出了一系列与之相关的问题，实际上根本改变了会议原定的主题。

代表们围绕工作重点转移问题，展开了热烈的讨论，迅速突破了原定议题。产生最大影响的是 11 月 12 日陈云在东北组的发言，他提出对揭批"四人帮"运动中遗留的那些影响大或者涉及面很广的问题是需要由中央考虑和作出决定的，他举出六大问题，都涉及重新评定"文化大革命"中和之前的重大政治事件和某些重大历史问题，实际上是要纠正"左"倾错误，因而当即得到了与会同志的热烈响应，会议气氛为之一振。聂荣臻在东北组，康克清在华北组，宋任穷、萧华在西北组，许多与会同志，都就陈云提出的这些问题发表意见，并补充提出其他一些必须由中央考虑作出平反决定的重大案件。从这天起，大家敞开思想，讲心里话，讲实在话，提出了尽快停止"以阶级斗争为纲"，全面进行拨乱反正，平反冤假错案，解决历史遗留问题，发扬民主，健全法制，健全党内民主生活，实行改革开放等一系列重大建议。会议开得空前热烈，生动活泼。在邓小平、陈云等人的积极推动下，在与会同志的共同努力下，会议果断地停止使用"以阶级斗争为纲"的口号，作出了坚决把全党工作的重点转移到经济建设上来的重大决定，并围绕这个问题，审查和解决了历史上遗留下来的一批重大问题和一些领导人的功过是非问题，决定发扬民主，加强法制，健全党规党法，严肃党纪，实行改革开放。可以说，正是邓小平关于实行工作重点转移的重大倡议，使这次中央工作会议为三中全会的召开做好了准备，使三中全会开成了一次具有伟大转折意义的重要会议。

如前所述，历史转折得以实现，最初由于邓小平的提议中央工作会议先用两三天的时间讨论从 1979 年起把全党工作重点转移到社会主义现代化建设上来的问题，之后由陈云举起了突破局面的"火把"，此后全体与会人员进行的面对面的、民主的激烈争论构成实现转折的主要力量。这种力量不是来自邓小平一个人，而是来自全体与会同志，来自中国共产党的生命力和战斗力，甚至包括在会议上受到批评的一些同志，他们也没有强行压制会议回到原来的议题，并在一定时机做了检讨，顺应了局势发展，客观上有利于历史转折的实现。但是，我们需要看到，转折力量的爆发是针对解决冤假错案等历史问题而引起的，直接指向中央领导力、组织和人事问题。这种力量很强大，如果得不到恰当的引导，可能会造成党的领导的混乱，这在世界历史上有前车之鉴，很可能不会像今天看到的那样顺利地转向经济建设，最终影响四个现代化的实现，这是邓小平最不愿意看到的。"破"然后需要"立"。邓小平通过一系列行动和多种努力，举重若轻地引导着转折力量"向前看"，较少地纠结历史问题，在国内保持安定团结，在国外争取良好环境，引导全国人民一心一意搞四个现代化。

中央工作会议开幕之时，邓小平不在国内。11 月 5 日，邓小平开始访问泰国、马来西亚、新加坡，这是中华人民共和国领导人第一次访问这 3 个国家，为我国争取良好的周边环境发挥了重要作用。陈云在东北组发出 6 发"响炮"的同时，邓小平正在新加坡与李光耀总理会谈。所以邓小平没有参加中央工作会议前半期的激烈争论，他是 11 月 14 日晚上回到北京。一回到北京，邓小平马上成为会内会外的主角，进行了一系列重要活动。到 25 日，华国锋在第三次全体会议上代表中央政治局讲话，宣布为"天安门事件"和涉及党的领导人的一些已经查明的重大错案平反，这标志着围绕历史转折的斗争已经取得了阶段性胜利。此后，邓小平为引导历史转折开展了一系列行动，概括来说，可以分为三大类：系列讲话、外事谈话、主题报告的起草和发表。

首先，中央工作会议期间，邓小平在各种场合发表的一系列讲话，发挥了重要的引导作用，可以 11 月 25 日下午邓小平和华国锋、叶剑英、李先念、汪东兴听取中共北京市委负责人林乎加、贾庭三和共青团中央负责人韩英、胡启立汇报时的讲话为代表。在这个讲话中，邓小平指出："现在，有的人提出一些历史问题，有些历史问题要解决，不解决就会使很多人背包袱，不能轻装前进。有些历史问题，在一定的历史时期内不能勉强去解决。有些事件我们这一代人解决不了的，让下一代人去解决，时间越远越看得清楚。有些问题可以讲清楚，有些问题一下子不容易讲清楚，硬要去扯，分散党和人民的注意力，不符合党和人民的根本利益。现在报上讨论真理标准问题，讨论得很好，思想很活泼，不能说那些文章是对着毛主席的，那样人家就不好讲话了。但讲问题，要注意恰如其分，要注意后果。迈过一步，真理就变成谬误了。""外国人问我，对毛主席的评价，可不可以像对斯大林评价那样三七开？我肯定地回答，不能这样讲。党中央、中国人民永远不会干赫鲁晓夫那样的事。"他还谈道："现在中央的路线，就是安定团结，稳定局势，搞社会主义现代化。国际上也十分注意我们国内局势是不是能够保持稳定。引进新技术，利用外资，你稳定了，人家才敢和你打交道。安定团结是实现四个现代化的必要政治条件，不能破坏安定团结的局面。这是中央的战略部署，这是大局。我们处理任何问题，都要从大局着眼，小局服从大局，小道理服从大道理。不搞什么新运动，不要提中央没有提的什么运动。要引导群众向前看。平反工作，中央和各地都在抓紧处理，都是有领导、有步骤地进行的。林彪、'四人帮'破坏造成的一些遗留问题，都可以逐步解决。解决这些问题是为了创造一个安定团结的稳定局势，把各种积极因素调动起来。"

其次，邓小平多次在与外宾的谈话中切中时政，提出很多重要观点，释放出明确的信号，在告知世界的同时，也通过各种渠道对国内政治产生影响。这里以1978年11月26日邓小平会见佐佐木良作率领的日本民社党第二次访华团时的谈话为例。

11月26日上午10时，在人民大会堂南门接待厅，邓小平会见了日本民社党第二次访华团，在一个半小时的谈话中，邓小平谈道："有错必纠是毛主席历来提倡的。对天安门事件处理错了，当然应该纠正。如果还有别的事情过去处理不正确，也应该实事求是地加以纠正。勇于纠正错误，这是有信心的表现。当然，解决这样复杂的问题总要有一个过程，现在时机成熟了。有人有一个错觉，以为重新评价天安门事件又要乱，其实不会，人民是可以信任的。过去'四人帮'不让发表不同意见，结果激起了一九七六年清明节人民的义愤。天安门事件确实没有任何组织，完全是群众自发的啊！反映了人民的觉悟水平、政治水平。群众是最希望安定团结的局面。现在不但中央的领导，地方的领导也一样，都一心一意要搞四个现代化。搞四个现代化没有安定团结的局面是不行的。""我们处理这些问题就是要把过去的问题了结一下，使全国人民向前看。所有错案、冤案，人民和干部不满意的事，一起解决。了结了这些问题，大家心情就舒畅了，一心一意向前看，搞四个现代化。对这个问题，可以说我们全党是百分之百的一致。"

日本时事社当天以题为《没有必要就天安门事件作出新的决定——邓小平副主席谈话要点》，将邓小平的谈话总结为19点。电文从北京传至东京，日本共同社于26日晚对此进行了报道，美联、法新、合众、路透——西方四大通讯社先后于当天北京时间19点以后据共同社消息做了转播。27日晚7时到11时半，邓小平和华国锋、叶剑英、李先念、汪东兴听取中央工作会议各召集人彭冲、王恩茂、秦基伟、段君毅、汪锋、安平生的汇报。在这次汇报中，大家提出邓小平26日同佐佐木良作谈话的19条可否向干部传达，并根据谈话精神向群众做工作，邓小平表态："那个谈话的概括基本正确。"华国锋表示："小平同志和日本民社党佐佐木那个谈话可以传达。"于是，常委听汇报会上的讲话迅速传达到各分组，邓小平同佐佐木良作的谈话要点，中央工作会议秘书组也在28日印发给会议出席者。这样，邓小平外事谈话的精神就迅速在会内发挥作用，他的思路开始被与会人员接受。

就这样，在中央工作会议期间，邓小平的一系列讲话和外事谈话，将一系列鲜明观点、明确信号和清晰思路表达出来，依靠邓小平长期积累的政治威望、众望所归的社会要求，在历史转折的关键进程中发挥了关键的引导作用，为主题报告的发表打下了良好的基础。最终，十一届三中全会上历史转折得以实现，而标志正是邓小平发表的被称作"改革开放宣言书"的主题报告。邓小平不仅为十一届三中全会奠定了思想基础，提出了会议的主题，还明确提出了会议的指导思想。他在中央工作会议闭幕会上作的《解放思想，实事求是，团结一致向前看》的重要讲话，就是十一届三中全会的指导思想，也是十一届三中全会的主题报告。

邓小平对这个讲话非常重视，在10月份出访日本之前，他就找有关同志谈了自己的意见，让他们围绕工作重点转移问题，起草一个初稿。这个初稿在中央工作会议之前就写了出来。但会议进展很快，工作重点转移的问题顺利地得到了解决，会上又提出了很多新的问题，需要及时地作出回答。这些问题不解决，认识就不能统一，全党就不能很好地团结起来、顺利实现工作重点的转移。

邓小平根据会上提出的新问题和国内外的反映，自己用铅笔写了一个约500字的提纲，于12月2日找有关同志去谈想法。这个提纲共7个部分：解放思想，开动机器；发扬民主，加强法制；向后看为的是向前看；克服官僚主义、人浮于事；允许一部分先好起来；加强责任制，搞几定；新的问题。5日，他又找起草者谈文稿的修改，讲了4个问题：解放思想；发扬民主；向前看；研究和解决新问题。先后两次谈话，明确了讲话稿的写法和内容，确定了基本框架。9日，邓小平再次约见起草者，逐字逐句地进行审阅修改，谈了很多重要的意见，文稿的内容基本确定。后来，他又几次约见起草者，谈了一些修改意见，最后作了一些修改和润色加工。从讲话稿的起草过程来看，这个讲话完全是在邓小平的直接指导下，根据他的思想写成的。其中许多重要的话，都是他本人的原话。讲话围绕全党工作重点的转移，着重讲了解放思想、发扬民主、向前看、研究和解决新问题等4个方面的内容，提出了一系列重大的原则和政策。

关于解放思想。邓小平指出："只有思想解放了，我们才能正确地以马列主义、毛泽东思想为指导，解决过去遗留的问题，解决新出现的一系列问题。""不打破思想僵化，不大大解放干部和群众的思想，四个现代化就没有希望。"

针对人们最为关注的真理标准讨论问题，邓小平再次给予了高度的评价。他明确指出："关于实践是检验真理的唯一标准问题的讨论，实际上也是要不要解放思想的争论。大家认为进行这个争论很有必要，意义很大。从争论的情况来看，越看越重要。一个党，一个国家，一个民族，如果一切从本本出发，思想僵化，迷信盛行，那它就不能前进，它的生机就停止了，就要亡党亡国。这是毛泽东同志在整风运动中反复讲过的。只有解放思想，坚持实事求是，一切从实际出发，理论联系实际，我们的社会主义现代化建设才能顺利进行，我们党的马列主义、毛泽东思想的理论也才能顺利发展。从这个意义上说，关于真理标准问题的争论，的确是个思想路线问题，是个政治问题，是个关系到党和国家的前途和命运的问题。"

关于民主问题。邓小平指出："解放思想，开动脑筋，一个十分重要的条件就是要真正实行无产阶级的民主集中制。""当前这个时期，特别需要强调民主。"因为就全党、全国来看，许多人还不是那么敢讲话。好的意见不那么敢讲，对坏人坏事不那么敢反对，这种状况不改变，就不能叫大家解放思想，开动脑筋，也无法实现四个现代化。同时强调："为了保障人民民主，必须加强法制。必须使民主制度化、法律化，使这种制度和法律不因领导人的改变而改变，不因领导人的看法和注意力的改变而改变。"

关于向前看。邓小平指出："这次会议，解决了一些过去遗留下来的问题，分清了一些人的功过，纠正了一批重大的冤案、错案、假案。这是解放思想的需要，也是安定团结的需要。目的正是为了向前看，正是为了顺利实现全党工作重心的转变。"他强调，凡是过去搞错了的东西，统统应该改正。对过去遗留的问题，应当解决好。但是，不可能也不应该要求解决得十分完满。要从大处着眼，可以粗一点，每个细节都弄清不可能，也没必要。

关于研究和解决新问题。邓小平指出："要向前看，就要及时地研究新情况和解决新问题，否则我们就不可能顺利前进。各方面的新情况都要研究，各方面的新问题都要解决，尤其要注意研究和解决管理方法、管理制度、经济政策这三方面的问题。"他还针对经济管理体制中存在的一系列问题，向全党郑重提出了改革的呼吁。他说："如果现在再不实行改革，我们的现代化事业和社会主义事业就会被葬送。"

邓小平的这篇讲话，不仅提出并回答了中央工作会议与会者关注的事涉及历史转折的一系列根本问题，为中央工作会议做了总结，而且为十一届三中全会提供了指导思想，因而它实际上成为十一届三中全会的主题报告。它的主旨和一系列重要观点，为全会所接受并被写入全会公报，成为指导全面拨乱反正和制定改革开放新政策的总的指导方针。当时参加会议的同志无不受到极大鼓舞，有人曾回忆："当时听了邓小平的这个讲话，就兴奋地预感到：十一届三中全会是一个划时代的会议。"也正是在这个意义上，党的十五大报告将这个讲话誉为"开辟新时期新道路、开创建设有中国特色的社会主义新理论的宣言书"。

第六章　在打开国门的关头：出访美国

眼前是一架飞机。

乘上这架飞机，就要离开北京，前往华盛顿。

这天，是1979年1月28日，农历己未年大年初一。

1. 建交谈判

中美关系是中国对外关系中最重要的方面，是邓小平最重视的问题之一。1978年中美关系正常化和1979年邓小平出访美国，是影响全世界的大事件。在中国刚刚实现历史转折的紧要关头，邓小平要通过叩开世界头号资本主义国家——美国的大门，来为中国打开全新的外交局面，为保障国家安全、争取和平的外部环境创造良好条件，这必将有利于国内建设的顺利开展。而且，他还要借访问美国的机会进一步了解世界现代化建设的实际情况，丰富其改革开放的设计蓝图，为中国的巨变埋下深刻伏笔。

中美关系在20世纪几经起落。自1949年中华人民共和国成立之后，封锁与对抗，甚至兵戎相见，曾是中美关系的主旋律。20世纪60年代末期，随着美苏争霸的加剧，冰封的中美关系迎来了解冻的契机。经过一系列的磋商，1972年美国总统尼克松访华，中美双方发表《上海联合公报》。在毛泽东、周恩来等人的直接领导下，中美关系打破坚冰，从官方对话，到民间往来、商务贸易都有不小的发展。之后，由于周恩来病重，外事工作，特别是对美外交，逐渐转由邓小平主持。

1977 年 1 月 20 日，吉米·卡特当选美国第 39 任总统。卡特政府上任伊始，将美苏关系、恢复中东和巴拿马谈判作为主要议题，中美关系正常化没有被提上日程。当年 7 月，邓小平第三次复出，并迅速成为中美外交的主要决策者。着眼于中国未来发展的全局，邓小平开始积极思考中美关系正常化的问题。国内方面，邓小平积极倡导工作重心的转移，以经济建设为中心，对外开放，吸收全人类的智慧成果，以实现中国的四个现代化目标。在国际，邓小平一方面努力发展对外关系，营造和平的外部环境，打通引进先进技术经验的渠道，为国内的经济建设服务。1978 年这一年间，邓小平出访国家的数量超过了他一生其他时间到访国家的总和。他相继访问了缅甸、尼泊尔、朝鲜、日本、泰国、马来西亚、新加坡 7 个国家。美国作为世界头号强国，是对外开放和引进技术的最大对象，这成为中美关系发展强大的内在动力。另一方面，邓小平务实地考虑中国的国家安全，这主要是对抗苏联的战争威胁，因此决定坚持毛泽东提出的"一条线"战略，这个战略实际是组建一个联合抗苏的国际统一战线，其中美国的作用自然十分重要。尽管在积极考虑推动中美关系正常化，但邓小平在核心问题——台湾问题的原则上丝毫没有放松，即坚持建交的三项基本条件：废约、撤军、断交。中国的这种立场，在各种场合表达得清楚而一贯。

而很长时间里，美国没有下定决心。1977 年 8 月，美国国务卿万斯访华，但他带来的方案令人失望。24 日下午 3 点至 5 点 30 分，邓小平在人民大会堂接见了万斯，就国际形势和中美关系进行了坦率的谈话。邓小平表示："我们历来都说，我们两国之间存在着一个重要问题，就是台湾问题。国务卿先生提出的关于中美关系正常化的方案，比我们签订上海公报后的探讨不是前进了，而是后退了。我们必须澄清一个事实，是美国侵占了中国的领土台湾。现在的问题是，美国要控制台湾，使中国人民不能实现自己祖国的统一。我们多次说过，要实现中美关系正常化，在台湾问题上有三个条件，即废约、撤军、断交，按日本方式。老实说，按日本方式本身就是一个让步。现在是要美国下决心。民间来往，我们可以同意。你们这个方案，集中起来是两个问题。第一，你们实际上要我们承担不用武力解放台湾的义务，实际上还是干涉中国的内政。第二，你们提出不挂牌子的大使馆，实际上是'倒联络处'（即美国同中华人民共和国实现关系正常化，交换大使并建立大使馆，又同台湾当局互设联络处）的翻版。我们对这个方案是不能同意的。因为这实际上否定了基辛格博士承认了的历史渊源和真实情况，是美国欠了中国的账，而不是中国欠了美国的账。明确了这一点，问题就好解决了。台湾问题是中国的内政，别人不能干涉。我们准备按三个条件实现中美建交以后，在没有美国参与的条件下，力求通过和平方式解决台湾问题，但不排除用武力解决。你们说很关心台湾的安全。中国人总比你们美国更关心自己国家的事吧！中国人民、中国政府当然会考虑台湾的实际情况，采取恰当的政策解决台湾问题，实现国家的统一。但是，这是中国人自己的事情。中国政府对解决台湾问题是有耐心的。我们申明我们的立场，是为了在改善中美两国关系的过程中，在处理台湾问题时更从容、更恰当一些，有利于我们在全球战略方面取得更多的共同点。但我们希望不要误解为中国人对这个问题的解决可以无期限拖延下去。"万斯原本就对实现中美关系正常化并不热心，更不想因此影响美国国内正在进行的关于巴拿马运河条约的辩论，因此他"坚持最大限度的要求"，甚至没有把美国方面原已准备好的公报草案拿出来讨论，不作出本来可以作出的让步。25 日，外交部部长黄华和万斯进行最后一次会谈时，万斯问，是否要发表会谈公报？黄华说，不必了。卡特政府执政后的第一次中美高层正式对话并没有解决问题。邓小平 9 月 6 日会见美联社董事会代表团时说明："万斯访华有一个成果，就是万斯来了，这是你们美国现政府第一次派高级官员来中国。但是他带来的中美建交的方案，是一个后退的方案，就是'倒联络处'的方案。"不过，邓小平坚持中美建交三项条件的坚定立场准确地传达给了美方，一定程度上打消了美国政府指望中国在台湾问题上作出较大让步的不切实际的幻想。当年年底，美国驻华联络处主任伦纳德·伍德科克约见中国外长黄华，对万斯的方案做了解释。黄华重申了中方的立场后表示，待美方有了新方案时再谈。

1978 年春天，中、美、苏三角战略关系发生变化，美苏关系出现波折，卡特政府被迫重新考虑中美关系正常化问题，国家安全事务助理兹比格涅夫·布热津斯基和驻华联络处主任伦纳德·伍德科克的作用上升，积极推进中美关系正常化的观点逐渐占据主导地位。邓小平也开始用经济因素对美国施加影响。美国《纽约时报》专栏作家赖斯撰文指出："在中国开始同日本、德国、英国以及其他工业国家进行大量贸易之后，许多美国大企业家，其中大多数是共和党人，极力要求同北京建立正常关系，使美国有较好的机会及早进入中国市场。"

1978 年 2 月 20 日中午，美国总统国家安全事务助理布热津斯基一行 10 人抵达北京。在当晚外交部部长黄华举行的欢迎宴会上，双方就释放出与以往不同的信号。布热津斯基在祝酒词中表示："上海公报反映了我国要同中国友好的承诺，是基于共同关心的事项，而且是从长远的战略观点出发的。美国并不把它同中国的关系看作策略上的权宜之计。""在对待我们之间的关系上，我们抱有三个根本信念：美国和中华人民共和国之间的友谊对世界和平极为重要和有益；一个安全和强大的中国对美国有利；一个强大、自信和参与全球事务的美国对中国有利。"“我们相信，中美合作不仅符合我们双方的利益，而且符合历史的趋势。我们的关系是贡献给和平的。只有那些想支配别人的人才会害怕美中关系的进一步发展。美国总统希望同强大的中国有友好的关系。他决心同你们一道克服阻碍两国关系按上海公报完全正常化的剩余的障碍。在这个问题上美国已经拿定了主意。"可以说，是中美接触以来表态口径最为一致的一次。

晚宴之后双方的正式会谈马上开始。布热津斯基的发言连同翻译在内历时 3 个半小时，黄华表示将在第二天的会见中详细答复。次日上午，中方安排布热津斯基参观毛主席纪念堂和故宫博物院。这个时间段，黄华正好向邓小平作汇报，邓小平决定亲自会见美国代表。

21 日下午 4 点至 6 点 25 分，邓小平在人民大会堂南门接待厅会见了布热津斯基一行。邓小平开场便说：“布热津斯基博士，旅途辛苦了。"布热津斯基则回答：“我感到振奋。"后来他回忆说：“这句话准确地表达了我的情绪。"邓小平很快言归正传：“中国方面总是直截了当地说出自己的观点和见解。毛泽东主席是个军人，周恩来总理也是军人，我也一样。"布热津斯基急忙回答：“对，军人说话直率，但美国人也有说话直率的名声。我希望你没有发现美国人或美国有什么不好理解。"

随后，布热津斯基郑重表示：卡特总统表示美国已经下了决心准备同中国积极讨论美中关系。邓小平回应：“很高兴听到卡特总统的这个口信。在这个问题上，我们双方的观点都是明确的，问题就是下决心。如果卡特总统下了这个决心，事情就好办。我们双方随时可以签订关系正常化的文件。过去我们也说过，如果在台湾问题上美国方面还需要时间，我们可以等，但这不等于说我们并不性急。对自己国家统一的问题，我们怎么能够不关心，不急于解决呢？我们很希望能早日解决这个问题。在这个问题上，我们历来阐明的就是三项条件，即断交、撤军、废约，这三项条件都涉及台湾问题。我们不能有别的考虑，因为这涉及到主权问题。日本方式是我们可能接受的最低方式。对两国来说，关系正常化问题是一个带根本性的问题。对这个问题，你们要表示你们的希望，这可以；但我们也要表示我们的立场，即中国人民在什么时候、用什么方式解放台湾，是中国人自己的事。"

这是布热津斯基第一次见到邓小平，邓小平的魄力与智慧给他留下深刻印象。他日后回忆起这次会谈时说："邓个子小，气魄却大，立即使我心折。他富有才智，机警，精明，理解很快，相当幽默，强硬而直率。和他谈话以后，我更加理解他何以能经受住政治生涯中的所有挫折，但更重要的是，他的目的感和干劲使我印象深刻。他是一位知道自己需要什么、能和谁打交道的政治领袖。"

5月23日，布热津斯基一行圆满完成任务，取道日本东京回国。在东京，布热津斯基向日本首相福田介绍了会谈内容，并敦促日本与中国签订和平条约。这次访问，尤其是邓小平与布热津斯基的会谈，为1973年以来停滞不前的关系正常化进程注入新的活力，法国《世界报》称之为"中美关系中的决定性里程碑"。

这次会晤后，中美双方商定：中国外交部部长黄华同美国驻华联络处主任伍德科克自7月5日开始商谈中美关系正常化问题，一直持续至12月4日，共进行6轮。布热津斯基与邓小平会谈时特别要求谈判安排在北京进行，因为如果放在华盛顿就难以保密，谈判可能因此无法进行下去。

除主谈判桌外，在华盛顿，布热津斯基频繁会见中国驻美联络处副主任韩叙和主任柴泽民交换对国际问题的看法，以便双方在战略上取得更多共识，减少在北京谈判中的误解和冲突。美国助理国务卿霍尔布鲁克也与韩叙进行定期会谈，专门讨论包括售台武器问题在内的一些令人不愉快的问题，希望减少一些正式谈判上的争执和压力。尽管开辟了三条渠道，但谈判进行得并不顺利。据韩叙回忆：谈判在最初一段时间里的确谈不上艰难，相反倒显得有些过于从容了，或者说它应该被形容为进展缓慢。事实上，这是由美方最初设计的谈判方案造成的。因为在 6 月 20 日召开的 5 人绝密会议上，谈判的节奏被确定为每 10 天举行一次。伍德科克奉命就 4 个议题同中方展开谈判，而且美方规定伍德科克每次只谈一个议题，并且先从容易的问题谈起，而把困难的问题留到最后关头去解决，以免使双方在其他问题上取得的进展化为乌有。由于中方的谈判策略是准备让美方和盘托出全部想法之后再作出反应，所以在最初几个月里，谈判双方差不多只是在阐明自己的立场而几乎没有展开真正的交锋。当然，也没有哪一方亮出自己的底牌，尤其是在最关键的售台武器问题上。

卡特感到久拖不利，在布热津斯基和万斯陪同下于 9 月 19 日在白宫约见柴泽民和韩叙。卡特在此亮出了"底牌"："今年可能是对我们两国关系来说十分重要的一年。我已指示伍德科克同中方认真讨论关系正常化问题。伍德科克能代表我个人讲话，他在谈判中的讲话是经我批准的。""我们现在已接近完成，这对你我双方来说都是很困难而又重要的时刻。我们愿履行你们提出的三点原则。但是，继续同台湾进行贸易，包括出售小心选择的防御性武器，期望你们通过和平方式解决台湾问题，这些是美国国内政治所需要的。假如这两个问题得以解决，全面、公正解决正常化不会有其他障碍。我期待着能在美国欢迎中国领导人来访。"

此后，卡特下令放松对中国的出口管制，并转告其西欧盟国，可自行决定是否销售军事装备给中国；美方考虑到当时中越交恶推迟了美越关系正常化；布热津斯基起草了准备正式向中国提交的关于中美关系正常化的公报草案，卡特亲自将上面的建交日期由 1979 年 1 月 15 日改为 1 月 1 日。布热津斯基于 10 月 30 日对柴泽民、韩叙恳切表示：按照美国国内政治现实，当年 12 月至次年 1 月将是一个特殊机遇，否则国会 1979 年初开会，将先讨论美苏核条约等问题，中美关系问题将不得不推迟到 1979 年秋天或更晚去讨论，恐怕没人能保证建交不会节外生枝。如果双方不能在年底以前就建交问题达成协议的话，将错过美国国会讨论这个问题的最佳时机。"要抓住眼前稍纵即逝的机会。"

11 月 2 日，双方第 5 次会谈中伍德科克提出美方共 16 条的联合公报草案。邓小平迅速作出决定，在当天的中央政治局会议上指出："看来美方想加快中美关系正常化，我们也要抓住这个时机。外交部先把对方的具体想法搞清楚，谈的时候不要把门关死，同美国关系正常化的步伐要加快，从经济意义上讲也要加快。"27 日，邓小平召集有关人员开会研究同美国就两国关系正常化进行谈判的问题，他强调："最重要的是不要错过机会。"28 日，他针对美国要求中国承诺不使用武力解决台湾问题的主张对美国客人指出："现在中美关系的焦点恐怕不是三个条件问题。美国方面要中国承担不使用武力解放台湾的义务，这不行。在实现关系正常化上，我们最大的让步就是允许采取日本方式，美国可在台湾继续投资，继续保持它的经济利益。我们多次讲过，台湾归还中国，实现祖国统一，在这个前提下，我们将尊重台湾的现实来解决台湾问题。台湾的社会制度同我们现在的社会制度当然不同，在解决台湾问题时，会照顾这个特殊问题，'中华民国'的名称要取消，它可以成为地方政府。根据现实情况，可以保留它的资本主义制度。"29 日，邓小平在会见日本访华团时释放明确信号："我现在还有一个愿望，就是想到华盛顿去，不晓得能否实现。美国人总是说，你为什么不到华盛顿去？那里有台湾的大使馆，我怎么能去呢。中美关系实现正常化了，中国领导人就可以去了。这要看美国政府、卡特总统的决心。只要两国领导人站在更高的立场上，把这个问题当作政治问题来解决，就比较容易达成一致。我们注意到美国政府和美国人民都有这个愿望，对我们来说，当然希望越快越好。"12 月 4 日，由于黄华生病，外交部副部长韩念龙在双方第 6 次会谈中提出了中方共 6 点的联合公报草案，并通知美方：下一次会谈邓小平将亲自会见伍德科克。

卡特获悉邓小平准备首次会见伍德科克，意识到决定时刻的来临。卡特、万斯和布热津斯基研究中方的公报草案，提出美方的修改意见，并派布热津斯基告知柴泽民："如果两国能迅速实现正常化，美国就可以立即向华国锋或邓小平发出邀请，中国领导人就可以在 1979 年 1 月访问华盛顿。"

12 月 13 日至 15 日，邓小平连续 3 天与伍德科克进行了 4 次会谈。在最后的美国向台湾出售武器的问题上，邓小平表示非常坚决的反对。据柴泽民回忆，在 15 日下午的会晤中，邓小平怒不可遏，猛地拍了一下沙发的扶手说："我们绝对不能同意，我们坚决反对，这是不可能的，不能允许的！"伍德科克尽力地解释，正常化以后美中关系、海峡两岸关系都会发生变化，但是邓小平的反对立场没有丝毫变化。不过，邓小平以战略家的胸襟和气魄作出了一个重要决定，他最后说："中美建交后，希望美国政府慎重处理同台湾的关系，不要影响中国采取最合理的方法和平解决台湾问题。如果美国继续向台湾出售武器，从长远讲，将会对中国以和平的方式解决台湾问题设置障碍，最终只能导致武力解决。在实现中国和平统一方面，美国可以尽相当的力量，至少不要起相反的作用。"也就是不让美对台军售问题阻挡中美建交大局，美国对台军售问题在两国建交之后接着谈，他也将中方保留继续讨论这个问题的权利作为中美关系正常化的附加条件。对这个关键时刻的重大决定，外交部原副部长朱启祯说："当时如果坚持美国要停止向台湾出售武器的话，我们就可能丧失和美国建交的时机。但是如果说我们为了求得同美国建交，对武器问题就放过去的话，这个问题将来就成为一个长期解决不了的遗留问题，所以最后邓小平同志跟美国谈判代表谈判的时候，就提到这个问题：是不是我们双方同意发表建交公报，建立外交关系。这个武器问题就留待双方建交以后两国政府继续商谈解决。因为有了这句话，才有后来的'八一七公报'。"

依靠邓小平在紧要关头的一锤定音，北京时间 1978 年 12 月 16 日，中国和美国发表《中华人民共和国和美利坚合众国关于建立外交关系的联合公报》，宣布两国政府自 1979 年 1 月 1 日起互相承认并建立外交关系，1979 年 3 月 1 日起互派大使并建立大使馆；强调美国政府承认中国的立场，即只有一个中国，台湾是中国的一部分。同日，中美两国分别就两国建交发表政府声明。美国政府宣布，将结束同台湾的外交关系，终止美台《共同防御条约》，在 4 个月内撤出美方余留的军事人员。中国政府声明，中美建交是"两国关系中的历史性事件"，指出："台湾问题曾经是阻碍中美两国实现关系正常化的关键问题。根据上海公报的精神，经过中美双方的共同努力，现在这个问题在中美两国之间得到了解决，从而使中美两国人民热切期望的关系正常化得以实现。至于解决台湾归回祖国、完成国家统一的方式，这完全是中国的内政。"

在人民大会堂西大厅中方还举行了 1965 年 9 月以来相隔 13 年的第一次大型中外记者招待会，《人民日报》发行的 100 万份套红号外被一抢而空。邓小平的照片刊登在美国《时代》周刊的封面，他被选为 1978 "年度世界风云人物"。卡特在黄金时间向全国发表电视讲话，结束时他随口说的一句"这个时候全美国一定都在鼓掌"成了经典。在邓小平和卡特等人的共同努力下，中美关系实现了正常化，其意义重大。如邓小平所说："中美两国实现关系正常化，这是两国关系中的历史性事件，也是国际生活中有着深远影响的大事。"

2. 出访美国

一个艰巨的任务已经完成，而一段新的征程即将开始。1979 年元旦，邓小平在伍德科克为中美建交举行的招待会上宣布："不久我将应卡特总统的邀请，对美国进行正式访问。我希望通过与美国领导人和美国人民的直接接触和会谈，进一步促进中美两国人民的了解和友谊，以及两国在科学技术、经济、文化等多种领域的友好联系与合作。"他在这里概括了出访美国准备达成的目标：政治磋商、科技经济合作和文化交流。

邓小平访美，将是中华人民共和国成立以来，中国高级领导人第一次正式访问美国。中美双方对此都展现出高度的重视，出访之前，舆论声势已经响彻全球。1 月上旬，美国《时代》周刊第一期序言说："一个崭新中国的梦想者——邓小平向世界打开了'中央之国'的大门。这是人类历史上气势恢宏、绝无仅有的一个壮举。"24日，邓小平会见美国时代出版公司总编辑多诺万和《时代》周刊驻香港分社社长克拉克，表示："我们相信，中美关系正常化能为美国用先进的东西帮助我们实现四个现代化创造更有利的条件。这点对美国来说也是有利的。"25 日，卡特在华盛顿接见中国中央电视台记者，他说："我相信这次访问将是令人兴奋的、愉快的，将是一个极好的机会来向全世界表明，在我们两国和两国人民之间存在着的友谊对于我们是重要的，今后将愈来愈重要。"在邓小平出发之前，已经有1000多名世界各国的记者云集华盛顿，等待采访这一盛事。

于是，就来到本章开场的那个时间。1979年1月28日清晨，邓小平率团出发。这天是大年初一，按中国人的习惯，这一天还在过年，是不出远门的。但邓小平专门选择了这一天，取意"一年伊始，万象更新"。随同出访的有邓小平的夫人卓琳、国务院副总理方毅和夫人、外交部部长黄华和夫人、外交部副部长章文晋等，一行共20人。在首都机场，李先念、余秋里、耿飚、王震、康世恩、陈慕华、邓颖超、阿沛·阿旺晋美等前来送行。另外，美国驻华联络处副主任芮效俭和夫人也到机场送行。8点左右，邓小平和夫人卓琳与送行者一一握手告别，登机前拥抱了一下小孙女。

启程却并不顺利。邓小平乘坐的是中国民航707－2406专机。由于当时中美两国尚未通航，按国际惯例，应由对方派出领港人员为专机领航，美国政府派出的两名领港人员提前一天抵达上海虹桥机场等候。专机计划从北京起飞，经停上海，取道美国阿拉斯加州安克雷奇，最终抵达美国首都华盛顿，总距离14343公里，飞行时间16小时。8点30分，舱门关闭、舷梯撤离，却接到指挥塔台气象报告：上海大雾，虹桥机场能见度仅100米，不符合飞行标准。于是，机长徐柏龄走出驾驶舱向邓小平请示。此时，邓小平正通过舷窗向送行的同志们挥手，并示意大家离开。听到汇报后，邓小平眉头一蹙——当日北京天气格外寒冷，停机坪上更是寒风瑟瑟。邓小平说："这么多的老同志送行，等久了怎么受得了啊！"徐柏龄建议："能否将飞机滑出去，等送行的首长和同志们离开后，再滑回来？"邓小平表示赞同："可以，那很好嘛！"于是，飞机滑出停机坪，等送行同志离开后又滑回原处。但是，上海的大雾丝毫没有减弱迹象。

徐柏龄和外交部礼宾司司长卫永清再次请示邓小平，请他下机休息。邓小平低头看了下手表，脸上露出焦急的神情："美国方面的计划已经安排好了，走不了，耽误了行程那怎么成啊?!"此时，空军司令员张廷发和民航局局长沈图亲自指挥，众人会商反复权衡，最后决定：飞机多加些油，立即起飞，直飞东京。途经上海时若天气好转则降落；若上海无法降落，只能丢下美国领港人员直飞东京，在东京加油后飞美国。邓小平完全同意这个方案。机场经过短暂准备，9点45分，专机终于腾空而起，向上海方向飞去。所幸的是，尽管上海天气依然恶劣，但在机组人员的努力下，经过一次降落失败复飞，终于成功降落在上海虹桥机场，专机继续按原方案飞行。此过程中，礼宾司专员唐龙彬看到邓小平"平静如常，在座位上半闭双目养神"。飞机驶入太平洋上空后，一片迷茫转为开阔，蓝天大海向众人敞开胸怀。午饭时分，乘务员任德珍向邓小平道歉："首长，今天真不顺，飞机几上几下的……"突然，她意识到话有不妥，就顿住了。卓琳接过话，笑着说："他就是一个冒险家。"邓小平没有作声，但是从表情看出他很开心。

当地时间1月28日凌晨2点35分，邓小平的专机抵达美国阿拉斯加州首府安克雷奇市的埃尔门多夫空军基地。1974年，邓小平曾率领中国代表团到纽约的联合国总部出席会议，因此这不是他一次踏足美国土地。此时，已比原定时间晚了1个多小时，机外刚刚下过雪，极为寒冷，但是已经站满了欢迎的人群。邓小平自舷梯现身，稳步着地，为访美之行踏出第一步。在场欢迎的有美国礼宾司纪迪·多贝尔夫人、中国驻美联络处主任柴泽民及夫人、美国驻华联络处主任伍德科克及夫人等。这不是正式的官方欢迎队伍，专机在这里停留是为了加油。邓小平被接到候机室休息，屋里挂着中国式的大红灯笼。

70 分钟后，专机再度起飞南下，又飞行了大约 7 个小时，于美国东部时间下午 3 点 30 分，降落在华盛顿特区近郊的马里兰州美国安德鲁斯空军基地。邓小平的访美之行，正式开始。

在全场的欢呼与掌声中，邓小平步出舱门，面露微笑，举起右手，环目致意，并鼓掌。夫人卓琳陪在身边。随后二人稳步沿阶而下。此时，寒风阵阵，气温很低。但是，现场气氛非常热烈，美方对邓小平的破格接待已初见端倪。现场迎接的是美国副总统蒙代尔及夫人、国务卿万斯及夫人，这是超国家元首级待遇。因为通常即使是国家元首访美，美方也只派一名高级官员到机场迎接，国务卿只是在市中心华盛顿纪念碑旁等候。中方在此迎接的是中国驻美联络处副主任韩叙及夫人、中国驻联合国副代表陈楚及夫人等。

由蒙代尔引见，邓小平与在场的众多美国政界官员一一热情握手。现场没有安排军乐演奏和公开讲话，只有持续的掌声。这时，邓小平注意到距离比较远的一个人群，那是 400 多位在场欢迎群众，其中包括华人、华侨、留学生、台湾同胞以及许多美国友人，很多人是从很远的州市黑夜冒寒而来，已经等候多时。由于场地和安全规定，他们被要求站在一个特定区域内，但是他们打出一个红底金字的大横幅"热烈欢迎邓副总理访美"，加上中美国旗，十分显眼。出人意料地，邓小平突然举步朝人群走来，蒙代尔连忙跟上，陪伴其侧。群众沸腾起来，邓小平沿着欢迎人群前面的空地走到尽头，再折返回来，最后回到安保区，转身再次向大家挥手，现场气氛达到高潮。中美双方人员陆续登上一排专车，前往华盛顿市区。

经过近 20 个小时的旅途跋涉，邓小平到达国宾馆布莱尔宫后，几乎没有休息，很快乘车前往弗吉尼亚州的麦克莱恩镇。因为他要履行去年 5 月在北京给来访的布热津斯基许下的一个诺言：去布热津斯基的家里吃一顿饭——当时他们会晤之后，邓小平曾在北海的仿膳宴请布热津斯基。赴家宴，这成为邓小平到达美国后的第一项活动，在外交史上实属罕见。

毫无疑问，布热津斯基为这顿特殊的家宴做了精心准备，据他回忆，宴会前，这些美国高级官员甚至有些手忙脚乱。美方除了主人夫妇，还有应邀赴宴的万斯夫妇、伍德科克夫妇、霍尔布鲁克、奥克森伯格。中方出席的是邓小平夫妇、方毅夫妇、黄华夫妇、柴泽民、章文晋、冀朝铸和杨洁篪。相对于庞大的代表团，这次晚宴限于小范围，也没有对外公开。晚宴的气氛很轻松，由布热津斯基的夫人下厨，他的三位儿女上菜，还专门准备了苏联伏特加。布热津斯基回忆："邓和夫人当然很劳累了，但自始至终显得十分风趣，邓真不愧是一位机智善辩的大师。闲谈中，我告诉他，总统因美中关系正常化在国内遇到了同院外援蒋集团之间的政治困难，我开玩笑地问他，在中国有无类似的困难。他刹那间就回答说：'不错，也有，台湾省就有些人反对。'"

气氛虽然轻松，宾主间谈话内容却十分重要，这次家宴实际上是邓小平与卡特进行直接对话之前中美双方的一次重要交流。双方的谈话主要包括4个方面：其一是国际问题，包括越南问题、伊朗及附近地区的问题、巴基斯坦问题、印度问题等。其中，邓小平表示希望和卡特单独谈越南问题，或在小范围内谈。布热津斯基表示，第二天下午美方可由卡特、蒙代尔、万斯和他本人同邓小平谈这个问题。其二是中美关系问题，包括准备发表中美联合公报、中美建交后在两国国内和国际引起的反响、关于此次邓小平访美的一些建议等。关于建议，布热津斯基认为邓小平这次访美期间有3次重要的会见：（1）会见卡特总统；（2）会见参院领袖；（3）会见西南地区编辑和出版界人士。万斯认为邓小平在访问期间对议员的讲话将起重要作用，建议邓小平多做议员们的工作。其三是中国对外关系和对外贸易问题，美方表示支持西方向中国出售防御武器。其四是中国国内问题，布热津斯基问邓小平：中国在私人财产方面有何限制？人们有没有私人房子？能否雇人？中国城市里有没有私人企业？邓小平答道：中国人有私人住房。将来人们条件好了，可以买小汽车，但那是10多年以后的事情。在中国可以雇人。现在人们工资低，将来工资高了，就雇不起了。如在美国，人们雇不起司机。第二天下午，布热津斯基就将家宴上比较实质性的谈话内容向卡特作了汇报。

1月29日是星期一，天气很好。美国总统卡特在白宫玫瑰花园南草坪以接待世界元首级领袖的外交礼仪，欢迎中国国务院副总理邓小平访问美国。10时许，邓小平乘坐的黑色贵宾车徐徐驶来，停在白宫南面外交大门口，卡特和夫人已经在20英尺长的红地毯尽头敬候。仪仗兵拉开车门，邓小平下车，卡特已到了他面前，二人握手，笑容满面。翻译官冀朝铸急急赶来为二人做实时传译。握手礼后，卡特引见美国第一夫人罗莎琳，并与卓琳握手。美国军乐队起奏，宾主步上演讲台就位，随后演奏中华人民共和国国歌和美国国歌。在场700多名特邀观礼嘉宾和300多名记者肃立。演奏完毕，邓小平在卡特陪同下，由仪仗指挥官引路，检阅美国三军仪仗队。邓小平步伐稳健，结束时转身向四周观礼的嘉宾挥手致意，1000多位出席者报以热烈掌声。宾主回到演讲台，白宫鸣放礼炮19响，这也是国家元首的礼遇。

卡特特意面对邓小平致欢迎词，他说："副总理先生，我代表我的国家和人民欢迎你来美国！"然后，他转向观礼嘉宾说：今年开始了有历史意义的我们两国关系的正常化，今天我们又迈进了一步。我们分享着从和解和对一个共同旅程的期待而产生的希望。卡特还说道：我们期望我们两国的关系的正常化将有助于在亚太地区制造一种气氛，在这种气氛下各国人民在和平中生活的权利将会得到增强。我们期望，正常化将帮助我们一同走向一个多样化的和平的世界。我们两国人民间相互隔绝的时间已经太长了，现在，展现在我们面前的是对我们两国都有利的贸易、思想和人员的新的交往。

邓小平在答词中从开阔的视野强调了中美关系的重要性："中美关系正常化的意义远远超出两国关系的范围。位于太平洋两岸的两个重要国家发展友好合作关系，对于促进太平洋地区和世界的和平，无疑地将是一个重要因素。中美关系正处在一个新的起点，世界形势也在经历着新的转折。中美两国是伟大的国家，中美两国人民是伟大的人民，两国人民的友好合作，必将对世界形势的发展产生积极的深远的影响。"

卡特致辞过程中，记者席上有一女一男先后高呼口号，扰乱会场，迅速被安保人员制止带走，整个仪式没有受到丝毫影响。邓小平答词结束，军乐再起，仪式结束。中美两国领导人步下演讲台，出人意料地横穿南草坪，向观礼嘉宾挥手致意，周围掌声再起。随后，卡特和夫人又引导邓小平和卓琳登上了白宫南面的波尔迪阳台，4人再次向人群挥手，引起再一次轰动。此时拍摄的照片成为新闻报道的首选。

阳台合影之后，宾主4人进入白宫蓝色厅，参加一个简短的礼仪性招待会。之后，部分人员离开，卡特邀请邓小平进入椭圆形办公室参观，邓小平在火炉前的椅子上坐了下来，与卡特进行了短暂的交谈。然后，双方人员进入白宫内阁会议大厅，在一张长桌对面就座开始了第一次正式会谈，从10点45分一直持续到12点20分。

卡特首先向邓小平表示："这次访问是历史性的时刻，我们感谢你的来访。""今天上午，首先双方确定会谈的议程，然后总的谈一下世界的基本形势。不知你是否同意？"邓小平幽默地说："同意。

你们国会有没有通过决议说，会谈时不能抽烟?"这句话使紧张的会场一下子轻松起来。卡特说:"我的家乡佐治亚州生产很多烟叶，我鼓励大家抽烟。"邓小平说:"我服从。"双方就国际问题交换意见。邓小平指出:"我们的看法是，整个世界局势是不安宁的。如果要创造一个有利于和平、安全、稳定的世界，就应认真对待国际局势。就中国来说，我们不希望打仗。我们的目标是实现四个现代化，这就需要有一个比较长的和平环境。"

这是邓小平第一次与卡特会面和交谈，后者在当天的日记中写道:"邓给我一个很好的印象，他个子不高、身体结实、聪明机智、言谈坦率、富有魄力、仪表不凡、信心十足、态度友好，同他会谈真是一件乐事。"

会谈结束，已是中午，国务卿万斯邀请邓小平共进午餐，地点在国务院外交大楼内，需乘专车前往。这是一次专谈公事的工作午餐。除万斯外，美方还有国防部部长布朗，以及国务院外交系统的多位官员参加，中方基本上是上午参加会谈的人。午餐时，邓小平在祝酒时说:"中美关系正常化是中美两国人民的共同胜利，因为它符合两国人民的共同愿望和利益，而且对于世界的和平和稳定十分重要。"双方继续交流国际问题。午餐之后，万斯领邓小平到该楼的8层为另一个宴会祝酒。万斯夫人在此设宴招待卓琳等女宾，参加者是100多位妇女嘉宾。邓小平亲自赶来祝酒，自然引起轰动。

邓小平返回白宫的时候，附近有反对者游行抗议。这是政见彼此矛盾的三方面势力——台湾国民党当局、"台独"及美国"革命共产党"——联手策划的一次最喧闹的扰乱活动，他们与美国警方发生冲突。当时中方负责安全事务的特别助理凌云回忆:"'蒋帮'扬言参加者将有二万人，我们估计可能有三千至四千人。"对此，次日的《美洲华侨日报》报道:"据国务卿万斯称，邓小平并没有感到惊讶。"

下午，邓小平与卡特举行第二次正式会谈，地点依旧，陪同依旧，时间是下午 3 点 35 分至 5 点。双方还是继续上午的话题。当卡特问及朝鲜局势时，邓小平表示：最近朝鲜民主主义人民共和国提出重新恢复南北对话，并提出了具体建议，他们也希望同美国谈判。鉴于上次南朝鲜政府拒绝谈判的经验，他们希望南北朝鲜对话不只是政府参加，双方各政党、民间代表人物、社会团体也参与。我们认为，中美双方，包括日本，可以推动朝鲜双方和平商谈。中国的立场是支持朝鲜提出的自主和平统一祖国的立场，但我们不干涉他们的内部事务。在谈到美苏限制战略武器协议时，邓小平说：我们不反对美苏签订这种协议，这种协议甚至是必要的，但我们认为重要的是要做扎扎实实的工作。

下午 5 点，会谈临近结束，邓小平要求与卡特进行单独会谈。于是，邓小平、卡特等少数几人转到椭圆形办公室。在这次秘密会谈中，邓小平的陈述简单扼要，他告诉美方，中国已经决定，打乱苏联的战略意图，"有必要遏制越南的野心，要适当地给他们一点教训"。他要求的只是美国在国际上的"道义支持"。布热津斯基回忆："邓小平冷静、决断、坚定地陈述中国的考虑，神态有点严肃、特殊。""我得承认，我对邓那种审慎而坚定的语调印象深刻。"卡特希望中方尽量克制，他的理由是：由于越南侵略柬埔寨，它在国际上受到谴责，如果中国"教训"越南，反而引起人们对越南的同情，有些国家还可能认定中国是错误的；美中建立新关系的诸多理由中，最好的一条是会对亚洲更加和平稳定作出贡献，中国采取军事行动则否定了这个理由。邓小平感谢卡特提的意见，但补充说：中国将让某些国家明白，要是对中国和本地区其他国家捣乱，那是不会不受到惩罚的。由于会谈是高度机密的，媒体都在猜测邓小平与卡特究竟谈了什么。邓小平幽默地回答媒体:"我们无所不谈,上至天文,下至地理。"

会谈结束后,邓小平返回下榻的国宾馆。不久,他与卓琳更换衣服,乘车再到白宫,出席卡特为他们举行的隆重国宴。6点45分,邓小平夫妇与卡特夫妇一同立于白宫东厅通往国宴大厅的门槛前与赴宴嘉宾握手。当晚席开15桌,近150人参加。每桌中心放置一个花瓶,插着百枝各色山茶花,是佐治亚州的妇女们精心挑选后空运过来的。所有菜单、席位次序、嘉宾姓名均以中英文并列书写,还有乐队现场演奏中美两国民间乐曲。与邓小平夫妇同席的,除卡特夫妇外,还有美国众议院议长托马斯·奥尼尔、参议院民主党领袖罗伯特·伯德、女影星雪莉·麦克莱恩、哈佛大学教授费正清博士,邓小平与他们进行了富有趣味的交谈。比如,雪莉·麦克莱恩与他谈到其政治生涯的"三落三起",邓小平幽默地对她说:"奥林匹克委员会如设奖授予一生多次浮沉的人,我一定得奖!"

晚7点,国宴开始。上过甜点后,卡特首先起来祝酒。他向众人宣布,当天他同邓小平的两次会谈,是有成果的,是具有建设性的。卡特回顾了两国的交流、科技的进步,强调两国能够相互学习。接着,邓小平举杯,感谢卡特总统及夫人为他设置的盛宴,他代表中国政府和人民向美国政府及人民致以良好的祝愿。他提到此时正是中国的春节,"是中国人民自古以来作为'一元复始,万象更新'而欢庆的节日。此时此地,我们同在座的美国朋友有一个共同的感觉:中美关系史上一个新的时代开始了"。他指出:我们两国曾在30年间相互处于隔绝和对立的状态,现在这种不正常的局面终于过去了。我们两国社会制度不同,意识形态不同,但是两国政府都意识到,两国人民的利益和世界和平的利益要求我们从国际形势的全局,用长远的战略观点来看待两国关系。正是因为这样,我们顺利地达成了实现关系正常化的协议。不仅如此，还在关于建交的联合公报中庄严地作出承诺，任何一方都不应当谋求霸权，并且反对任何国家或国家集团建立霸权。这一承诺，既约束了我们自己，也使我们对世界的和平和稳定增添了责任感。我们相信，中国人民和美国人民的友好合作，不仅有利于两国的发展，也必将成为维护世界和平和促进人类进步的强大因素。席间，邓小平还第一次见到美国前总统尼克松，并与他握手交谈。

宴会结束后，所有人员乘车前往肯尼迪艺术中心，欣赏为邓小平此次访美特别安排的文娱晚会。这场晚会同样打破了美国以往接待外宾的规格，可谓精心设计、史无前例。邓小平夫妇被安排在二楼总统包厢里，里面除了卡特夫妇，还有卡特 11 岁的女儿艾米，后来又加入方毅和蒙代尔作陪。邓小平夫妇于晚 9 点整到达现场，受到全场 2000 余位观众的起立鼓掌欢迎。为了目睹邓小平的风采，楼下坐在后排的观众纷纷跑到前面。因此，邓小平和卡特在掌声中微笑着拉起手，高高举起，于是掌声更为响亮。

当晚节目只有 6 个，但精彩隆重，不仅多位演艺界明星登台，而且报幕的都是社会名流，在台上说的都是与中国接触的经历。演出长达 1 个多小时，最后一个节目是：美国全国儿童合唱团近 200 个孩子用中文齐声合唱《我爱北京天安门》。演出完毕后，邓小平夫妇在卡特夫妇陪同下上台与演出者握手，并向观众致意，卓琳始终牵着卡特女儿艾米的手。其间，邓小平弯腰轻吻参加合唱的小男孩的前额，令许多观众流下热泪。外交部原翻译室主任施燕华回忆说："在美国人的印象中，共产党的领导都是很僵硬的，没有人情味的，很严肃的。没想到邓小平到了美国，还能抱起美国的小孩，在美国是很轰动的，一个共产党的领袖，如此尊重他们的习俗，而且对美国人都是很亲切的。这改变了他们对中国的一些看法。"时任卓琳翻译的费斐也说："邓小平你看得出来，他是真情地去吻那个孩子的脸，特写的镜头一照，你看得出来，老人家也是非常感动的。"卡特在日记中写道："看来，邓及其夫人是真心喜爱人民的，他确实轰动了出席晚会和观看电视的广大观众。"当晚的演出被誉为全世界观众最多的一次表演，因为美国三大电视台同时向全美转播，中国中央电视台也越洋向全中国观众做了转播，邓小平的温情举动也因此传为佳话。邓小平还向观众发表了简短讲话，他说："艺术是使各国人民增进了解、消除隔阂的最好的办法。"

1月30日上午，邓小平与卡特在白宫椭圆形办公室再次进行40分钟的单独会谈。前一天邓小平在艺术表演时的表现还犹在眼前，但卡特此时发现："与昨晚的情况完全不同，此刻他是一个强硬的共产党领导人，他已下定决心不让中国被人看成软弱可欺。他虽声称这一问题仍在考虑中，但我得到的印象是决策已定，越南将要挨惩罚了。"随后，二人移驾白宫内阁会议厅，会合双方高级官员，开始第三次正式会谈。由于涉及具体问题，美方此次新增了财政部部长迈克尔·布卢门撒尔、总统科技顾问弗兰克·普雷斯、白宫顾问利普舒茨、白宫新闻发布官鲍威尔、国家安全委员会发言人谢克特等人。中方人员依旧。重点讨论双边关系问题。在谈到台湾问题时，邓小平说："我们讲过的话是负责的。中国人不会把自己的手捆起来，因为这有助于和平解决台湾问题。"会谈中，双方同意成立联合经济委员会、签订中美航空协定和海运协定。这是邓小平访美期间最后一次与卡特会谈，结束后邓小平向在白宫南面外交大门等候的媒体表示："这次访问，使我更加坚信：中美两国和两国人民在各个领域——政治、经济、科技、文化——的合作有广阔发展前途。"

随后，邓小平与卡特道别，登上专车返回国宾馆，但仅休息了半个小时，他又开始了另一轮艰巨的会谈——当天下午，邓小平将两访国会山。时任中国驻美联络处官员的徐尚伟说："美国国会反华势力很强，很多议员都不称中华人民共和国的，就说是 Red China，Communist China，再加上真正地放弃台湾蒋介石'老朋友'，难度还是蛮大的。"

中午12点，邓小平的专车抵达国会山，美国参议院外交委员会主席弗兰克·丘奇等一批参议员已在台阶前等候，邓小平将出席美国参议院外交委员会为他举行的欢迎午餐会。宴席有几十名参议员及其他美国政要约200人参加，地点在参议院罗素大楼318厅。

午餐会开始前，先后由丘奇、参议院民主党领袖罗伯特·伯德、参议院共和党领袖霍华德·贝克致欢迎词，邓小平致答词。午餐会于下午1点45分结束，邓小平被参议院多数党领袖伯德邀请到他的办公室内，邓小平在这里回答了议员们的广泛问题，主要围绕中国处理台湾问题的方式和态度。他表示："我们不再用'解放台湾'这个提法了。只要台湾回归祖国，我们将尊重那里的现实和现行制度。我们一方面尊重台湾的现实，另一方面一定要使台湾回到祖国的怀抱。"随后，邓小平又与伯德进行了个别交谈。

邓小平对美国国会的第一次访问大约于下午2点30分结束。仅两个小时后，他再次来到这里，出席美国众议院国际关系委员会举行的茶话会，会上有近100名来自各州的众议员。邓小平二访国会，美国众议院国际关系委员会主席克莱门特·扎布洛基用中文向他表示欢迎。令人意外的是，一向矜持的美国众议员们纷纷上前和邓小平握手，还排起队请他签名留念，这在美国国会绝无仅有。与在参议院一样，茶话会后，邓小平被众议院议长奥尼尔邀请到他的办公室，继续与众议员们会谈。

中美建交谈判严格保守秘密，卡特政府在宣布与中国实现关系正常化前，没有知会国会，这引起国会的强烈不满，更何况美国国会中有强大的亲台势力。卡特担心"计划可能归于失败的原因"之一，就是"在国会内遇到了不可克服的政治上的反对"。但是，邓小平两访国会山的出色表现，博得美国参众两院的一致认可。黄华的夫人何理良说："邓小平同志对他们所有的议员刁难性的问题，都回答得有信心和准确，让人家感觉到非常折服——中国有这样智慧、大度而且视野广阔的领导人。"甚至有美国议员表示："假如邓小平今天要参加美国政选的话，他很有机会取胜。"议员们评价："他（邓小平）沉着镇静而有自制力。""不但诚实坦率，而且和蔼可亲。""给人留下了良好的印象。"另一个为此感到高兴的人是卡特，他回忆说："与预料相反，一切进行得非常顺利。在关系正常化之前和之后，中国人对我所负的其他职责以及美国国内的政治现实，都表现得十分理解和通情达理。""总之，通过实现正常化的全过程，我懂得了为什么有人说中国人是世界上最文明的人。"

当晚，邓小平还要参加两个重要活动。晚7点30分，邓小平夫妇抵达华盛顿希尔顿酒店，出席美中人民友好协会和全美华人协会举行的招待会。在这里，邓小平向多年来为增进中美友谊和实现中美关系正常化而努力的美国朋友和华侨表示衷心感谢。在谈到台湾问题时他指出：中国政府在解决台湾问题的时候，一定考虑到台湾的现实，重视台湾人民的意见，实行合情合理的政策。统一祖国是全体中国人民包括台湾同胞在内的共同愿望。我们关怀台湾同胞，寄希望于台湾广大同胞；我们也寄希望于台湾当局，希望台湾当局以民族大义为重，正视现实。这样，台湾回归祖国就比较能够顺利地实现。

8点30分，邓小平夫妇又转往美国国立美术馆，出席由美国外交政策协会、国立美术馆、美中关系全国委员会、与中华人民共和国学术交流委员会、亚洲协会和中国理事会等6个团体联合举行的招待会。会上，邓小平阐述了中国对世界形势、中美关系和台湾问题的立场和政策，他指出：美国人民是伟大的人民。美国人民对人类的文明和世界的进步作出了杰出的贡献。中国人民对美国人民一向怀有友好的感情，对你们那种实干和创新的精神深为钦佩。你们有许多东西值得我们学习。中美两国人民的友谊是深厚的。今后，随着经济和文化交流的日益增多，友好往来的日益频繁，我们之间的友谊一定能够获得更大的发展。中美两国社会制度不同，意识形态也有根本区别。但是，在当今的世界上，我们之间有着不少共同点。我们两国人民的利益和世界和平的利益，都要求我们从世界的全局着眼，用长远的政治和战略观点来看待和处理中美关系。这是我们友好相处和广泛合作的重要基础。中美两国之间的经济往来，对于双方都有好处。在谈到台湾问题时，邓小平指出："统一祖国，这是全体中国人民的夙愿。我想，曾经在一百多年前经受过国家分裂之苦的美国人民，是能够理解中国人民统一祖国的民族愿望的。至于用什么方式解决台湾归回祖国的问题，那是中国的内政。按照我们的心愿，我们完全希望用和平方式来解决这个问题，因为这对国家对民族都比较有利，这在我们的人大常委会《告台湾同胞书》中已经说得很清楚了。应该说，中美关系正常化以后，这种可能性将会增大。当然，这并不完全取决于我们单方面的愿望，还要看形势的发展。"到晚上9点30分招待会才告结束，邓小平完成了一整天严肃紧张的活动。

1月31日清晨，邓小平在下榻的国宾馆，同美国内阁成员及卡特的高级助手们共进早餐。美方人员包括布卢门撒尔，农业部部长罗伯特·伯格兰，商务部部长朱厄妮塔·克雷普斯，卫生、教育和福利部部长小约瑟夫·卡利法诺，运输部部长布罗克·亚当斯，美国驻联合国大使安德鲁·扬，总统贸易谈判特别代表罗伯特·斯特劳斯、普雷斯、霍尔布鲁克、奥克森伯格。早餐没有谈太严肃的话题，气氛很轻松，出人意料地，在一个小时的早餐时间里，邓小平回忆了他的人生经历，这成了当天媒体的热门话题。

9点15分，邓小平出发参观美国宇航博物馆。邓小平进入了"阿波罗十一号"宇宙飞船的指挥舱，1969年乘坐这个宇航器成功登月的航天员米契尔·柯林斯向邓小平介绍了当时的情况。邓小平伸手摸了一下从月球上带回来的岩石标本，博物馆馆长奇塞因笑着说："先生，你接触到月球了。"邓小平也高兴地笑起来。

上午10点，邓小平离开博物馆，前往林肯纪念堂。邓小平向林肯雕像敬献了一个常春藤花圈。他还庄严地举起右手，向林肯行致敬礼。之后，邓小平回到国宾馆，在大厅接受美国费城坦普尔大学授予的名誉法律博士学位。之所以选择坦普尔大学，与牛满江教授有关。牛教授曾与中国生物学家童第周合作，进行了首次中美科研合作实验。他还是1977年邓小平第二次复出后首次接见的外宾。整个学位授予仪式历时15分钟，邓小平穿上传统的博士服，远道而来的校方董事会董事长向邓小平致辞，牛满江教授亲手为邓小平戴上博士帽。邓小平在现场致答词："这不仅是给我个人的荣誉，也是美国人民对中国人民友好和尊重的表示。坦普尔大学已经有上百年的历史，为美国以及其他国家造就了许多人才，在美国国内外享有很高的声誉。坦普尔大学又是以主张学术自由著称的。我认为，这是贵校的事业兴旺发达的一个重要因素。你们把名誉博士学位授给像我这样一个信仰马克思主义和毛泽东思想的人，也足以说明这一点。为了实现四个现代化的宏伟目标，我们主要依靠过去三十年建立起来的基础和积累起来的建设经验，同时也特别注意加强同世界各国的经济、文化和科技交往。美国作为当今世界上经济发达的国家，在工农业生产和科学技术的很多领域领先，在经济管理和教育事业方面也有很多成就。我认为，进一步发展我国人民同美国人民的友谊，向美国人民学习，完全符合中国人民的利益。中国人民深信，把自己的社会主义制度的优越性同经济发达国家的先进科学技术和经济管理、人才培养等方面的先进经验结合起来，对于加快实现四个现代化具有重要的意义。"

11 点多，邓小平在国宾馆迎来了另一位客人——美国前总统尼克松，二人进行了一个小时的交谈，并交换礼物。邓小平称赞尼克松在协助打开中美关系大门中的勇气和贡献，并邀请其再次访华。邓小平说，在尼克松、毛主席、周总理，还有基辛格博士的努力下，开始了实现中美关系正常化的进程，尽管时间稍长了一点，但也还不晚。尼克松建议，中国不仅应注意强调培养高级教授、律师、哲学家，还应重视培养工农业技术人员。邓小平表示赞同，并指出："这正是我们需要注意的方面。不仅要培养技术专家，还要培养管理人员。管理是一门专门的学问，这是我们最薄弱的一个环节。"

之后，邓小平又抓紧时间会见了著名记者海伦·斯诺，她是《红星照耀中国》的作者斯诺的第一位夫人。1937 年，她作为来华采访的美国记者，只身来到延安，有幸见到毛泽东、周恩来等 40 多位中共领导人，却没有见到正在山西抗日前线的邓小平。斯诺夫人见到邓小平的第一句话是："你这人真难找！"她交给邓小平一封毛泽东 42 年前写的亲笔函："弼时、小平同志：斯诺夫人随部队一起赴前方，作为战地记者，向外写报道。请在工作、生活诸方面予以协助和关照。敬礼！毛泽东 一九三七年八月十九日。"接到这封迟达近半个世纪的信函，一向沉着的邓小平没有表现出特别的惊讶，但是毫无疑问，这是一次令人难忘的会见。

时间来到中午 12 点 30 分，邓小平同《华盛顿邮报》、《纽约时报》、《洛杉矶时报》、《基督教科学箴言报》、《芝加哥论坛报》、《时代》、《新闻周刊》、《美国新闻与世界报道》、美联社、合众国际社和《华尔街日报》的新闻工作者共进午餐，并回答问题。邓小平对媒体人说：中国实现四个现代化政策的持续性，不是由个人因素决定的，关键在于这些政策是否正确，人民是否赞成，对人民是否有好处。如果这些政策是正确的，对人民有好处，又得到人民的支持，政策的持续就有了根本的保证。既然我们现在执行的政策是正确的，可以肯定，这些政策会继续下去。

更令人关注的是，邓小平于当天下午3点30分进行了一次著名的"炉边谈话"，同时接受美国三大电视网——美国广播电视网、国家广播电视网、哥伦比亚电视网，以及公众广播电视网的现场采访，全程长达30分钟，即问即答，全无限制，是一场真正的媒体盛宴。邓小平面对镜头表示，我这次访问美国肩负着三项使命：第一是向美国人民转达中国人民的情谊；第二是了解美国人民，了解你们的生活，了解你们建设的经验，学习一切对我们有用的东西；第三是同贵国的领导人就发展两国关系和维护世界和平和安全问题广泛地交换意见。我可以告诉美国公众，我同卡特总统和其他美国领导人两天会谈的结果，是令人满意的。他还回答了有关中国改革开放、反对霸权主义、美苏限制战略武器谈判等方面的问题，并宣布：卡特总统已接受华国锋总理的邀请，在适当的时候正式访问中国。最后，有记者问："你是不是可以说，目前这种中美关系正处于愉快'蜜月期'？它可有预见的危险？"邓小平幽默地说："没有危险，继续'蜜月'下去。"

经过几天的跟踪报道，美国媒体对邓小平的赞誉与日俱增。有媒体称他"坚强有力，语言精辟，直截了当，机智老练"，记者们尤其欣赏他的幽默感。卡特的一位助理对媒体说："白宫十分欣赏邓小平所表现的性格，他似乎很平易近人。他在电视镜头前表现得很好。

他已明确地表达了意见，取得了良好的成绩，他善于表达中国的政策，在这方面他起到了稳定人心的作用。"还有记者指出："他很主动。主动地多次跟卡特握手，毫不拘束，连卡特都被他带动起来。"还有很多人喜欢他的笑容，有人说他"很可爱"，还有人说他具有"孩子脸形的笑容"。徐尚伟说："我自己亲耳听到的，白宫国家安全助理中国事务主任迈克尔·奥克森伯格他给我单独说的，他说邓小平 he is a good sport，后来我就查了字典，就是说这个人处事很有度，很有风度这个意思。"

下午 4 点 30 分，邓小平又来到白宫的东厅，与卡特分别代表中美两国政府签订《中美科学技术合作协定》和《中美文化合作协定》。黄华与万斯签订《中美领事事务协定》，中方将在美国旧金山和休斯敦设立中国总领事馆，美方将在中国广州和上海设立美国总领事馆。在此之前，副总理方毅和总统科技顾问普雷斯已经签署了两国在教育、农业、空间方面的合作和谅解换文，方毅还与能源部部长施莱辛格签署了两国在高能物理方面的合作协议。邓小平在仪式完成后的致辞中说："我们刚刚完成了一项有意义的工作，但是这不是一个结束，而是一个开始。我们曾经预期在中美关系正常化以后，两国的友好合作将在广泛的领域里迅速地开展。今天所签订的协定就是我们的第一批成果。在我们两国之间还有许多合作的领域有待我们去开辟，许多渠道有待我们去沟通，我们还要继续努力。"

当天晚上，邓小平还抽出一点时间，会见了在美国参加联合国安理会的柬埔寨诺罗敦·西哈努克亲王，并共进晚餐。随后，他赶到中国驻美联络处，这里将举行盛大的答谢招待会。晚上 6 点，邓小平夫妇与中方其他高级官员，已经立于大堂门口欢迎各界来宾。其中包括美国内阁官员、国会参众议员、美国友好人士及华人、华侨、台胞、留学生等，总数近千人。嘉宾基本到齐后，邓小平步入大堂，马上引起轰动，人潮向他聚拢，许多人请他签名、照相，场面热烈，甚至挤碎了一只名贵花瓶。邓小平在讲话中说："这几天我们亲身感受到的美国人民的友谊给我们留下了永远难忘的印象。我们富有成果的访问，使我们毫不怀疑，中美两国人民的友谊和两国在各个领域的合作必将不断发展，结出丰硕的果实。"美方由副总统蒙代尔代表讲话，华盛顿特区市长马里恩·巴里还将一把"城市钥匙"赠送给邓小平。

2月1日一早，邓小平一行将离开华盛顿。但邓小平还是抽时间会见了在中美建交中扮演重要角色的美国前国务卿基辛格。从7点30分到8点30分，二人一起吃早餐，交换意见。送走基辛格，邓小平离开国宾馆，到达华盛顿纪念塔草坪，出席万斯夫妇等人参加的欢送仪式。仪式上，依然有奏乐、检阅仪仗队、鸣放19响礼炮，不过没有安排讲话。随后，邓小平登上美国总统直升机，飞往安德鲁斯空军基地，转乘美国总统"空军一号"专机，飞往佐治亚州首府亚特兰大。

邓小平访美之行，大致可以分为两个阶段：自1月28日抵达，在华盛顿的4天时间，是前半程，以政治磋商为主，邓小平与美方进行一系列重要会谈，出席一系列重大活动，取得一系列重要成果，极大地推动了中美关系向前迈进，从而也改变了世界格局；2月1日到5日，是后半程，以科技经济考察为主。他连续造访佐治亚州、得克萨斯州和华盛顿州，"邓小平旋风"吹向美国全境，邓小平也在旅途中汲取了许多重要的信息。

2月5日，邓小平登上中国民航专机，离开西雅图。中途，再次在阿拉斯加州埃尔门多夫空军基地加油。当地时间2月6日下午2点30分，邓小平飞抵东京，对日本进行为期2天的访问，8日下午回到北京。两个星期后，1979年2月27日，邓小平在接见来访的美国财政部部长沃纳·迈克尔时，透露了一个消息："出访美国后，我出国的任务基本上就完成了。"此后，他真的没有再迈出过国门。

有人统计，访美的9天时间里，75岁的邓小平共出席近80场会谈、会见等活动，参加约20场宴请或招待会，发表22次正式讲话，并8次会见记者或出席记者招待会。他始终精神饱满，应对如流，从总统、政府官员、国会议员，到新闻媒体、华人华侨、普通民众，邓小平广泛接触了美国社会的各个阶层。邓小平所到之处，都受到热烈欢迎，2000多名各国记者跟踪报道，美国三大全国性电视网的黄金时间都变成了"邓小平时间"。后来，人们用"旋风"来形容邓小平访美不同凡响的感召力。

即使在中美关系出现新变化的今天，回顾当年邓小平在中国打开关闭已久的国门的历史关头出访美国，依然可以说，整个世界因这次历史性的访问改变了运转的节奏。曾见证中美关系发展历程的布热津斯基评价："这是人类历史上第一次，两个大国——一个当前的大国与一个崛起中的大国，被相互依存的共同利益联结在一起。"国务院原国务委员戴秉国说："1979年打开了跟西方的关系，特别是跟美国——西方最大的发达国家实现了关系正常化。这为我们后来改革开放，就奠定了很好的国际格局的基础，也促进了世界的稳定与繁荣。邓小平同志，单从这件事情可以看到他的贡献，对我们国家对世界的贡献是巨大的，确实他是中国的伟人也是世界的伟人。"

第七章　在奋起直追的关头：大胆地闯

眼前是一列火车。

乘上这列火车，就要离开北京，前往宣城。

这天，是 1979 年 7 月 10 日。

1. 攀登黄山

出发的时候已经是晚上，邓小平于第二天上午 8 点多钟抵达安徽省宣城地区的繁昌火车站。这是当年最接近黄山的火车站，距离黄山还有 237 公里。

随后，他由时任中共安徽省委第一书记万里等人陪同，乘坐一辆中型面包车，前往黄山。正值盛夏旅游旺季，黄山游人如织，所以邓小平事先与万里"约法三章"：第一，不要妨碍群众游览；第二，省委同志不要来陪；第三，不准特殊化。不过，尽管邓小平再三叮嘱，负责保卫的同志为了他的安全，还是想悄悄控制一下上山游客的人数，结果被邓小平察觉，于是他对工作人员下指示，要让群众上山，不要搞得戒备森严。于是不再有任何限制，按照邓小平对万里特别交代的"和群众一起同吃同住同游"，在黄山期间邓小平始终与群众玩在一起。

11 日中午，邓小平、万里一行人抵达黄山温泉风景区，首先来到了观瀑楼。稍事休息后，他们来到了逶迤十里的桃花峰下，登上桃花亭，遥望云蒸霞蔚、烟岚缥缈的天都、莲花、玉屏诸峰。这时，万里告诉邓小平，已经为他明天上山准备了滑竿，邓小平则对万里说："我下了决心，要步行上去。"黄山之巅海拔1800多米，对于75岁的邓小平来说，绝对不是轻松的旅途。关于他徒步登山的决心，邓楠的看法很符合实际："一方面，他非常热爱祖国的山河，所以黄山他想要去看看。更主要的原因呢，是他想检验一下，因为要出来工作嘛，想检验一下自己的身体到底行不行。"同时邓小平再次特别交代："第一，不能因为我来黄山而妨碍群众游山。第二，这次是利用休假来黄山的，对外不宣传。"

12日早晨7点多，按照邓小平"和群众同走一条路"的要求，一行人从观瀑楼出发，来到慈光阁，从前山登山。邓小平身着白衬衫，脚蹬圆口黑布鞋，手拄拐杖，迎着朝阳，步履矫健。中央警卫局原副局长孙勇常年负责邓小平的警卫工作，他很熟悉邓小平的登山习惯："拄着手杖，穿着布鞋，挽着裤腿，不慌不忙，慢慢地往上登。"而当年24岁的保卫人员汪根华则是第一次跟随邓小平登山，他看到的是："他这老人家很自信，自信得很。他一路走，你说他慢他也不慢，他就那样匀步走的，他就说的这句话嘛，长征都过来了，这点路还走不动吗？"陪同人员劝他走慢一点，邓小平答道："这个事，你们不用教我，我比你们有经验。长征时不少人都跑垮了，我还是越走越有劲。"他还向大家传授两条登山的经验：一是把裤脚卷到膝盖上面，二是走起来步子不要太快。在慈光阁，邓小平对自动列队欢迎他的黄山管理处职工和闻讯赶来的中外游客说："谢谢同志们的鼓励，这个山，我一定要上。"

中午，大家行至半山寺，午饭小憩后，穿过"一线天"，越过"蓬莱之岛"，迈向玉屏峰。玉屏峰享有"黄山第一处"的盛誉，被周恩来总理称为"中国第一棵宝树"的"迎客松"就在玉屏楼东侧。当晚，邓小平在玉屏楼三楼东面的一间客房里住下。当时黄山上仅有3家宾馆，玉屏楼此前只用来接待贵宾，1978年后由于游客增多逐步向普通游客开放。但玉屏楼仅有两层，一楼仅有6间房，二楼也只有12间。屋内设施简陋，服务也很简单，据当时玉屏楼仅有的两位服务员之一、时年20岁的吴建明回忆："一个房间两个床，左边一个棕绷床，右边一个棕绷床，床上面一个棕垫子、一条被褥，房间里就是一个电灯泡，再加上两个抽屉的桌子和一张凳子，两个茶杯"，"楼下一个服务员，楼上一个服务员，我在二楼当服务员。二楼整个一层楼的卫生、服务、烧开水、给客人打洗脸水，都是我一个人在做，做完以后我还要帮助餐厅传菜、洗碗、送菜，这都是我们做的，我们当时叫分工不分家"。

此时的玉屏楼，一楼、二楼，甚至楼道都住满了游客。其实，当年能出门旅游的人并没有多少，即便是在风景胜地黄山，这种情况也不多见。孙勇了解情况后，向邓小平汇报："我说小平同志今天你来，大家都知道你登黄山，来的群众，走的也没走，还继续来，现在这些群众还在外面，没房子住。"他后来回忆："小平同志说那怎么行啊？玉屏楼山上早晚温差大，在外头待一宿不感冒就会生病的，我和卓琳同志住一间房子，王丽和秘书住一间房子，你们工作人员四个人一间房子，把房子腾出来。住不下，走廊里还可以住人，把桌子板凳收起来，可以住食堂。"

在房间里，邓小平又问黄山管理局的同志："这么多的游客晚上住的、吃的都解决了吗？"管理局的负责同志回答说："都解决了。"过了一会儿，邓小平还不放心，又让工作人员下去了解游客住的问题是如何解决的，得知依靠当时在广场上布满的"鸳鸯棚"，游客们都能睡下。

知道这个消息，邓小平可以放心了吗？或许还是不行。邓小平

1979 年的黄山之行，按他本人所说就是利用休假来玩的。但是邓小平毕竟不是普通人，他的这趟游览之行，实际对中国改革开放起步的两个重要领域产生了影响：其一，是我国改革开放先导的旅游产业；其二，是我国改革起点的农村改革。

2. 旅游产业

如今，出门旅游已是中国百姓习以为常的休闲方式，中国更是举世闻名的旅游胜地。然而，回首 40 多年前，这一切都难以想象。

1977 年 11 月 17 日，邓小平在广州听取广东省委负责人汇报时第一次作出发展旅游业的指示：中国把旅游事业搞好，随便就能挣二三十亿外汇。用这些外汇进口大中型设备有什么不好？"四人帮"搞的"洋奴哲学"帽子满天飞，把我们国家赚钱的路子都堵死了。

在此之前，中国还没有把旅游当作经济产业，甚至很少提到"旅游业"这个词，中国广袤的土地上虽有无数绝美景色，但无论海外还是国内的游客却均难窥其真容，秀丽山河只能空叹寂寥。邓小平是党和国家领导人中提出旅游产业属性的第一人，他将其与轻工业、手工业、补偿贸易并列，作为改革开放的前导先行。

但是，在当时的中国发展旅游业，谈何容易。连满足游客最基本的吃、住、行需求都困难重重。"文化大革命"后，偌大的中国，尚无一家现代旅游饭店，国际化的酒店管理与服务都属空白。1978 年，我国只有 137 座涉外饭店 1.5 万间客房；而当年仅回乡探亲的侨胞、各国来华的旅游者，总数就高达 180 万人次，超过了此前 20 年的总和。时任北京市旅游局副局长的侯锡九回忆："因为没有饭店，不能够把客人马上拉到饭店去休息一下。当时还不敢说没有饭店，经常说你们日程安排得很紧，我们抓紧时间去旅游，所以下了飞机就把客人拉到什么颐和园啊，长城啊，去旅游。有一些来做公务活动的，有关单位也找不到饭店，就只好马上去进行商谈、会谈，就把客人拉走了。晚上回来等到上一批客人走了，这一批客人才能住进去。实在住不进去的，就只好拉到附近的城市去过夜，客人疲惫不堪。有的时候实在没办法，曾经还出现过半夜里调上飞机，送到南京过夜的现象。"

　　既然没有，何不新建一些呢？然而资金却成了拦路虎。当时我国百废待兴，需要花钱的地方实在太多。仅引进计划就需要 800 亿美元，而 1978 年末我国的外汇储备仅有 1.67 亿美元！邓小平眼光独具，提出了当时大家想都不敢想的事——利用外资。他力推发展旅游业，本身也有吸引外资、为国家赚取外汇的考虑。

　　1978 年 10 月 9 日，也就是十一届三中全会的两个月前，邓小平对民航总局、旅游总局负责人说："民航、旅游这两个行业很值得搞。""利用外资建旅馆可以干嘛！应该多搞一些。昆明、桂林、成都都可以搞，一个地方设一两千个床位。""石林要整理一下，要种些树，让风景更优美一点，现在太荒凉了。""桂林漓江的水污染得很厉害，要下决心把它治理好。造成水污染的工厂要关掉。'桂林山水甲天下'，水不干净怎么行？"

　　利用外资，是当时无人敢触碰的禁区，更不要说合资了。在这种情况下，船王包玉刚捐款 1000 万美元建造饭店，只因希望以其父亲的名字命名为兆龙饭店，便引发了轩然大波。中国侨联原主席，时任国家旅游总局副局长的庄炎林谈起当时的情况："有些人就反对，说你庄炎林同意他名字叫兆龙饭店，你不是替资本家树碑立传吗？我是觉得这个对我们国家，对人民对我们的建设有好处啊，但是反对的人很多，一片反对声。"

　　包玉刚是著名的"宁波帮"的代表人物，原籍浙江宁波人，后移居香港，成为华人世界船王。1978 年 10 月，包玉刚夫妇回内地探亲，在北京与他的表兄、时任国家旅游局局长卢绪章深入交谈，得知内地发展迅速，但当时旅游设施严重不足，接待游客能力不够的实际情况，于是萌生了做点贡献的想法。第二年，通过卢绪章，包玉刚表示希望以其父亲包兆龙的名义向内地捐赠2000万美元，一半用于在上海交通大学兴建一座现代化的图书馆，另一半用于在北京建造一所现代化的旅游饭店。但这件好事让卢绪章犯了难，因为当时我们的习惯是不接受外援的。又过了一年，1980年3月15日，包玉刚到北京商谈订购船舶和航运合资经营。趁着王震、谷牧、姚依林等中央领导人接见他的机会，包玉刚再次反复表示希望支持祖国发展旅游事业。他说："北京缺少旅游饭店，我来贡献，就在北京建一座旅游饭店，我只有一个要求：纪念我的爸爸，我爸爸已经80多岁了，饭店就叫兆龙饭店。"当年4月，国家旅游总局向国务院提交《关于香港环球航运集团主席包玉刚捐赠旅游饭店和办公楼的请示报告》，5天后得到国务院的批准。但关于"兆龙饭店"这个名称，不少人认为这是在为资本家树碑立传，而且接受外援就会受制于人，因此包玉刚这张1000万美元的支票当时没有人敢接。

作为经办人，卢绪章的压力很大，他想到一个办法，即通过侨务工作的领导人廖承志给邓小平写信详细汇报情况。而邓小平看完信后，立即对廖承志表示："为什么不可以用？对我们社会主义建设有用的事嘛，用他一个名字，也没有关系嘛，再说，人家有贡献也可以纪念啊！为什么不行，没人出面接捐款？我来接！我来替饭店题字！"他亲笔批示："兆龙饭店问题是政治问题，包玉刚捐献一千万美元，并非投资、合资，搞得不好，谁还来呀？请国家旅游局在北京最好的地方给包玉刚建一个饭店。"这样才有了突破口。1981年7月4日，国家旅游总局在北京举行兆龙饭店工程奠基典礼。国务院副总理陈慕华、旅游总局局长韩克华以及时任国家进出口委副主任的卢绪章等出席。2 天后，邓小平在人民大会堂接见了包兆龙、包玉刚父子一行，重点谈的是请包玉刚帮助中国船舶制造业打入国际市场的事情，不过关于旅游饭店，邓小平也专门提到"我们现在有很多事，一下子要搞，障碍很多，主要是缺乏经验，缺乏知识"，"那个旅游饭店，已经一年多了，就是办不通。这样的事，并不难嘛，就是难解决。官僚主义！真是官僚主义！主要是不太懂"。他还当场亲自接受了包玉刚面呈的捐赠支票，以自己的行动对利用外资、中外合资给予明确肯定。4 年后，兆龙饭店在北京落成，邓小平亲笔题写了店名，并破例出席剪彩仪式，成为时代的一道醒目年轮。

合资企业作为一个新生事物，带来了新的经营管理方法和规章制度，对传统观念形成强烈冲击。1980 年 4 月 21 日，国家外资委员会批准成立中外合资北京航空食品公司。中外合资 100 万美元的中国航空食品公司是 1979 年国务院最早批准的三个合资项目之一，批准文号是"001"。其实早在 1978 年 10 月，邓小平就有批示："合资经营可以办。"1979 年 7 月 1 日，五届全国人大二次会议通过《中华人民共和国中外合资经营企业法》。同月 7 日，邓小平在第五次驻外使节会议上指出："现在比较合适的是合资经营，比补偿贸易好。"10 月 4 日，他在全国各省区市第一书记座谈会上再次表示，利用外资"主要的方式是合营"。

北京航空食品公司于 1980 年 5 月 1 日正式开业，时任副董事长的伍淑清告诉我们："公司建立初期，人们很不习惯：进出车间要用香皂洗手，还要戴帽子、换衣服。特别是上班打卡。有人说，我们职工是企业的主人，现在进公司却要打卡，接受机器的监督、检验，这是对职工的污辱！是资本家对工人实行'管、卡、压'。"然而，现代管理方式的效果是显而易见的。通过合资平台，职工们逐步看到了更为广阔的世界，知道了什么是国际标准、世界水平，最终走上了现代企业制度管理之路。

在 1979 年 7 月 12 日至 15 日游览黄山的过程中，邓小平分别在黄山上的玉屏楼、北海宾馆住了 3 个晚上，黄山旅游业的基本情况他已经心里有数。邓小平一行从黄山的后山步行而下，到 15 日下午 2 点多又回到了观瀑楼。下午 5 点，邓小平在观瀑楼会议厅专门召开座谈会，听取中共安徽省委和徽州地委（当时黄山属徽州地区管辖）主要负责同志的工作汇报，随后他说出了心中所想："黄山是发展旅游的好地方，是你们发财的地方。""这就要做一系列的工作，要搞好交通、住宿、设备等基础性工作，但交通还不是要做的第一位工作。第一是服务态度，清洁卫生。凡是服务态度好，服务质量高的，工资要高，不好的要批评，不改正的还可以淘汰，这样就搞上去了。工作人员要实行按劳分配，年终利润多还可以发奖金。九亿人口的收入平均发展是不可能的，总是有的地区先富裕起来，一个地区总有一部分人先富裕起来。服务员要有点外语知识，导游要有章程。现在我们国家有些人就是慢慢腾腾不着急，积极性不高。"邓小平还指出："山上东西多得很，要搞些专业队治山。山区建设，就是看搞什么收效快就搞什么。粮食少，用别的办法解决。要有些办法，禁止破坏山林。要搞经济林，很好地发展竹木手工生产，搞好竹编生产，搞些好的竹编工艺品。祁红世界有名。茶叶一二两一包，包装搞漂亮些，可以当纪念品，游客带回去送人，表示他到过黄山。在黄山搞些好的风景照片，搞一套黄山风景明信片。在这里，我们的资本就是山。要解放思想，开动机器，广开门路，增加收入。"这次座谈将近 2 个小时，除了老部下万里，邓小平的务实、"接地气"令在场的众人有些震惊，邓小平最后还鼓励大家："你们要有点雄心壮志，把黄山的牌子打出去。"

后来，这次谈话被称作"黄山谈话"，邓小平十分具体地解答了中国旅游业发展面临的理论问题和现实问题，为推动中国旅游产业发展发挥了关键性的作用。黄山本身更是很快成为蜚声中外的旅游胜地，1990 年被联合国教科文组织确定为"世界自然和文化双重遗产"，之后又荣获"卫生山"和"安全山"称号，到 1996 年更是发行了我国第一只完整概念的旅游 B 股。国家旅游局原副局长杜一力评价："在旅游的发展史上，小平同志在那一次，实际上是对着一个地区，对着我们真正发展旅游业的这些地方，做了一次现场办公。"

此后短短几年内，按照邓小平的决策和部署，旅游部门积极吸引外资兴建宾馆饭店和旅游设施，解决了中国旅游"住宿难"的问题，闯过了制约旅游业发展的一道难关。再后来，通过发挥市场机制的导向作用，调动社会各方面的积极性和资金来发展旅游业，旅游产业规模不断发展壮大，旅游生产力水平持续提高，迅速赶上旅游发达国家的发展步伐。

3. 农村改革

邓小平后来说，中国改革始于农村，农村改革始于安徽，万里同志是有功的。他还说："我们的改革和开放是从经济方面开始的，首先又是从农村开始的。为什么要从农村开始呢？因为农村人口占我国人口的百分之八十，农村不稳定，整个政治局势就不稳定，农民没有摆脱贫困，就是我国没有摆脱贫困。"前文已述，在中国社会主义建设道路的探索过程中，邓小平已经进行了很多重要的调研、实践和思考。到"文化大革命"结束后，他更急迫地希望改变我国农村贫困落后的状况。1977 年 11 月，邓小平在广州视察时发表谈话，实际上是他"到处点火"中的一次，他说："现在肥料贵，农机贵，农民买不起，增产不增收，有时还要减收。用什么手段使生产成本降低？农业靠工业，工业要降低成本。农民负担重的问题要很好地研究一下。现在农村中好些东西是搞形式主义，实际上我们也存在'苛捐杂税'。""说什么养几只鸭子就是社会主义，多养几只就是资本主义，这样的规定要批评，要指出这是错误的。""生产生活搞好了，还可以解决逃港问题。逃港，主要是生活不好，差距太大。""看来最大的问题是政策问题。政策对不对头，是个关键。这也是个全国性的问题。过去行之有效的办法，可以恢复的就恢复，不要等中央。"

到 1978 年，邓小平又把"火"烧到了四川。2 月 1 日上午，他在成都听取四川省委的工作汇报后说："农村和城市都有个政策问题。我在广东听说，有些地方养三只鸭子就是社会主义，养五只鸭子就是资本主义，怪得很！农民一点回旋余地没有，怎么能行？农村政策、城市政策，中央要清理，各地也要清理一下，零碎地解决不行，要统一考虑。自己范围内能解决的，先解决一些，总要给地方一些机动。"就在 2 月 3 日，《人民日报》刊登文章《一份省委文件的诞生记——记中共安徽省委〈关于当前农村经济政策几个问题的规定〉的产生经过》，报道了安徽省委作出的尊重生产队自主权、坚持按劳分配等 6 条规定。邓小平曾对四川的干部说：在农业政策方面，你们的思想要解放一些，万里在安徽搞了个"六条"，你们可以参考。到发表"北方谈话"时，他更进一步提出："学大寨要实事求是，学它们的基本经验，如大寨的苦干精神、科学态度。大寨有些东西不能学，也不可能学。比如评工记分，它一年搞一次，全国其他人民公社、大队就不可能这样做。取消集贸市场也不能学，自留地完全取消也不能学，小自由完全没有了也不能学。全国调整农业经济政策，好多地方要恢复小自由，这也是实事求是。""搞得好的，国家不要挖它的，而且要给予奖励。这样鼓励它提高技术水平、管理水平，提高生产能力。总之，实事求是，从实际出发，因地制宜。"

但是，直到实现历史转折的十一届三中全会，农业政策还没有发生根本性的改变。前文已述，十一届三中全会原本的议题就是研究农业的，全会通过的两个文件——《中共中央关于加快农业发展若干问题的决定（草案）》和《人民公社条例》，虽然在放宽政策上开了口子，要求"认真执行各尽所能、按劳分配的原则，多劳多得，少劳少得，男女同工同酬"，但仍然规定"不许分田单干。除某些副业生产的特殊需要和边远山区、交通不便的单家独户外，也不要包产到户"。也就是在这个时候，安徽的农业改革实践已经向前突破了。

安徽凤阳小岗的18户村民按红手印拉开改革序幕的故事，大家已经耳熟能详。不过，为什么小岗被认为是农村改革的起点？什么是大包干？什么是包产到户和包干到户？40多年后的今天，很多人并不清楚。

小岗之前，在全国很多地方，农民群众甚至基层组织进行类似"包产到户"的生产实践为数不少，在1978年前后更多。但是，凤阳小岗确实为我国农村改革的开启作出两个突出贡献：其一是"包干到户"的形式，其二是"大包干"的名称。

包产到户和包干到户，是家庭联产承包责任制的两种类型。两种都是在生产队统一领导下，将集体耕地按人口或按劳动力承包给农户经营。不同点是，包产到户坚持公分核算和生产队统一分配，即年初确定包产、包工、包投资的指标，年终将包产产量纳入分配，按"三包"指标完成情况找补兑现。而包干到户不搞"三包"和生产队核算，把国家征购、集体提留落实到户，实行定额包干上交，剩余归己。后者办法简单，利益直接，责任具体，按农民的说法就是"保证国家的，交足集体的，剩下都是自己的"。小岗实行的包干到户，其吸引力远大于包产到组和包产到户，农民最为拥护，成为广大群众的自觉选择。因此，当得到政策支持后，其传播极快。到1983年底，全国实行包干到户的占98%。

"大包干"的名称则更具有历史性。今天查阅历史文献，会发现其内涵在发展变化。比如1958年曾用于铁矿区基本建设；1980年以前，常常指包干到组；其后，则一般指包干到户。众所周知，十一届三中全会是改革开放开启的标志，而这次会议原本的议题是讨论农业问题。在农业方面，这次会议取得的重要成果是提出"必须首先调动我国几亿农民的社会主义积极性，必须在经济上充分关心他们的物质利益，在政治上切实保障他们的民主权利"，农村经济政策开始全面松动。但仍然要求："人民公社要坚决实行三级所有、队为基础的制度，稳定不变。"次年9月十一届四中全会通过的《关于加快农业发展若干问题的决定》也规定："不许分田单干。除某些副业生产的特殊需要和边远山区、交通不便的单家独户外，也不要包产到户。"因此，一些明确以"包产到户"为标志的生产受到了抑制。而"大包干"这一20世纪50年代就见诸报端，并曾得到毛泽东批转的用语，为干部群众坚持这一正确实践争取了空间。"大包干、大包干，直来直去不拐弯"，其宣传和示范效应也更明显。

当然，仅靠这些还不足以实现农村改革的"突破"。这一阶段，围绕农村改革产生了激烈的政治思想交锋。邓小平曾经回顾："对改革开放，一开始就有不同意见，这是正常的。不只是经济特区问题，更大的问题是农村改革，搞农村家庭联产承包，废除人民公社制度。开始的时候只有三分之一的省干起来，第二年超过三分之二，第三年才差不多全部跟上，这是就全国范围讲的。开始搞并不踊跃呀，好多人在看。"很长一段时间，全国农村改革的方向并不明朗，改革环境也比较紧张。1979年3月15日，《人民日报》发表了《三级所有队为基础应当稳定》的文章，并加了编者按，反对农村改革。但不久《人民日报》又发表代表安徽省委反驳的《正确看待联系产量的责任制》，并承认之前编者按中某些提法不妥。

就在邓小平登黄山的一个月前，即 1979 年的 6 月，第五届全国人民代表大会第二次会议期间，万里专门向邓小平汇报，安徽农村一些地方已经搞起包产到户，但有人反对，邓小平发表意见说："不要争论，你就这么干下去就行了，就实事求是干下去。"在登黄山期间，万里利用一路陪同的机会，向邓小平详细介绍安徽省经济困难的严峻状况，并再次汇报省内部分农村地区实行包产到户、包干到户的情况。对此，邓小平并没有正面表态，但他在座谈会上鼓励安徽省委"要解放思想，开动机器，广开门路，增加收入"，而且谈到了河南产棉区一个大队包产到户提高收入的典型实例，邓小平说："看来，一搞责任制，群众的劲头就来了，他就千方百计地要搞好生产。"听邓小平这么说，万里心里有了底。多年后他回忆此事时说："我和小平同志达成了默契。"

此后，安徽、四川乃至全国的农村改革实践都在发展，但到 1980 年，相关的激烈争论仍在持续，在进与退的紧要关头，这年 5 月 31 日，邓小平明确表态："农村政策放宽以后，一些适宜搞包产到户的地方搞了包产到户，效果很好，变化很快。""'凤阳花鼓'中唱的那个凤阳县，绝大多数生产队搞了大包干，也是一年翻身，改变面貌。有的同志担心，这样搞会不会影响集体经济。我看这种担心是不必要的。""现在农村工作中的主要问题还是思想不够解放。"这对"大包干"上社会主义的户口发挥了关键作用。

争论与阻力并未就此消失。9 月，中央召开各省区市第一书记座谈会，只有安徽、贵州、辽宁 3 省负责人表态同意包干到户。也在这个月，中央印发的《关于进一步加强和完善农业生产责任制的几个问题》提出："在生产队领导下实行的包产到户是依存于社会主义经济，而不会脱离社会主义轨道的，没有什么复辟资本主义的危险。"11 月，《人民日报》发表《阳关道与独木桥》，实质是为"包产到户""包干到户"正名，引起很大反响。1982 年 1 月 1 日农村工作第一个中央 1 号文件指出，目前实行的各种责任制，包括小段包工定额计酬，专业承包联产计酬，联产到劳，包产到户、到组，包干到户、到组等等，都是社会主义集体经济的生产责任制，实际是第一次正式肯定大包干的社会主义性质。1983 年中央 1 号文件又进一步明确联产承包责任制"是在党的领导下，我国农民的伟大创造"。此后一直到 1986 年，中央连续发出关于农村工作的 1 号文件，并于 1984 年首次提出"土地承包经营权 15 年不变"，争论才渐趋缓和。对这样的过程，邓小平一方面积极推动改革，另一方面保持高度的耐心，他认为："我们的政策就是允许看。允许看，比强制好得多。我们推行三中全会以来的路线、方针、政策，不搞强迫，不搞运动，愿意干就干，干多少是多少，这样慢慢就跟上来了。不搞争论，是我的一个发明。不争论，是为了争取时间干。一争论就复杂了，把时间都争掉了，什么也干不成。不争论，大胆地试，大胆地闯。农村改革是如此，城市改革也应如此。"我国农村改革没有搞"一刀切"，而是尊重人民群众的选择，在推进过程中因地制宜，允许多种形式责任制并存。

到 20 世纪 80 年代中期，"联产承包责任制和农户家庭经营长期不变"最终确定，"突破"得以完成。此时，第一阶段农村改革的成效已经非常显著。除了数亿农民实现温饱，农业生产、社会供给显著提高，还为 1984 年开始的以城市为中心的全面经济体制改革提供了坚实的物质基础、人力资源、精神动力和宝贵经验。1984 年 10 月 1 日，国庆 35 周年的盛大庆典在北京举行。群众游行方阵打出了一块醒目的标语——"联产承包好",表明了人民群众对政策的拥护。当时看到这个情景,邓小平向身旁观礼的西哈努克亲王介绍:"这是我们的农业队伍。"西哈努克由衷称赞:"中国的农业搞得好,是因为阁下领导和中国的政策好。"邓小平说:"标语上写得很清楚,是因为政策好。"

4. 小康目标

1979 年,中国的改革开放事业处于起步阶段,许多关于社会主义的重大问题此时还没有结论,中国特色社会主义道路尚在探索之中。但是,邓小平十分清楚要抓哪些重点工作。11 月 2 日,中央在北京召开党、政、军机关副部长以上干部会议,他在会上作题为《高级干部要带头发扬党的艰苦朴素、密切联系群众的优良传统》的报告,严厉地批评了干部特别是某些高级干部存在的特殊化现象,起到了振聋发聩的效果。紧接着,12 月 6 日,邓小平在会见日本首相大平正芳时,提出对中国和世界产生深远影响的小康目标。

邓小平关于中国现代化目标的思考,借鉴了日本现代化的经验。第二次世界大战结束以后,日本为侵略战争付出惨重代价,国家被美国占领,城市、工厂被炸成一片废墟,战争债务和赔款让财政捉襟见肘。然而,就是这样一个基础薄弱、资源缺乏的国家,从 1955 年开始,在"经济现代化"的口号下,实现了长达 20 年的高速经济增长,1968 年成为世界第二经济大国,创造了现代化的奇迹。1960 年池田勇人内阁提出"国民收入倍增计划",用 10 年增加国民收入一倍的目标,吸引人们从政治纷争转入经济建设,极大地促进了现代化进程。当时的日本内阁官房长官大平正芳,是大政方针的实际制定者之一。他负责拟订以倍增计划为基础的池田内阁新政策体系,将池田的设想具体化,在日本现代化中扮演了重要角色。邓小平与大平正芳有过 3 次会面，他盛赞大平是日本屈指可数的可以信赖的政治家。1978 年 10 月邓小平访日时，就特意拜会了时任自民党干事长的大平正芳，并对他说："一九七二年阁下和田中前首相一起访华，实现中日邦交正常化，为发展中日关系开辟了道路。签订了《中日和平友好条约》，我们要感谢福田首相的决断，同样也要感谢田中前首相和大平前外相。"1979 年 2 月，邓小平访美归程，大平已担任日本首相，邓小平又专程到日本与他见面。1979 年 12 月 6 日，大平正芳以日本首相身份访华，邓小平再次会见了他。这次两位老朋友重逢，非常亲热。

此时，中国的现代化雄心，也引起了日本的极大关注。中国能用二十来年时间赶上日本？人们的普遍反应是不相信。这种心情也直接影响着日本对中国投资和开展合作的信心。作为亲历日本现代化的行家，大平正芳对中国 23 年实现"四个现代化"也不相信。因此谈话一开始，他就向邓小平提出了两个日本国内议论较多的问题："中国根据自己独自的立场提出了宏伟的现代化规划，要把中国建设成伟大的社会主义国家。中国将来会是什么样？整个现代化的蓝图是如何构思的？"大平正芳问这些问题，也是有特殊含义的。他知道中国当时的状况，说用 20 多年的时间就能达到世界强国的水平，这个目标显然是不切实际的。如果邓小平的回答空而无物，他也要重新评估与中国合作的风险。

面对这个问题，邓小平略作思考，回答道："我们要实现的四个现代化，是中国式的四个现代化。我们的四个现代化的概念，不是像你们那样的现代化的概念，而是'小康之家'。到本世纪末，中国的四个现代化即使达到了某种目标，我们的国民生产总值人均水平也还是很低的。要达到第三世界中比较富裕一点的国家的水平，比如国民生产总值人均 1000 美元，也还得付出很大的努力。就算达到那样的水平，同西方来比，也还是落后的。所以，我只能说，中国到那时也还是一个小康的状态。"

邓小平的这一突如其来的重要表述令当时担任翻译的王效贤非常为难，她说："当时给我愣住了，小康社会我没想过啊，我也没听过这词儿，怎么翻呢？我翻不出来。"还好她的反应很快："日本和中国有个方便的地方，因为小康都是中国字嘛，我用日文一念，念过去了，念过去，我就看着大平他能不能听懂，他会不会，皱眉头听不懂。我一看他笑了，他听懂了。因为，日本也有小康这词。什么叫小康呢？就是人病重康复期间，叫小康状态。"邓小平说明了，中国 20 世纪末的现代化，只是达到不穷不富的生活状态，远达不到强国水平，与日本相比还差得远。另一方面，邓小平开始勾画出中国式现代化的明确目标，那就是人均国民生产总值翻两番，从 250 美元达到 1000 美元，人民生活达到小康。

大平正芳听懂了"小康"一词，他对邓小平说，祝您和中国人民早日小康。大平正芳在这次访华半年后不幸辞世。邓小平前往日本驻中国使馆吊唁，并在留言簿上题词："大平先生是一个卓越的政治家，他为发展中日两国关系，作出了重要的贡献，我们永远铭记着他。"他还对日本外相伊东正义表示："大平先生的去世，使中国失掉了一位很好的朋友，对我个人来说，也是失掉了一位很好的朋友，感到非常惋惜。尽管他去世了，中国人民还会记住他的名字。"后来，邓小平在会见日本客人时曾多次提到，小康是大平正芳首相考我以后，我才想出来的一个词。1988 年 8 月 26 日，邓小平会见日本首相竹下登，在回顾提出小康目标的过程时说："提到这件事，我怀念大平先生。我们提出在本世纪内翻两番，是在他的启发下确定的。"2018 年 12 月 18 日，在庆祝改革开放 40 周年大会上，党中央、国务院向 10 位国际友人颁授中国改革友谊奖章，其中也包括大平正芳，他被称赞为"推动中日邦交正常化、支持中国改革开放的政治家"。

大平首相的启发、世界先进水平的激励是一个方面，但立足于中国的实际情况，邓小平关于小康社会的思考时间跨度很长，经历了艰辛的探索过程。

小康目标虽然是一个"目标定低了"的"中国式的现代化"目标，但是，要真正实现还是困难重重。据20世纪80年代初有关部门的估计，中国要在20世纪末达到人均1000美元，大约每年需要8%～10%的增长率。而当时在制定长期规划时，确定第六个五年计划（1981—1985）的年均增长率为4%～5%。人均国民生产总值1000美元的具体标准究竟能不能达到？一向尊重实际的邓小平又做了深入的调查研究。1980年6、7月间，邓小平先后到陕西、四川、湖北、河南等地考察。7月22日，他在听取河南省委第一书记段君毅、第二书记胡立教的工作汇报后说："对如何实现小康，我作了一些调查，让江苏、广东、山东、湖北、东北三省等省份，一个省一个省算账。我对这件事最感兴趣。八亿人口能够达到小康水平，这就是一件很了不起的事情。""你们河南地处中原"，"河南是中州，是处于中等水平，也是个标准"。"'中原标准''中州标准'有一定的代表性。""河南能上去，其他一些省也应该能上去。"

经过实地调研和研究各种条件，邓小平感到人均1000美元难以达到，因此在1980年10月首次把1000美元调整为800～1000美元。他说："经过这一时期的摸索，看来达到一千美元也不容易，比如说八百、九百，就算八百，也算是一个小康生活了。"如果"到本世纪末人均国民生产总值达到一千美元"，"国民生产总值就要超过一万亿二千亿美元，因为到那时我们人口至少有十二亿"，我们"争取人均达到一千美元，最低达到八百美元"。

怎样实现最低 800 美元这个目标？邓小平做了精心的设计和规划。他提出："争取二十年翻两番"，"到本世纪末人均国民生产总值达到八百至一千美元，进入小康社会"。这个构想在 1981 年 11 月被写入五届人大四次会议通过的《政府工作报告》："力争用二十年的时间使工农业总产值翻两番，使人民的消费达到小康水平。到那时，我们国家的经济就可以从新的起点出发，比较快地达到经济比较发达国家的水平。"

1982 年 8 月，邓小平对美籍华人科学家邓昌黎、陈树柏、牛满江、葛守仁、聂华桐等人进一步解释说："我们提出二十年改变面貌，不是胡思乱想、海阔天空的变化，只是达到一个小康社会的变化，这是有把握的。小康是指国民生产总值达到一万亿美元，人均八百美元。社会主义制度收入分配是合理的，赤贫的现象可以消灭。到那时，国民收入的百分之一分配到科学教育事业，情况就会大不同于现在。""搞了一二年，看来小康目标能够实现。前十年打基础，后十年跑得快一点。"

1982 年 9 月，党的第十二次全国代表大会召开，邓小平在开幕词中鲜明地提出："把马克思主义的普遍真理同我国的具体实际结合起来，走自己的道路，建设有中国特色的社会主义。"党的十二大把在本世纪末实现小康目标的构想正式确定为今后 20 年中国经济发展的战略目标：从 1981 年到本世纪末的 20 年，力争使全国工农业的年总产值翻两番，即由 1980 年的 7100 亿元增加到 2000 年的 2.8 万亿元左右。

目标确立了，邓小平仍在思考这个目标究竟能不能按时实现。一个月后，他对国家计委负责人宋平说道："到本世纪末，二十年的奋斗目标定了，工农业总产值翻两番。靠不靠得住？十二大说靠得住。相信是靠得住的。但究竟靠不靠得住，还要看今后的工作。"为了确认这件事，1983 年 2 月，邓小平决定到经济发展较快的江苏、浙江、上海等地考察。

1983 年 2 月 6 日，一列从北京开来的专列缓缓驶入苏州站台，这是邓小平第二次来到这座千年古城。尽管春节还没到，但春天的气息已经悄然而至了。早在 24 年前，1959 年的春天，邓小平也曾经到苏州视察。与那一次苏州之行的轻松相比，这一次在 79 岁的邓小平心里，其实有着一个沉甸甸的思考。

中国有句古话，"上有天堂，下有苏杭"。唐代安史之乱后，中国的经济重心南移，苏州和杭州长期担纲中国经济最发达的地区。邓小平选择到这两个地方去看一看，如果这里都不能达到小康的话，那么就说明他提出的小康目标还是不切实际的，就还需要修改。

2 月 6 日下午，邓小平抵达苏州，下榻南园宾馆。第二天，年近八旬的他顾不上旅途劳顿，约见当时江苏省委、苏州地委和苏州市委的负责同志。邓小平心中迫切想知道的答案是：到 2000 年，江苏能不能实现翻两番？他了解到：1977 年至 1982 年 6 年间，江苏全省工农业总产值翻了一番。照这样的速度，不用 20 年就有把握实现"翻两番"的目标。第十届全国人大常委会副委员长、时任江苏省省长的顾秀莲回顾："当时听完了我们汇报以后，他（邓小平）非常高兴，说你们这个地方怎么发展得这么好呢"，"你们在这个基础上是不是能再翻一番啊？我们说能"。

邓小平听了很高兴，他又问苏州的同志：苏州有没有信心，有没有可能？时任苏州地委书记的戴心思，是一位在 1940 年就参加革命工作的南下老同志。作为党的十二大代表，其实对这个问题的答案早已胸有成竹。他回答道："我从北京回来之后，地委就开始讨论这个问题，全区上下都在讨论翻两番的问题。那个时间翻两番的问题已经是全国上下都在议论的中心，这是一个伟大的设想。"戴心思扳着手指头报了一组数字：1978 年苏州工农业总产值为 65.59 亿元，到 1982 年底，工农业总产值已经增加到 104.88 亿元了，按照这个速度，五六年时间就可以翻一番。恐怕不要到本世纪末，预计可能要提前 10 年或 8 年翻两番。

在苏州考察的这几天里，邓小平认真地看了苏州方面准备的 16 份典型材料，实地考察中既看了城市面貌，又看了农村现状，发现农村的房子开始盖成两层楼，老百姓显然比原来富裕多了。沉默寡言的他，因为心中问题有了肯定的答案而感到由衷高兴。

虎丘塔，苏州著名的历史景观和文化坐标，比意大利比萨斜塔早建 200 多年，人称"中国的比萨斜塔"。2 月 9 日上午，来自全国各地的游客在千年虎丘塔下游览，邓小平也在其中一起欣赏美景。不过，他仍没有忘了提问。戴心思回忆："他（邓小平）说我问你啊，你们现在经济发展达到什么样的水平？我说按照美元和人民币的折算大概接近 800 美元了。他说 800 美元了，不就是小康吗？我理解他这个小康，就是农村的富裕中农的水平。"这一年苏州工农业总产值人均 1300 多元，按当时的比价已接近人均 800 美元。

于是，邓小平又开始反复询问：人均 800 美元，达到这样的水平，社会是什么面貌？回北京后，邓小平揭晓了他得到的答案："现在，苏州市工农业总产值人均接近八百美元。我问江苏的同志，达到这样的水平，社会上是一个什么面貌？发展前景是什么样子？他们说，在这样的水平上，下面这些问题都解决了：第一，人民的吃穿用问题解决了，基本生活有了保障；第二，住房问题解决了，人均达到二十平方米，因为土地不足，向空中发展，小城镇和农村盖二三层楼房的已经不少；第三，就业问题解决了，城镇基本上没有待业劳动者了；第四，人不再外流了，农村的人总想往大城市跑的情况已经改变；第五，中小学教育普及了，教育、文化、体育和其他公共福利事业有能力自己安排了；第六，人们的精神面貌变化了，犯罪行为大大减少。"

他认为："这几条就了不起呀！""真正到了小康的时候，人的精神面貌就不同了。物质是基础，人民的物质生活好起来，文化水平提高了，精神面貌会有大变化。""当然我们总还要做教育工作，人的工作，那是永远不能少的。但经济发展是个基础，在这个基础上工作就好做了。"后来的发展实践为邓小平心中的这本大账做了最好的注解：苏州实现工农业总产值"翻两番"的目标整整提前了12年。

不仅是苏州，邓小平在杭州也了解到：1980年浙江工农业总产值人均330美元，预计1990年可以达到人均660美元，到2000年达到1300多美元，通过努力，可以翻三番。邓小平特别提出，到2000年，江苏、浙江应该多翻一点，拉一拉青海、甘肃、宁夏这些基础落后的省，以保证达到全国翻两番的目标。

江、浙、沪之行使邓小平对实现"翻两番"的"小康"目标充满了信心。他喜气洋洋地告诉大家，"占世界人口四分之一的中国在本世纪末摆脱贫困落后的状态，建成一个小康社会"，"这个目标不会落空"，"翻两番肯定能够实现"。他根据最新实践提出"小康社会"的6条新标准，不只是经济方面，而是包括政治、教育、文化和社会、法制等各个方面；不仅描述了经济发展和人民生活的小康水平，还描述了整个社会发展的小康水平，从而设计出一个经济社会协调、全面发展的新的社会发展目标。至此，"小康社会"理论初步形成。

1984年10月，邓小平在中央顾问委员会第三次全体会议上阐释道："翻两番的意义很大。这意味着到本世纪末，年国民生产总值达到一万亿美元。从总量说，就居于世界前列了。这一万亿美元，反映到人民生活上，我们就叫小康水平；反映到国力上，就是较强的国家。因为到那时，如果拿国民生产总值的百分之一来搞国防，就是一百亿，要改善一点装备容易得很。""如果用于科学教育，就可以开办好多大学，普及教育也就可以用更多的力量来办了。智力投资应该绝不止百分之一。""那时会是个什么样的政治局面？我看真正的安定团结是肯定的。国家的力量真正是强大起来了，中国在国际上的影响也会大大不同了。"

"小康社会"使小康由单一的经济目标，拓展到政治、教育、文化、社会、法制等各个方面，成为指导社会全面发展的综合目标，并且已经开始取得实效，实现了理论和实践双重意义上的重要完善。"人民生活，到本世纪达到小康水平，比现在要好得多。""奔小康"的清晰追求，引领全国人民改天换地，将小康的理想变成现实的生活。根据全面改革后的经济发展形势，到 1985 年 10 月，邓小平预见：20 世纪末人均国民生产总值 800 美元小康水平的"目标肯定能实现，还会超过一点"。后来的故事，我们已经知道了。20 世纪末，我国"人民生活总体上达到了小康水平"；2020 年，我国即将全面建成小康社会，实现第一个百年奋斗目标。在邓小平的引领下，围绕小康制定的正确发展战略与实践完美结合，从而产生了质的飞跃，诞生了小康中国的奇迹。经过 40 多年的时间，在中国共产党的正确领导下，全国各族人民通过艰苦的劳动，小康由理论转化为广泛深刻的社会实践，并最终成为活生生的社会现实。

第八章　在全面改革的关头：蹄疾步稳

眼前是一列火车。

乘上这列火车，就要离开北京，前往深圳。

这天，是 1984 年 1 月 22 日。

1. 视察特区

在 1979 年 4 月中央工作会议期间邓小平对习仲勋等人提出"杀出一条血路来"后，依据这次会议形成的文件，深圳、珠海、汕头、厦门这 4 个地方有了"出口特区"的新名字。会后，中央和国务院一方面责成广东、福建两省进一步组织论证，提出设立出口特区的具体实施方案报中央审定；另一方面，委托谷牧带领国务院有关部门负责人前往两省进行实地考察。经过考察和论证，在谷牧的帮助下，两省省委分别于 6 月 6 日和 9 日向中央呈送报告，提出兴办出口特区的具体设想。7 月 15 日，中央和国务院批转两省报告，并指出："关于出口特区，可先在深圳、珠海两市试办，待取得经验后，再考虑在汕头、厦门设置的问题。""对两省采取对外经济活动的特殊政策和灵活措施，是一项新的工作，各方面都缺乏经验，特别是对外经济活动方面，我们很多东西还不懂。省委和各级党委要加强领导，加强调查研究，善于学习，在思想和工作作风上都要有很大的转变。"这个文件于 7 月 20 日正式发出，全名为《中共中央、国务院批转广东省委、福建省委关于对外经济活动实行特殊政策和灵活措施的两个报告》，也就是著名的"50号文件"。

此时，在中央文件的正式行文中，依然只有"出口特区"，还没有"经济特区"。建立"出口特区"，是中国新时期确立改革开放政策后采取的一项重大举措，是全方位实行对外开放的突破口。同时，又是一项各方面都缺乏经验的新事物，涉及面广、政治性强，党内外有不少人不理解，甚至反对，还有一些原有的体制弊端作祟，产生阻碍，国外投资者也有种种疑虑。

比如，最早开建的蛇口工业区，就遭遇了不少"卡脖子"的现象。比较典型的是在工业区外修的一条7公里长的专用公路，即将竣工时，施工部门却偏偏在距工业区入口200米处留下了一段"断头路"，严重影响交通。时任国家进出口委副主任的江泽民曾在蛇口实地考察后总结道："蛇口工业区建设速度快、有章法、效果好。"同时，"我们在四化建设中确实碰到许多问题。我认为有些是认识问题，因为特区是个新事物，而我们长期闭关自守（也有外国长期对我封锁的影响），对国外新情况缺乏了解，因此，想的，做的，常常是老框框，这些认识问题，我认识是可以原谅和可以说服的；但也有属于封建主义甚至是封建割据的问题，有些单位大权在手，不照他们的旧框框办，怎样说他都不同意，对这种封建割据，则要做必要的斗争"。

这种阻力也体现在关于"特区"名称的争论上，据国务院原副总理田纪云回忆："经济特区，如果没有邓小平的支持，这个特区是搞不起来的。那时候简直对这个搞特区，那就是引狼入室了，那就是搞资本主义试验了。所以小平同志说'陕甘宁就是特区嘛，你们试一试吧，杀出一条血路嘛。'那么反对建特区的同志就说：'他们不懂，陕甘宁那是政治特区，不是经济特区。'广东同志脑子反应快，'就叫经济特区好'。这个就反馈到北京，小平一听，就叫经济特区。"

田纪云说的"脑子反应快"，其实包含了思想认识的重要发展。深圳试办出口特区，很快取得了显著成效，促使大家更加深入地认识到：出口特区利用外资，引进先进的生产技术，不仅发挥了出口创汇的作用，也不仅仅是振兴本地经济，更重要的是承担着改革开放"试验田"的重任，既要成为全国经济发展的范本，不断向内地传导先进的生产技术和管理经验，同时还要抵御国外的消极影响，保持政治上的稳定，确保中国社会主义的性质决不改变。

因此，1979 年 10 月 31 日在广东召开的出口特区工作座谈会上，有人提出把"出口特区"改为"经济特区"。大家认为，"经济特区"更加符合中央成立特区的初衷。1980 年 3 月 24 日至 30 日，中共中央、国务院委托谷牧在广州召开广东、福建两省会议，了解中央 50 号文件的贯彻情况，进一步研究落实两省如何实行特殊政策和灵活措施，办好 4 个特区。谷牧吸取各方面的意见，最终确定将"出口特区"改为内涵更丰富的"经济特区"，并写进会议形成的《广东、福建两省工作会议纪要》。5 月 16 日，中共中央以中发〔1980〕41 号文件批转了这一纪要，"经济特区"的名称正式写入中央文件。纪要还指出："特区主要是实行市场调节"，"主要是吸收侨资、外资进行建设"。

8 月 26 日，五届全国人大常委会第十五次会议正式决定，批准国务院提出的在广东省的深圳、珠海、汕头和福建省的厦门设置经济特区，并批准《广东省经济特区条例》，"经济特区"以立法的形式完成最终确定。条例的起草工作由中央委托给广东，从 1979 年 8 月开始，前后草拟了 13 稿，1980 年 4 月 14 日提请广东省人大常委会审议。本来，条例作为一个地方性法规，广东省人大通过就已经立法。但是，办经济特区不是广东一省的事。最终，由全国人大常委会审议通过，圆满完成了这项重要立法。深圳经济特区由此正式诞生，并且成为当时世界上最大的经济特区。

纵观中国经济特区产生的完整历程，深圳是"试验田"中的"试验田"，从酝酿、批准、筹备、开工建设到取得成效，都是最早的。在整个决策过程中，深圳作为先行者、领头羊的角色也是始终明确的。在五届全国人大常委第十五次会议上，1980 年 8 月 21日，江泽民受国务院委托对设置经济特区和《广东省经济特区条例》作说明，他明确指出："去年七月即着手筹备在广东省深圳、珠海、汕头和福建省厦门划出一定区域，设置经济特区。先开始在深圳筹建。""经济特区建设的实施步骤"，"准备首先集中力量把深圳经济特区建设好，其次是珠海、厦门、汕头经济特区"。中国第一个经济特区的选定，是深圳的天然优势与邓小平等无数改革者的共同努力相结合的历史结果。

然而，跳出现有的框架，必然同现行的机制相矛盾，那就需要去闯了。经济特区的创办虽然已经大刀阔斧地开展起来，但在如何看待特区性质等一些重大问题上，认识却很难迅速统一。最初几年，特区创业步履维艰。原厦门经济特区管理委员会主任、厦门市原市长邹尔均说："当时从北京发来一本小册子叫租界的由来，似乎你引进外资就是变成殖民地，就是卖国主义，这个问题就很严重了。"时任广东省委书记（当时设有第一书记）的梁灵光也谈道："以为广东人搞改革开放，就是搞走私啊搞投机倒把。所以很有意思的，我们广东那批人坐火车，火车站的人就有通知，说广东的人站队站在一边等着，看看是不是投机倒把。"还有原厦门经济特区管理委员会副主任、厦门市原副市长江平也感觉到："我们一边搞特区建设，一边我们身上压力非常大，资本主义的帽子戴在空中不知道什么时候会掉下来。"

对于这些不同看法，邓小平和党中央给予极大的关注和耐心。1980 年 10 月，任仲夷调赴广东工作。据他回忆，上任前邓小平专门与他谈话，要求"对于搞特区，你们要摸出规律，搞出个样子来"。针对 12 月中央工作会议上出现的"特区就是租界"的议论，邓小平坚定地表示："在广东、福建两省设置几个经济特区的决定，要继续实行下去。但步骤和办法要服从于调整，步子可以走慢一点。"

正是在这样的背景下，1984 年的春天，邓小平决定亲自到南方去，仔细视察深圳、珠海和厦门经济特区，他说："办经济特区是我倡议的，中央定的，是不是能够成功，我要来看一看。"

1 月 22 日出发，邓小平乘坐的列车于 24 日中午抵达深圳火车站。稍事休息，下午 3 点 30 分，邓小平等人在迎宾馆二楼会议室听取深圳市委工作汇报。在 40 分钟的汇报过程中，邓小平没有作表态性的讲话，但他常常微笑点头，并时有插话。当汇报到几年来深圳特区工农业产值、财政收入增长很快，1982 年工业产值为 3.6 亿元，1983 年达到 7.2 亿元时，邓小平说："那就是一年翻了一番喽！"

汇报结束后，一行人参观深圳市容。下午 4 点 40 分，邓小平登上罗湖商业区开业不久的国际商业大厦，来到 22 层高的顶楼天台，俯瞰建设中的罗湖新城区。呈现眼前的是正在建设中的 60 多幢高楼，吊机伸出长长的巨臂，一片繁忙的工地，纵横交错的宽阔马路，车流如梭，远处的深圳河从新城南面蜿蜒流向深圳湾，河那边可以看到香港新界落马洲的村落。这里有闻名全国的"深圳速度"，3 天盖一层楼。离开国际商业大厦后，一行人又去了笋岗路、怡景花园住宅区、深圳大学新校址等地。

视察途中，邓小平问："深圳特区建设速度这样快，是什么原因呢？"他得到的答案——特区的工程建设主要抓了三个问题：一是设计搞评比，择优录用，保证了设计的质量和出图时间；二是施工采用招标，保证了施工质量、速度和合理的造价；三是工程承包，中标单位的内部对各项工程也实行层层承包的办法，按工程工期、质量的要求，完成的奖，完不成的罚。用经济手段管理施工，职责分明，奖罚分明，破了"铁饭碗"，不吃"大锅饭"，所以施工的速度就快。

1月25日上午，邓小平来到中国航空技术进出口公司深圳工贸中心，他参观车间设备听说到生产软件比生产硬件赚钱时，邓小平说："软件占百分之八十，硬件占百分之二十，这就要靠脑子。杨振宁说美国都是十六七岁的娃娃搞软件，好多尖端技术都是娃娃搞出来的。连银行发了多少票子，他们都能算出来。搞软件，我们有条件，中国有一大批好的娃娃。现在不少下象棋、围棋的都是娃娃。我们有一大批这样的娃娃。"2月16日，他在上海进一步指出："计算机的普及要从娃娃做起。"

1月25日下午，邓小平到深圳河畔视察富甲全省农村的渔民村。这里的村民60年代前靠出海打鱼为生，住的是茅棚，吃不饱穿不暖，生活十分贫困，公社化后也没有什么变化，没有资金买机械渔船，近海的鱼越来越少，收入越来越差。经济特区建立后，改革开放的富民政策使渔民村最先得益，村民利用与香港新界只有一河之隔的优越条件，同港商合作搞来料加工，兴办工厂，开办餐厅、商店和其他服务业，还购买了10多辆泥头车搞土石方运输。近年渔民村集体统筹建房，每户建一幢2层6房2厅小楼，资金由集体负担1/3，剩下2/3由集体先垫付，村民分期还款，不到2年大家都还清了。1984年全村人均收入达到2300元。村党支部书记吴伯森说："真是连做梦都没有想到我们这些穷苦的渔民，能过上今天的幸福生活。现在村民都说，翻身不忘共产党，致富不忘邓小平，感谢邓伯伯的好政策。"邓小平纠正道："应当感谢党中央。"

告别渔民村时，邓小平沉思道："全国农村要达到渔民村这个水平恐怕要一百年。"陪同人员表示用不了那么长时间，邓小平却坚持说："我们国家大，情况复杂，至少要到本世纪末，还要再努力奋斗五十年时间。"接着，邓小平一行视察上步工业区。看到沿途附近光秃秃的山头，邓小平回头对陪同人员说："好多山头不种树，绿化很差，一定要大搞绿化。我们经过韶关时，看到那里的山头也都是这样。荒山、水域，这些都是潜力很大的发展生产的广阔天地。"

在深圳的几天里，邓小平都像这样一路走一路看，却始终没有表态。不过，1 月 28 日这天上午，他登上中山市罗三妹山。下山的时候，工作人员请他走原路，说比较好走。邓小平却说："我从来不走回头路。"正是这种"不走回头路"的精神，激励着特区建设事业在风雨历程中不断披荆斩棘，勇往直前。28 日晚上，邓小平在温泉宾馆会见了港澳知名人士霍英东、马万祺以及澳门南光公司总经理柯正平等人，邓小平在这时说道："办特区是我倡议的，不晓得成功不成功。看来路子走对了。"霍英东、马万祺都认为试办特区是成功的，邓小平听了很高兴。这是邓小平首次表达这次特区视察的感受。

当视察完毕，邓小平已胸有成竹，2 月 1 日，他在广州挥毫题词："深圳的发展和经验证明，我们建立经济特区的政策是正确的。"并将落款日期专门写为离开深圳的 1 月 26 日。邓小平对举办经济特区的充分肯定给"经济特区该不该办"的争议画上了句号。

这趟南方之行后邓小平还有一个开创性的结论，这就是："我们还要开发海南岛，如果能把海南岛的经济迅速发展起来，那就是很大的胜利。"党中央决策，1988 年 4 月，七届全国人大一次会议正式批准设立海南省，划定海南岛为经济特区。

多年来，深圳、珠海、汕头、厦门、海南5个经济特区不辱使命，谱写了勇立潮头、开拓进取的壮丽篇章，在体制改革中发挥了"试验田"作用，在对外开放中发挥了重要"窗口"作用。更重要的是，经济特区与农业改革一起，象征着勇于创新的改革精神。

2. 全面改革

1984年，农村的形势尤其令人欣喜，由于连年丰收，公私粮仓爆满，1984年甚至出现粮食的"仓容危机"。据统计，这一年全国工农业总产值突破1万亿元，粮食产量突破4亿吨大关，城乡人均收入增幅都在10%以上。大好形势面前，举国上下洋溢着对改革的乐观气氛。这年的10月1日上午10点，庆祝中华人民共和国成立35周年大会和阅兵式在北京天安门广场隆重举行。邓小平首先在阅兵总指挥秦基伟陪同下检阅三军部队，随后在天安门城楼发表讲话，他指出："三十五年来，我国不但完全结束了旧时代的黑暗历史，建立了社会主义社会，也改变了人类历史的进程。特别是中国共产党第十一届三中全会以来，由于彻底纠正了'四人帮'反革命集团的倒行逆施，恢复和发展了毛泽东同志的实事求是的思想路线，陆续实行了一系列适合新情况的重大政策，全国的面貌更是焕然一新。"当前的主要任务，是要对妨碍我们前进的现行经济体制，进行有系统的改革。同时，要对全国现有的企业，进行有计划的技术改造。要大大加强科学技术研究工作，大大加强各级教育工作，以及全体职工和干部的教育工作。全党和全社会都要真正尊重知识，真正发挥知识分子的作用。这样，我们就一定会逐步实现现代化。讲话还重申了我国的对外政策和统一祖国的决心。

军队分列式后开始的群众游行中，一些北京大学的学生自发打出"小平您好"的横幅。这个画面在电视屏幕上闪动了几秒钟，却在中华大地乃至全世界引起强烈反响。一位观礼的外国友人表示：我荣幸地出席了贵国的国庆大典，北大学生打出的"小平您好"给我留下了极深的印象，这一举动在几年前的中国是不可能的，它体现了群众和领袖之间坦率和朋友般的关系，是个人感情的自然流露，表现了人民对邓先生的信任和对开放政策的拥护，说明了中国正从"四人帮"时的非民主向民主的方向健康前进。而制作横幅的几位北大学生后来说："我们不像人家赞誉那么高，我们写这幅标语首先是出于真诚，一种对党和国家领导人，特别是邓小平同志由衷的祝愿。我们知道，是他和党一起，率领十亿人民担起振兴中华的大业。我们都是中国的普通百姓，如果不是中国政治制度的这种变革，我们是不可能跨入学校大门的。另外，党的政策在农村及全国各地实现、开花、结果，的确激起了我们的各种感激之情。我们反对个人迷信，也反对过誉的吹捧，同时，我们又站在同志及晚辈的立场上，肯定我们领袖的功绩，赞美为民族的复兴建立奇勋的小平同志。"

在初步改革带来的空前繁荣中，邓小平适时地引领中国走上了全面改革的征途。我国在 20 世纪 80 年代中期展开的全面改革，以城市经济体制改革为中心，是包含政治、经济、军事、外交、科技和教育等领域的体制改革的宏大系统工程。其中，政治体制改革以邓小平 1980 年 8 月发表的《党和国家领导制度的改革》为纲领，经济体制改革以 1984 年 10 月通过的《中共中央关于经济体制改革的决定》为总领；1984 年 10 月召开的中央军委座谈会和 1985 年 3 月通过的《军队改革体制精简整编方案》指导着军队体制改革；1985 年 6 月 4 日邓小平在军委扩大会议上的讲话，则标志着对国际形势的判断和对外政策上的两个重要转变；基础性的科技体制与教育体制的改革，也是全面改革的重要组成部分。全面改革如火如荼，广泛而深刻地改变着中国的面貌。

历史紧要关头的邓小平

1984 年 10 月 20 日，党的十二届三中全会通过《中共中央关于经济体制改革的决定》，其中指出：加快以城市为重点的整个经济体制改革的步伐，是当前我国形势发展的迫切需要。改革的基本任务是建立起具有中国特色的充满生机和活力的社会主义经济体制。《决定》还指出：改革计划体制，首先要突破把计划经济和商品经济对立起来的传统观念，明确认识社会主义计划经济必须自觉依据和运用价值规律，是在公有制基础上的有计划的商品经济。商品经济的充分发展，是社会经济发展的不可逾越的阶段，是实现我国经济现代化的必要条件。邓小平在决定通过后发言提出："这个决定，是马克思主义的基本原理和中国社会主义实践相结合的政治经济学。我有这么一个评价。但是要到五年之后才能够讲这个话，证明它正确。"

两天后的上午，邓小平在中共中央顾问委员会第三次全体会议上再次讲话指出："我们要向世界说明，我们现在制定的这些方针、政策、战略，谁也变不了。因为实践证明现在的政策是正确的，是行之有效的。"他还说：这次经济体制改革的文件好，就是解释了什么是社会主义，有些是我们老祖宗没有说过的话，有些新话。我看讲清楚了。过去我们不可能写出这样的文件，没有前几年的实践不可能写出这样的文件，写出来，也很不容易通过，会被看作"异端"。我们用自己的实践回答了新情况下出现的一些新问题。

作为经验丰富的政治家，邓小平也深知在中国这样一个大国，进行这样大规模全领域系统性的全面改革，任务艰巨、情况复杂。面对规模空前的全面改革，社会各界的心态，除了抱有极大的期待，也持有一些疑虑。从社会现象上来看，一方面决定的通过进一步推动社会经济的高速发展，另一方面 10 月中旬就发生了改革开放以来的第一次"抢购风潮"，1984 年第四季度的零售总额为 944 亿元，比 1983 年同期上涨 28.8%，社会经济中存在一些不健康的因素。对于这些现象，邓小平心中有数，确认其不会影响大局，但如何积极稳妥地推进全面改革，却是一个大问题。

11 月，邓小平先后会见意大利共产党领导机构成员、书记处书记贾恩卡洛·巴叶塔、挪威首相科勒·维洛克等外国客人。在谈话中，他全面地阐述了在当前形势下，启动全面改革的方针，其中既包括坚定的信心，也有冷静的判断。邓小平指出："我们是胆大的，但不是妄为的。""关于经济体制改革，这实际上是一场革命。它是不是正确？归根到底是看生产力能不能得到发展，人民的生活能不能得到提高。只要这条得到证实，谁也不能说我们关于经济体制改革的决定是胡思乱想。""城市经济体制的改革有不少问题，首要的问题是物价问题。我们党关于经济体制改革的决定颁布后，市场上曾出现抢购物品的现象。这不怕，我们早就意识到这一点。由于前几年搞得好，物资丰富，所以我们不怕。现在抢购情况已经少了。在改革过程中还会出现其他问题。我们要踏踏实实、兢兢业业地干，走一步看一步，走一步就总结一步的经验，不妥当的就改。这样做就不会出大问题，犯大错误。至于小问题、小错误，那是不可避免的、正常的。我们相信，我们的经济改革是会成功的。"

邓小平为什么有这样的信心？因为全面改革是在初步改革的牢固基础上进行的。邓小平说明："我们五年前确定改革从农村开始。我们叫改革，实际也是一场革命，是一场解放生产力的革命。""农村改革，我们搞联产责任制，允许农民有更多的经营管理权，使农民有积极性搞多种经营。这个决定一下去，百分之八十的农民积极性大大提高，见效非常快。因为在这三年的时间里，有的农村一年翻了身，有的两年翻身，摆脱了贫困状态。我们制定了到本世纪末人均国民生产总值翻两番的战略目标，翻两番在城市说来是不困难的，但对占百分之八十人口的农村来说就是很大一个问题了。这就是我们决定改革首先从农村开始的根据，果然，三年就见效。农村改革见效鼓舞了我们，说明我们的路子走对了，使我们对进行全面改革增加了信心，也给我们进行全面改革创造了条件，提出了新的要求。"

当然，全面改革的困难和风险与初步改革还是有很大不同，邓小平对此有清醒的认识："城市经济改革，实际上是对整个经济体制的全面改革。我们意识到，城市改革的问题要比农村复杂得多，而且搞不好容易出乱子。我们要在改革中走一步，看一步；走一步，总结一步经验。走的当中发现某一点有问题，不对，我们就改，不是方针政策改，而是在具体措施方面协调一下。这是一个大胆的行动，在大胆的行动中要采取谨慎步伐。"

在领导整个全面改革的过程中，邓小平始终一贯地坚持"胆子要大，步子要稳"的指导方针。1985 年 3 月 28 日，他在会见日本自由民主党副总裁二阶堂进时指出："现在我们正在做的改革这件事是够大胆的。但是，如果我们不这样做，前进就困难了。改革是中国的第二次革命。这是一件很重要的必须做的事，尽管是有风险的事。六届人大三次会议的政府工作报告指出了我们已经遇到的一些风险。我们在确定做这件事的时候，就意识到会有这样的风险。我们的方针是，胆子要大，步子要稳，走一步，看一步。我们的政策是坚定不移的，不会动摇的，一直要干下去，重要的是走一段就要总结经验。因为改革涉及人民的切身利害问题，每一步都会影响成亿的人。改革能否成功，再过几年就能看清了。农村的改革三年见效，包括城市、农村在内的全面改革更复杂了，我们设想要五年见效。这中间一定还会犯错误，还会出问题。关键是要善于总结经验，哪一步走得不妥当，就赶快改。最近出现的一些问题没有什么了不起，国际上有人把它看得比较严重，我们自己心里是踏实的。"这是邓小平第一次在正式场合提出"胆子要大，步子要稳"。此后，他不断强调，使之成为全面改革顺利开展的护身符。

根据邓小平多次谈话的精神，中央确定了1985年作为全面改革起步之年的指导方针——"慎重初战，务求必胜"。具体来说，就是中央负责同志在当年新年茶话会上提出的："在进行这场非常深刻的、关系到我们国家四化前途的重大改革，一方面我们对改革的方向、改革的决心要坚定不移，要有必胜的信心，不要为了出现那么一点小的波折，或者一些小的乱子而动摇；另一方面，就是我们改革的步骤、改革的方法一定要谨慎从事，这就是邓小平主任最近不断讲的，要走一步看一步。总之，一定要搞好，不能也不允许发生大的曲折。"国家主席李先念在春节团拜会上的祝词中也说道："关于经济体制改革，特别是物价和工资的改革，直接关系到广大群众的切身利益，也关系到整个改革的成败。正因为如此，党中央和国务院一直采取高度负责的态度，慎重初战，务求必胜。"

在邓小平的推动下，1985年从年初开始，一系列对内放权搞活、对外开放的改革措施陆续出台。1月1日，中共中央、国务院发出1985年的中央1号文件——《关于进一步活跃农村经济的十项政策》，提出促进农村生产向商品经济转化的政策，核心是取消了实行30多年的农产品统购统销制度，代之以合同定购。对于这个文件，邓小平1984年12月30日在送审稿上批示："我看十条都好。"取消统购统销后，农民可以根据国家定购合同和市场需求自主安排生产。国家定购以外的农产品，允许农民上市自销。农村经济体制的变革，使生产力迅速提高，特别是商品生产得到全面发展，1985年农产品的商品率提高到64%。

全面改革在起步阶段的展开比较顺利，尤其是《关于经济体制改革的决定》中提出的几项关键性内容，都有明显推进。如决定提出"增强企业活力是经济体制改革的中心环节"，1985年2月5日，国务院召开全国经济工作会议，提出增强企业活力，特别是增强全民所有制大中型企业活力的10项具体措施。到1985年底，国营工业企业实行利改税的已占企业总数的81%，企业留利水平提高到占利润额的30%左右，加上折旧率的提高，经营管理自主权的扩大，使企业有了自我改造、自我发展的能力。企业间开始发展起横向经济联系，改变了条块分割的行政管理体制，1985年全国达成横向经济技术协作项目4万多个，超过前4年的总和。还有3000多个国营小型工业企业改变经营方式，实行承包或租赁，也增强了活力。同时，当年全国乡镇企业总数发展到1222.5万家，比1984年翻了一番；总产值达2728.4亿元，比1984年增长59.6%；职工人数达6979万人，增加1771万人；乡镇企业总产值已占农村社会总产值的44%，占全国社会总产值的16.8%。邓小平对此评价："农村改革中，我们完全没有预料到的最大的收获，就是乡镇企业发展起来了，突然冒出搞多种行业，搞商品经济，搞各种小型企业，异军突起。"

在对外开放方面，1985年1月4日邓小平约谷牧谈话，在谈到开放珠江三角洲和长江三角洲时他指出："沿海连成一片了，这很好。要再加上闽南三角洲。"2月18日，中共中央、国务院发出《批转长江、珠江三角洲和闽南厦漳泉三角地区座谈会纪要的通知》，宣布开放3个三角洲为沿海经济开发区，使中国对外开放形成了经济特区—沿海开放城市—沿海经济开发区的新格局。

全面改革把科技和教育体制改革纳入其中，并且作为主要方面，充分体现了邓小平的远见卓识。20世纪80年代中期，党和国家作出了把科学教育放到优先发展的战略地位，把经济发展纳入依靠科技进步轨道的重大决策。科技与教育事业的蓬勃发展，也是我国在80

年代后半段突飞猛进的重要原因。

邓小平说："教育是一个民族最根本的事业。"世界范围的竞争，在很大程度上表现为科学技术的竞争和民族素质的竞争。因此，谁掌握了教育，谁就能在未来的国际竞争中处于主动地位。但教育该怎么搞？邓小平首先将目光投向基础教育，带领国家建立了九年义务教育制度。

北京的景山学校，是专门进行城市中小学教学改革试验的学校。1983 年的 9 月 7 日，全校师生给邓小平写了一封信，请他为景山学校题词。据时任景山学校校长的贺鸿琛回忆，当年想到要请邓小平题词的原因有三个：一是邓小平重新出来工作以后，自告奋勇抓教育工作，特别重视中小学教育工作；二是邓小平一直关心和支持景山学校的教改试验；三是教改试验发展到一个新阶段的要求。

8 日，中央收到景山学校的信。9 日，邓小平展纸润笔，正式题词："教育要面向现代化，面向世界，面向未来。"第二天恰好是教师节，全国主要报纸都在第一版最显著位置刊登这一题词，引起热烈反响。此后，这句话被简称为"三个面向"，成为我国教育工作的指导方针。

对于一个国家和民族来说，具有基础性作用的，除了教育，还有科学。实现现代化，科学技术占有举足轻重的地位。

1982 年 10 月 24 日，也就是党的十二大后一个月，中央召开全国科学技术奖励大会并提出科技战略总方针："科学技术工作必须面向经济建设"，"经济建设必须依靠科学技术"。

当时的科技体制与计划经济体制一样，在集中力量突破重点科技问题、创造"两弹一星"等科技成就上曾发挥过重要作用，但是其弊端也非常明显：在运行机制方面，国家单纯依靠行政手段管理科技工作，包得过多，统得过死；在机构组织方面，旧的科技体制主要按照行政隶属关系设置科研机构，造成脱节和分割，科研成果转化为现实生产力的周期长、速度慢，科研项目重复率高、应用面窄，科研力量未能形成合理的纵深配置，未能最大限度地推进生产力的发展；在人事制度方面，由于受"左"的指导思想影响，脑力劳动得不到应有尊重，人才不能合理流动，难以最大限度发挥科技人员的主动性、积极性和创造性。

1984 年 10 月 22 日，邓小平在中央顾问委员会第三次全会上谈到《经济体制改革的决定》时说："这个文件一共十条，最重要的是第九条，当然其他各条也都是非常重要的。第九条，概括地说就是'尊重知识，尊重人才'八个字，事情成败的关键就是能不能发现人才，能不能用人才。"

次年 3 月，全国科技工作会议研究科技体制改革的重大问题。3 月 7 日，科技体制改革的纲领性文件《关于科学技术体制改革的决定》发布。决定指出："科学技术体制改革的根本目的，是使科学技术成果迅速地广泛地应用于生产，使科学技术人员的作用得到充分发挥，大大解放科学技术生产力，促进经济和社会的发展。"

科技体制改革全面展开后，取得了非常积极的成效。经过几年的实践，拨款制度改革基本完成预定目标，大批科研机构通过新的运行机制走上经济建设主战场。技术市场对科技成果转化为现实生产力的作用日益增强，合同成交额，由 1984 年的 7.2 亿元上升到 1991 年的 94.8 亿元。科研单位与企业结成的科研生产联合体达 1 万多家，科研机构创办独资、合资技术经济实体 4000 多个。由科技人员创办的民办科技机构达 2 万多家，从业人员超过 50 万人。一些国家级和地方的经济技术开发区初具规模。科学技术对经济建设的服务产生了巨大效益，科研机构的经济实力也大大增强。到 1990 年，全国县以上自然科学领域的研究机构中，已有 20% 以上可以不要国家拨款，实现自主发展。新兴的民办机构也成为科技事业的一支生力军。最后也是最关键的是，这些变革促使我国的科技水平急剧上升。从1978年到1993年，我国共取得重大科技成果22万多项，无论数量上还是质量上都取得了长足的进步，我国整体科技实力快速缩小与世界领先水平的差距。如1995年江泽民指出的："一九八五年，党中央发布了关于科学技术体制改革的决定，开始了科技体制的全面改革。经过十几年改革和发展的成功实践，我国科技工作发生了历史性变化，科技实力和水平显著提高，战略重点已转向国民经济建设，为经济发展和社会进步作出了突出贡献。"

80年代中期，高新技术的迅速发展愈加影响着世界格局。美国的"星球大战计划"、欧洲的"尤里卡计划"、日本的"今后十年科学技术振兴政策"相继出台，国际竞争开始了新的角逐。面对严峻挑战，中国该如何应对？中国的高层领导人、著名科学家和其他有识之士都在思考这个问题。

1986年3月3日，王大珩、王淦昌、杨嘉墀、陈芳允4位科学家联合写了一个《关于跟踪研究外国战略性高技术发展的建议》，呈送给邓小平，建议中央：全面追踪世界高技术的发展，制定中国高科技的发展计划。

两天后，这份建议书到了邓小平的案头。今天，我们无法准确描述邓小平当时的具体心情，但事后的种种迹象表明，他看完后十分赞许。就在当天，他便拿起笔，在信上批示："这个建议十分重要。找些专家和有关负责同志讨论，提出意见，以凭决策。此事宜速作决断，不可拖延。"

4月，全国200多位科学家云集北京，讨论制定《国家高技术研究发展计划纲要》。当时，关于高技术项目的选择是以发展国民经济为主，还是以增强军事实力为主，产生了不同意见。4月6日，邓小平在国家科委副主任吴明瑜的来信上作出批示："我赞成'军民结合，以民为主'的方针。"吴明瑜认为："这是符合中国实际，也符合当时世界实际的一个基本方针。""小平同志非常明快的，当天就批下来了。""可见他已经不是临时看到那些文件，实际他自己思想上有很多的考虑了。"

8月，国务院常务会议通过《国家高技术研究发展计划纲要》。邓小平看过后十分高兴，当即批示道："我建议，可以这样定下来，立即组织实施。"10月，中央政治局专门召开扩大会议，批准《国家高技术研究发展计划纲要》，同时决定：拨款100亿元！后来专家提出将这一规划命名为"863计划"，以标志该计划是在1986年3月由邓小平亲自批准的。

"863计划"从1987年全面铺开，上万名科学家在七大领域协同合作、各自攻关，很快就取得了丰硕的成果，中国在高科技领域逐渐接近世界先进水平。1991年4月，邓小平为"863计划"题词："发展高科技，实现产业化。"

20世纪后半叶，世界浪潮的一个重要变化就是科学理论的发展速度已经超过生产实践的发展，成为生产和技术的先导。1988年9月5日，邓小平接见来访的捷克斯洛伐克总统古斯塔夫·胡萨克。这是一次不同寻常的会面，因为在当天午宴上邓小平发表了一个崭新的论断："马克思说过，科学技术是生产力，事实证明这话讲得很对。依我看，科学技术是第一生产力。"

几天后，9月12日上午，邓小平从战略层面向当时的中央负责同志论述了科学和教育的重要性："从长远看，要注意教育和科学技术。""我见胡萨克时谈到，马克思讲过科学技术是生产力，这是非常正确的，现在看来这样说可能不够，恐怕是第一生产力。""对科学技术的重要性要充分认识。科学技术方面的投入、农业方面的投入要注意，再一个就是教育方面。我们要千方百计，在别的方面忍耐一些，甚至于牺牲一点速度，把教育问题解决好。"

中国和世界发展的事实证明，"科学技术是第一生产力"这一论断，不仅是正确的，而且突破了传统的生产力认识范畴和对科学技术作用理解的局限性，使人们从更高层次上看到了人类社会的发展前景，指明了中国进行小康建设的有效推动力量和发展社会生产力的根本途径，为我国大力发展科学技术提供了重要理论依据。

站在今天回顾，科教事业的蓬勃发展，成为中华民族自立于世界民族之林的基础。1992 年 10 月，党的十四大第一次把"科学技术是第一生产力"列为社会主义根本任务的五个主要论点之一，科技和教育的优先发展地位成为全党共识。1995 年 5 月，全国科技大会颁布《中共中央国务院关于加速科学技术进步的决定》，第一次提出"科教兴国"战略。江泽民在大会上指出："科教兴国，是指全面落实科学技术是第一生产力的思想，坚持教育为本，把科技和教育摆在经济、社会发展的重要位置，增强国家的科技实力及实现生产力转化的能力，提高全民族的科技文化素质。"1996 年 3 月，"九五"计划和 2010 年远景目标纲要把实施"科教兴国"作为我国跨世纪建设蓝图的关键措施。1997 年 9 月，党的十五大把科教兴国战略作为我国把现代化建设全面推向 21 世纪的发展战略。经过几十年的追赶发展，如今，我国教育总体发展水平经第三方评估表明已跃居世界中上行列，我国不仅拥有世界顶级的科研设施，还培养出世界第一规模的科技人才，建成相当完整的科学布局，中国创新迎来以跟踪为主到跟踪和并跑、领跑并存的新阶段，也成为中国特色社会主义进入新时代的重要体现。如习近平总书记指出的："从总体来看，我国在主要科技领域和方向上实现了邓小平同志提出的'占有一席之地'的战略目标，正处在跨越发展的关键时期。"

3. 价格改革

在邓小平不遗余力的倡导下，全面改革成为新的时代强音。不过，改革从来不是一件容易的事，也从来不会一帆风顺。在中国漫长的历史中，提倡改革者几乎没有成功的先例。改革总是艰苦的、困难的，很多时候要冒风险，要承担责任。在全面改革的各个领域中，有一个特别重要而又最富有争议的方面，这就是价格改革。但是从这个有争议的改革过程中，我们可以更清楚地看到，领导和推动改革所需要的勇气和敢于担当的精神。

在我国经济体制改革过程中，价格改革和所有制改革并称为两大主线，成为改革的关键领域。狭义的"价格改革"，是指将我国商品价格由行政制定转变为市场形成的改革，历史时段是从党的十一届三中全会决定 1979 年大幅提高粮食等主要农副产品的收购价格开始，到 20 世纪 90 年代中期绝大部分商品价格转出市场决定结束。细分起来，这个历史过程包括 4 个阶段：1978 年至 1984 年启动，1985 年至 1988 年展开，1989 年至 1991 年推进，1992 年之后完成。这其中，1985 年至 1988 年的改革历程充满波澜起伏，是非常重要，也是最富争议的一个阶段。其中争议最大的，莫过于 1988 年"价格闯关"受挫。但关于"价格闯关"，至今还有很多问题没有研究清楚。例如最基本的，什么是"价格闯关"？这个概念如今被用来特指 1988 年的价格改革，但它真的只是针对 1988 年的情况提出来的吗？事实上，"价格闯关"思想是邓小平根据 1985 年价格改革的实践提出的，针对的正是包括抢购风潮在内的改革风险。

"价格是最有效的调节手段，合理的价格是保证国民经济活而不乱的重要条件，价格体系的改革是整个经济体制改革成败的关键。"这是 1984 年 10 月全面改革的纲领性文件《关于经济体制改革的决定》提出的。此时，经过第一阶段以完善计划价格体系为目标，以6 次有计划大规模调整价格结构为主要手段，以大幅度提高农副产品价格为重点的初步价格改革，成效显著，问题也很突出。主要的不利因素在于，粮食等主要农副产品出现购销价格倒挂，造成农业越增产国家财政负担越重，也使承包经营等改革措施的效果打了折扣。1983 年粮、棉、油 3 项财政补贴达 200 多亿元，比 1978 年增加 4 倍多，难以为继。

形势非常迫切地要求更深入的价格改革，"没有价格体系的合理化，其他改革都很难进行"。正如 1984 年 8 月匈牙利政府经济委员会主席马尔亚伊访华时建议的：中国不要错过经济发展顺利、人民生活水平提高较快的改革价格的黄金时代。陈云也认为："关于价格改革，现在确实是有利时机，应该稳步进行。"因此，《关于经济体制改革的决定》规定了本轮价格改革的基本内容："在调整价格的同时，必须改革过分集中的价格管理体制，逐步缩小国家统一定价的范围，适当扩大有一定幅度的浮动价格和自由价格的范围，使价格能够比较灵敏地反映社会劳动生产率和市场供求关系的变化，比较好地符合国民经济发展的需要。"由此，我国价格改革进入改变价格形成机制的深水区，而 1985 年就是该项改革的启动之年。但尚未启动，就遭遇了抢购风潮这只拦路虎。

猪肉是城市副食品的标签类商品，时至今日其价格仍然对民生有很大影响。当时的价格状况导致卖猪不如卖高价粮，以往的粮少猪少变成了粮多猪少，供需矛盾突出。国务院将放开生猪价格视为城市改革的重大难关："把影响人民生活最大的副食品放开了，剩下的价格调整都没有这么大影响。这么大的问题解决了，再把住房、第三产业价格放开，难关就过去了。"经过 1984 年下半年的多次讨论，国务院确定 1985 年价格改革主要就是放开生猪等副食品价格。

由于涉及切身利益，群众对价格改革极其敏感。10 月中旬，十二届三中全会还未召开，价格改革的风声就透露出去，紧接着就发生了改革开放以来第一次抢购风潮。北京市场上抢购持续半个多月。10 月 18 日，时任国务院副总理的李鹏在日记中写道："北京盛传要调整物价之说，鸡蛋都脱销。"不过，由于物资充沛，这种恐慌性抢购逐渐平息下去，并未造成严重影响。11 月 1 日，邓小平在中央军委座谈会上谈道："为什么这次能够摸'老虎屁股'进行城市改革？应该说改革是有点风险的，这次北京就出现抢购物资的现象。不仅北京，好多城市都有。我们预料到这点。我们为什么不怕？因为物资比较多，群众一看，又稳定下来了。"

但是 1984 年底突发严重的宏观失控，又使物价形势骤然紧张起来。10 月，在河北石家庄召开的银行行长会议提出，1985 年各专业银行可以自主支配的信贷资金数额，要以 1984 年实际数为基数。同时劳动部门也在酝酿，1985 年同经济效益挂钩浮动的企业工资总额，以 1984 年为基数核定。结果，为增加信贷基数和工资基数，各银行竞相放贷，企事业单位乱提工资、滥发奖金和补贴。1984 年末货币流通量达到 792 亿元，比 1983 年增发 262 亿元，大大突破原定增发 80 亿元的指标。国家结存外汇从 8 月底的 124 亿美元骤降至 12 月底的 82 亿美元。1985 年 1 月召开的国务院常务会议指出："（1984 年）十二月份像飞机撒票子一样，三十一日一天就增发了十亿元，完全失去控制。""现在人心相当浮动。这么多粮食还发生抢购风潮。北京 2 万台彩电预售，几天就光了。"出现排队抢购，呢绒、彩电、洗衣机、电冰箱等当时的高档消费品供不应求，一些城市的紧俏商品由年初 10 种左右扩大到年末近 100 种。薛暮桥回顾："1984 年第四季度开始的通货膨胀，使理顺价格的良好机会得而复失。"

由于形势严峻，1985 年是否还按计划开展价格改革都成了问题。

1984 年 12 月 20 日，包玉刚在受到邓小平接见时直陈己见，说外面很关心中国经济体制改革的问题，最担心的是通货膨胀和物价不稳定。邓小平表示："我们对改革物价管理体系，可能会引起某些波动，已经估计到了。十二届三中全会的决定中已经讲到了这一点，规定了改革的办法和原则。""决定是原则，执行起来方法要稳妥。总的方针不变，具体措施要稳，走一步看一步，不对头的就改过来。"1985 年 1 月 23 日上午，邓小平把中央财经领导小组的领导请来，打算亲自摸一摸情况，再行决策。

姚依林首先汇报消费基金增长情况：去年的经济形势很好，但是票子多发了一点。主要原因，一是农产品买多了一些，二是农村信贷放宽了一点，三是多发了些奖金。有的工厂是挪用了一部分生产基金，变成了消费基金发了奖，然后下一年生产的时候再去贷款。邓小平提出批评：电视里天天都在发奖嘛！"这是一个长期存在的问题，如不严肃对待，会冲击经济体制改革。"他同意紧通货、压速度的办法："生产增长速度降低百分之一至百分之二不要紧。"

听取汇报后，邓小平认为"有些问题有风险。票子发那么多，外汇降下来那么多，这是风险"，"感到不踏实"，但他判断"经济情况总的形势仍然是平稳的，经住了考验，这就很好"，因此作出了继续推进改革的决定："改革走一步看一步好，但是也不要丧失时机。时机丧失了很可惜。"

在已有通货膨胀的情况下，邓小平决定继续进行价格改革，这并非蛮勇，而是有深刻考虑。他于 5 个月后作出解释："去年十二月，经济体制改革的决定刚刚公布不久，就出现了多发行一百亿元票子的事情。对我们来说这种事应当避免，但也难以完全避免。因为改革是新事物，而我们的知识还不够，鼻子不通，信息不灵。这样的事情出现后，国内有人提出了疑问，更多的人是担心。对这种事，我们应该十分注意，切实总结经验教训。但这也没什么了不起，还有可能再出现。倘若出现，发现要早，纠正要及时，这样就能保证我们的事业顺利进行。我们自己一定要有必胜的信心，一定要有足够的勇气正视现实，及时地发现和纠正错误。我们的事业一定能在不断地克服困难和纠正错误中前进。现在正是改革的最好时机，搞好改革，不但会为九十年代，而且会为下个世纪我国经济协调稳定地发展奠定一个好的基础。"

1月23日，邓小平还与中央财经领导小组一起研究了1985年价格改革的安排。当时的判断是：猪肉价格一放开，开始肉价可能会涨一段时间，然后猪的生产就会上升，估计今年夏季以后，价格又会逐渐回落。对城市居民采取按人定量补贴的办法，不会有大的波动。工业方面，自行车、手表、缝纫机等五大件全部进入市场调节。这样，产品质量好的就可以得到发展。邓小平从促进生产的方面着眼，对这个方案予以支持，认为："得益的首先是农民。"他还鼓励道："在经济改革中出现一些问题，有些问题没有料到，没有经验，也不要紧，我们的经济状态还是扎实的。"

进行价格改革需要配套工资改革、调整货币和税收政策以及加强宏观调控，邓小平对此也持肯定和支持的态度。当时的情况是：在工资改革问题上，各方面的期望很大，觉得提资的幅度不够，要求比较高，比较急。邓小平则表示："改革三年见效嘛。这才是第一年嘛！明年可能放得更宽一点。"

2月9日至14日，中央召开省长会议，中心议题是如何在改革上迈出重要一步，同时又不至于带来物价的较大波动。2月18日，中央政治局扩大会议同意宏观上加强控制、改革上迈出重要步伐的部署。在邓小平的有力支持下，国务院进一步明确了"放调结合，小步前进"的方针，1985年我国消费品和生产资料价格体制进行了重大改革。

前文已述，调整生猪购销和价格政策，是 1985 年价格改革的重点。元旦，1985 年中央 1 号文件《关于进一步活跃农村经济的十项政策》提出："从今年起，除个别品种外，国家不再向农民下达农产品统购派购任务，按照不同情况，分别实行合同定购和市场收购。""生猪、水产品和大中城市、工矿区的蔬菜，也要逐步取消派购，自由上市，自由交易，随行就市，按质论价。"3 月 13 日，国务院发出《关于下达调整生猪和农村粮油价格方案的通知》，取消生猪派购制度，实行合同收购，使农民有更多的自主权；把国家统一定价改为国家计划指导下的议价，扩大市场调节，使价格比较符合价值，适应市场供求变化；改变长期存在的购销价格倒挂，国家亏本经营的状况，把暗补改为明补，使许多城市由凭票定量供应改为敞开销售。一年之间，生猪购销价格上升 30% 左右，生猪出栏头数增长 8.4%，存栏头数增长 8%，生猪生产发展缓慢的局面有了明显改善。

工业与运输业方面，3 月 15 日，国务院批准对煤炭价格适当扩大地区差价，调整煤种、品种比价。4 月 2 日，国家物价局、商业部、轻工业部、电子工业部联合发出《关于缝纫机等五种轻工产品实行企业定价的联合通知》。4 月 30 日，国务院批转铁道部、国家物价局《关于铁路短途客货运价调整方案》，提高了铁路短途运价，使一部分可以用汽车运输的货物和旅客分流，对发挥公路、水路的运输潜力，缓解铁路运输紧张状况，起了一定作用。

作为配套的工资改革，1 月 5 日国务院发出《关于国营企业工资改革问题的通知》，实行工资总额同经济效益按比例浮动办法。6 月，行政事业单位改级别工资制为职务工资制。将工资分为基础工资、职务工资、级别工资、工龄津贴的"结构工资"制度，从 1985

年开始实施，一直到现在。

1985 年价格改革的初步效果如何呢？5 月 24 日，国家物价局向国务院报告："一九八五年价格改革方案已经陆续出台，各地初步反映，执行顺利，市场平稳，情况比预计要好。""出现的问题，主要是乱涨价，一些工业品涨价的趋势仍在发展，部分城市蔬菜价格高，若干大中城市零售物价指数上升幅度大。"正是在对这一段实践进行总结的过程中，邓小平提出了"价格闯关"的指导思想。

1985 年 7 月 11 日的上午，胡耀邦等中央负责同志向邓小平汇报当时的经济情况。汇报提到经济生活的主要问题，是宏观控制效果不理想、经济增速过快，1 月至 4 月份工业总产值比上年同期增长23%，基建投资增长 36%，能源、交通、原材料紧张，外汇结存 4个月下降 10 亿美元，物价涨幅过大。田纪云说，控制固定资产投资规模，有两种设想：第一种是在今年确定的固定资产投资 1400 亿元规模上，再砍 100 亿下来；第二种是认真落实今年计划的规模，明后年维持在这个规模上，用两三年时间逐步把过大的建设规模压下来。邓小平表示：我看第二个方案比较稳妥，没有危险。还是放到三年来调整好基建规模。充其量明年通货膨胀率 6% ~ 7%，物价再上涨 6% ~ 7%。随着生产发展，工资增长，人民生活还是改善的。田纪云时任中央物价领导小组组长，他汇报了价格改革的思路和初步方案，感到"小平同志对于价格改革持非常积极的态度"。邓小平问，物价改革是不是全面展开了，得到的回答是农副产品基本上放开了，工业消费品在供需紧张情况下，还不敢放。邓小平说："农副产品大体理顺，已经了不起。"

听完汇报，邓小平作了一个总结："我对外国人说，改革的势头不错，这话正是在北京出现一阵抢购，有半个月人心惶惶的时候说的。那时候，我心里是踏实的。现在看势头还是好的，我总是讲这么个观点。经济体制改革成不成功，成功大小，要看三年到五年。见效了才能说服人，证明第二个三中全会决议是正确的。"

之后，邓小平提出："物价改革是个很大的难关，但这个关非过不可。不过这个关，就得不到持续发展的基础。""这个路子必须走。今后即使出现风波，甚至出现大的风波，改革也必须坚持。否则，下一个十年没有希望。我们要抓住时机，现在是改革的最好时机。"这就是"价格闯关"思想的首次提出，直到 1988 年其表述并没有明显变化。其中有几个问题需要辨析：

首先，这一思想是在 1985 年价格改革的实践中形成的。

邓小平谈道："十二届三中全会以来九个月的实践证明，物价改革是对的。"1985 年的价格改革是在比较不利的环境中启动的，"刚开始就出现了一些问题，去年年底发现多发了一百亿的钞票，今年物价涨得不符合我们的要求"，决策者最为担心的通货膨胀和抢购风潮现象都已出现。但是经过综合判断，以邓小平为核心的党中央还是决定继续推进价格改革，并且取得了较好的成效。放开猪价等方案出台比较顺利，主要原因：一是党中央、国务院决定的价格改革方案，经过反复研究和测算，切实可行；二是各级党委和政府加强领导，从上到下做了充分准备，思想政治工作、组织工作和宣传解释做得深入细致；三是根据各地实际情况，给消费者以合理补贴，生活基本不受影响；四是商业部门准备了充足的货源，稳定了市场；五是价格改革具体部署因地制宜，出台时机选择得当。这些成功经验，对指导此后的价格改革具有重要参考价值。邓小平对实践进行总结，认为价格改革虽然难度极大，风险很高，但是通过艰苦努力和细致工作最终是可以实现的。

其次，主要强调的是价格改革的必要性和艰巨性。

关于价格改革的必要性，不仅邓小平有清晰认识，整个中央领导层都有共识。邓小平在同一次讲话中指出："改革的意义，是为下一个十年和下世纪的前五十年奠定良好的持续发展的基础。没有改革就没有今后的持续发展。所以，改革不只是看三年五年，而是要看二十年，要看下世纪的前五十年。这件事必须坚决干下去。"关于这一思想已有很多论述，这里不再赘述。需要注意的是，"价格闯关"思想从提出时起，主要强调的就是该项改革的巨大困难和风险，从未包含不顾风险强行推动的内容。邓小平多次强调："这项工作很艰巨。""城市改革比农村改革更复杂，而且有风险。我们经验不足。中国社会过去闭塞，造成信息不通，是一个很大的弱点。城市改革每走一步，都会影响千家万户。""城市改革实际上是整个经济体制的改革，这是要冒很大风险的。"所以，邓小平是站在谨慎决策的基础上提出这一指导思想的。而且，将当年的"胆子要大，步子要稳"、"慎重初战，务求必胜"与"价格闯关"三个指导思想放在一起考察，更能体现它们的内在逻辑一致，并且相互联系。"价格闯关"思想从一开始就是改革坚定性和决策慎重性的有机统一。

最后，这一指导思想适用于狭义价格改革的整个阶段，并没有短期内集中解决问题的导向。

邓小平提出"价格闯关"思想，目的并不是指导眼前短时间内的实践，而是适用于将价格转变为主要由市场定价的整个改革阶段。从改革的困难程度出发，邓小平充分地估计了价格改革所需要的时间，他指出："理顺生活资料价格恐怕要用三年，加上生产资料价格的改革，需要的时间更长。如果用五年时间理顺物价关系，就是了不起的事。"因此，1992 年我国在价格改革领域再次迈出较大步伐，仍然是"价格闯关"的一部分，直到 90 年代中期"闯关"完成。由于这是"价格闯关"的原意，2015 年中央发布《关于推进价格机制改革的若干意见》，也被形容为"勇闯价格改革的关键一关"。

　　"价格闯关"思想中并没有在某个特殊节点上进行突击的内容，邓小平设想的"闯关"不是快速的、激烈的，而是稳步前进、按部就班的。从后来改革价格的全过程来看，冒进现象其实比较少见。由于希望的比较宽松的经济环境始终没有出现，1986 年、1987 年改革措施出台得不多，步幅比较小，这也是 1988 年在巨大压力下被迫考虑迈出较大步伐的一个原因。实际上 1988 年引起大规模抢购风潮的文件《关于价格、工资改革的初步方案》，规定的也是"经过五年或更长一些时间的努力才能达到的长远目标"。

　　1985 年 7 月 18 日，中央办公厅将邓小平 11 日谈话的内容以《小平同志关于经济形势和体制改革问题的谈话》为题，作为中央《参阅文件》印发中央政治局、中央书记处、国务院和中央财经领导小组，从而成为正式的指导思想。在"价格闯关"思想指导下，1985 年价格改革由前几年的以有计划地调整价格为主，转到以下放和放开部分价格管理权为主，根据不同情况，对有些商品的价格有指导地放开，有些商品的价格则完全由市场调节。日后来看，放、调结合是实现价格体系合理化、完成价格管理体制改革的必由之路。

　　事实证明，邓小平对当时经济形势和改革前景的判断是准确的。1985 年，由于推动包括价格改革在内的全面改革，在继续搞活微观经济的同时，加强了宏观的调节和控制，国民经济快速发展。全年工农业总产值 13269 亿元，比 1984 年增长 16.4%。国民收入 6765 亿元，比 1984 年增长 12.3%。国家财政收支状况改善，"六五"期间首次发生余额，财政收入大于支出 21.6 亿元。物价方面，1985 年全国零售物价总指数比 1984 年上升 8.8%，其中城市上升 12.2%，农村上升 7%。1985 年的价格改革进展顺利，效果显著，而且没有引起波动。但事后来看，影响最大的并不是放开猪价等改革重点，而是"双轨制"的建立。为什么前文对此没有提及呢？因为在1985年价格改革的决策过程中，政策方案的制定过程中，"双轨制"始终不是重要内容。

提起价格"双轨制"的建立，通常都会谈及1984年9月"莫干山会议"提供了相关思路，被中央领导采纳。其实在此之前，中央内部已有这种想法，来源是农村改革的经验。1984年5月4日，中央财经领导小组在讨论扩大企业自主权时就谈道："浮动，是指计划完成后超产那一部分，而且是指生产资料。实质上就是搞两种价格，就像对农民那样，完成国家计划后，可以议价自销。"但粮、肉、油等生活资料价格的改革始终是矛盾的集中点，是领导层投入最多精力的部分，在制定价格改革方案时，生产资料"双轨制"的问题并不是考虑的重点。一个历史细节可以佐证：1985年2月召开的全国省长会议，是当年推动改革的重要步骤，而国务院领导在大会讲话中完全没有涉及"双轨制"的内容，只在插话中提到："关于钢材等重要生产资料的价格，要搞双轨制。一个是国家的计划价格，即调拨价；另一个是交易中心的价格，即议价。"

实际上，在1985年建立价格"双轨制"，主观设计的色彩不强，更像是逐步演进的自然结果。20世纪80年代初，石油产品率先实行计划价和出口价并行的价格，这一过渡形式逐步渗透整个生产资料领域，并扩散到其他领域。1984年7月，国务院在《关于进一步扩大国营工业企业自主权的暂行规定》中明确工业生产资料属于企业自销的和完成国家计划后的超产部分，企业有权围绕国家定价基础上下浮动20%。这对搞活经济，增加生产，加快流通发挥了积极作用。但由于不少品种加价20%后与市场价格仍相差悬殊，不少中间环节转手倒卖，牟取暴利。为解决这个问题，1985年1月20日，国家物价局、国家物资局联合发出《关于放开工业生产资料超产自销产品价格的通知》，规定工业生产资料属于企业自销和完成国家计划后的超产部分的出厂价格，取消上述20%的限制，允许按稍低于当地的市场价格出售。12月，我国建成初步生产资料交易市场，正式对重要生产资料施行价格"双轨制"。这与"价格闯关"思想一道成为1985年价格改革的重要成果。

1985年至1987年的价格改革，使国家管理价格有所减少，企业无权定价局面有所改变。我国价格形式从基本上单一的国家定价，改为国家定价、国家指导价、市场调节价3种形式。农产品出售3种价格形式各约1/3；社会商品零售国家定价约1/2，国家指导价约20%，市场调节价约30%。价格改革对促进经济发展和人民生活水平提高发挥重要作用。另外，货币供给过多加剧社会总需求超过总供给的矛盾，3年全国物价总指数分别上涨8.8%、6%和7.2%，出现物价上涨过大，通货膨胀加剧的状况。1988年，体制严重摩擦、社会不满情绪和不堪重荷的财政补贴——1986年我国大口径财政价格补贴745.48亿元，占财政收入的38.38%——迫切要求进一步价格改革，而推进改革所需要的宽松经济环境却似乎永远不会出现。（我国最终通过治理整顿"急踩刹车"的办法获得比较宽松的经济环境，也付出很大代价，但这不是当时可以预见的。）在这种情况下，中央领导层酝酿着迅速理顺价格体系的决策。

说到这里，很多著述引用了1988年5月19日邓小平会见外宾时的谈话："理顺物价，改革才能加快步伐。""中国不是有一个'过五关斩六将'的关公的故事吗？我们可能比关公还要过更多的'关'，斩更多的'将'。过一关很不容易，要担很大风险。""这就要求我们每走一步，都兢兢业业，大胆细心，及时总结经验，发现问题就做些调整，使之符合实际情况。但是物价改革非搞不可，要迎着风险、迎着困难上。"并认为这是"价格闯关"思想提出的标志。但此看法不准确。

第一，如前所述，"价格闯关"作为指导思想，邓小平1988年的表述与1985年并没有明显区别，上述5月19日的谈话就基本思路和精神实质来说与3年前完全一致。第二，当时关于价格改革的决策已经形成。就在5月19日当天，中央政治局常委会讨论工资物价问题，提出："现在形势不进则退。没有别的路子，只能迎着困难前进。""准备出点事情。"为制定5年物价工资改革方案，国务院组成了物价委员会，以姚依林为主任。放开物价、加速改革的决策就此基本确定下来。第三，中央政治局常委会的决定与邓小平"过关斩将"的比喻，当时都没有对外公布。在20日的《人民日报》上，大家看到的是国务院关于进一步深化科技体制改革，重点推行承包经营责任制的决定。而就在这份报纸上，登载了题为《邓小平会见朝鲜军事代表团时强调 中央有信心和把握搞好物价改革 改革要冒一定风险，要迎着风险前进》的文章，其中并不包括"过关斩将"的内容，但记述了"邓小平主席今天指出，中国的物价改革是一个大胆行动，要冒一定的风险，但是中央有信心把这件事办好"。

5天后，《人民日报》报道杨尚昆24日会见捷克斯洛伐克共产党中央委员会总书记米洛什·雅克什一行的消息，其中记述：杨尚昆主席说，"改革是会遇到一定风险的，我们要迎着风险前进，不能后退。后退的结果可能使改革全部失败"。"我们一定要闯关。我们的困难一定会克服的。"根据目前掌握的资料，这是"闯关"一词最早与公众见面。由于之前已有一些风声，此时大家比较明确地意识到，中央将有价格改革的政策出台。根据前几年的经验，社会普遍加重了对物价上涨的心理预期。"价格闯关"由此通过宣传渠道进入了公众领域，这是概念发生改变的关键环节。而集体意识中也将

"价格闯关"与 1988 年的价格改革紧紧联系在一起。

前文已有分析，"价格闯关"作为狭义价格改革整体阶段的指导思想，本身并不包含短时间内集中突进的含义，但是其字面意思容易让人产生这种误解，并不适合用于公开宣传。因此，虽然其作为指导思想自 1985 年提出起一直发挥正面作用，但在 1988 年的特殊条件下突然进入公共舆论，助长了群众的恐慌心理，是不适当的。客观地说，包括邓小平在内，中央决策层高估了当时人民群众对物价上涨的心理承受能力，而宣传方式的问题也很明显。当时关于价格改革的宣传报道，很注意"提高透明度"，《人民日报》刊文提出：一说讲困难人们自然想到心理承受能力。对群众来说，他们需要知道改革的全局。既知道改革的成就，也知道改革的难点；既知道领导的决策，也知道自己的责任。把改革的情况、危难的问题讲清楚了，既可使群众的心理承受能力得到锻炼和提高，又能激励斗志，使人们发奋改革。实事求是地把改革进程中暂时的困难，必须解决的问题，以至需要付出一定的代价，冒一定的风险，都讲清楚，不断提高改革的透明度，使人们对改革有全面的认识，认定改革是我们根本利益所在。人们的心理承受能力就能不断加强，有利于忍受改革的阵痛，上下一心，艰苦奋斗，群策群力去加速改革、深化改革。这当然是正确的，邓小平也早就说过："我们把困难的情况如实告诉了人民。"不过在具体实施中，出现了对困难过度渲染的问题。如具有代表性的《人民日报》评论员文章《改革有险阻　苦战能过关》，应该说比较实事求是地说明了推进价格改革的迫切性、重要意义和可能产生的影响，但其中也告诫群众：物价改革"是整个改革进程中难度最大的一个'陡坡'"。"即使物价改革的措施正确，也不可避免地会出现一定的风浪，但只要咬咬牙，坚持下去，就会出现'山重水复疑无路，柳暗花明又一村'的新境界。"大量报道

211

中，有不少诸如"长痛不如短痛""准备连续过几年紧日子"的字眼。6、7月间，关于邓小平会见外宾的报道再次呈现关于"闯关"的内容。比如7月15日会见美国国务卿舒尔茨，其实邓小平主要谈的是国际问题，并没有涉及价格改革，但16日《人民日报》记述"中国正在闯关，正在深化改革，更加开放。我们不怕风浪，要迎着风浪前进，闯过难关"后，社会意识马上将这段表述与价格改革联系起来，进一步加深了"价格闯关"的普遍印象。"价格闯关"这一正确的指导思想，在不适当的时机以不恰当的方式进入公众领域，反而对社会形势产生了消极影响，这是深刻的历史教训。

1988年的价格改革因遭遇大规模抢购风潮而搁浅。9月2日，中央政治局召开会议专门讨论物价问题。10天后，邓小平在住地听取中央领导层关于价格和工资改革初步方案的汇报，他谈道："我的中心意思是，中央要有权威。改革要成功，就必须有领导有秩序地进行。赞成边改革、边治理环境整顿秩序。要创造良好的环境，使改革能够顺利进行。但是，治理通货膨胀、价格上涨，无论如何不能损害我们的改革开放政策，不能使经济萎缩，要保持适当的发展速度。沿海地区要加快对外开放，使这个拥有两亿人口的广大地带较快地先发展起来，从而带动内地更好地发展，这是一个事关大局的问题。内地要顾全这个大局。反过来，发展到一定的时候，又要求沿海拿出更多力量来帮助内地发展，这也是个大局。那时沿海也要服从这个大局。这一切，如果没有中央的权威，就办不到。我们要定一个方针，就是要在中央统一领导下深化改革。不仅是价格一个方面的改革，而且是多方面的、综合的改革。宏观管理要体现在中央说话能够算数。过去我们是穷管，现在不同了，是走向小康社会的宏观管理。不能再搬用过去困难时期那些方法了。现在中央说话，中央行使权力，是在大的问题上，在方向问题上。"9月15日至 21 日，中央政治局召开中央工作会议，正式作出治理经济环境、整顿经济秩序、全面深化改革的决定。

次年 4 月 3 日，七届全国人大二次会议的记者招待会上，香港《文汇报》记者就"去年提出物价闯关的事情"提问，国务院总理李鹏答复："去年年初物价上涨，群众忧虑，承受不了，但是我们作出错误决策，放开了一些物价，还要在物价改革上迈出更大的步伐，这是失误。"这是目前所见最早在正式场合使用"价格闯关"的概念指代 1988 年价格改革，由此"价格闯关"转化为概括一个历史事件的专有名词，并延续至今。

我国的全面改革在 20 世纪 80 年代末期遭遇了比较大的挫折，进入治理整顿的特殊时期，1990 年经济增长率下降到 4% 左右。经过对改革开放进程的深刻总结，邓小平的态度是：一方面支持治理整顿的决定，另一方面强调坚持深化改革。他在 1988 年底指出："我们的改革开放已经搞了十年。这十年应该说是成功的，它使中国经济上了一个台阶。现在我们正在上第二个台阶，即到本世纪末再翻一番，达到小康水平。上第二个台阶遇到的问题比上第一个台阶所遇到的问题还复杂。现在出现了这样那样的问题，需要进行调整，保持适当的速度，这些都是不可少的。我们治理通货膨胀、价格上涨问题，无论如何不能损害我们提出的改革开放政策，不能使经济萎缩。上第三个台阶需要花五十年，那时遇到的问题将更多。国际上对我们的发展情况估计得比我们更乐观一些，但我们自己要小心谨慎。现在遇到的问题总有办法解决。"1989 年 1 月 6 日下午，李鹏在总理办公会议上传达了邓小平的指导精神：原来我们的方针、布局、战略都不能动，一动就要乱。我们没有理由改变十三大的路线。一部分人、一部分地区先富起来是达到共同富裕的途径。保证一定的速度 7% ~ 8% 是需要的。要注意发展生产力，农业、原材料都要积极地搞，原材料搞上去了，可以缓和沿海和内地的矛盾。多搞生产力，少搞高消费，计划不能捆住企业的手脚。经济过热抓得晚了，抓得不够有力，想控制没有控制住，说明政治局、国务院还不够权威，今后要更有力。不能放弃雄心壮志，要制订一个长远发展计划。

尽管遭遇了挫折，我国经济改革和价格改革从未完全停止，保持了小步前进的态势。到1991年底，中国80%以上的物价放开，基本实现了物价市场化。在邓小平的推动下，中国于1992年再度勇闯价格关并获得成功，价格改革迈出更大的步伐。到1993年春，中国社会零售商品总额的95%、农副产品收购总额的90%，以及生产资料销售总额85%的价格，全部放开由市场供求决定。"价格闯关"最终成行，"用市场价格机制配置资源"从此成为中国经济制度的一个基础。

4. 百年战略

虽然并非一帆风顺，但从总体来看，我国经济从1984年到1988年确实经历了一个加速发展的飞跃时期，除1986年增长8.5%以外，其余年份的增长速度都在10%以上。国民生产总值从1984年的7206.7亿元，增长到1988年的14922.3亿元，整整增长了一倍，提前实现了原定到1990年国民生产总值比1980年翻一番的目标。全国绝大多数地区基本解决了温饱问题，部分地区开始向小康水平过渡，贫困地区人民生活也有了不同程度的改善。我国社会主义现代化建设开始接近20世纪末"翻两番"的小康目标了。面对这样的情况，邓小平开始考虑中国发展更长远的目标。在他看来，虽然活不到那个时候，但有责任提出那个时候的目标。

早在1980年12月，邓小平就在中央召开的经济调整会议上提出，在 20 世纪末中国的现代化建设达到小康水平以后，要继续前进，逐步达到更高程度的现代化。他反复强调：即使实现了小康目标，我国的经济水平与西方发达国家还有很大的差距，小康目标只是中国现代化的最低目标，真正达到基本实现现代化，还需要更长时间的努力和奋斗。1981 年 9 月，邓小平说："实现四个现代化是相当大的目标，要相当长的时间。本世纪末也只能搞一个小康社会，要达到西方比较发达国家的水平，至少还要再加上三十年到五十年的时间，恐怕要到二十一世纪末。"当年 11 月，他进一步提出，在实现小康社会的基础上，"在下个世纪再花三十年到五十年时间，接近西方的水平"。

20 世纪 80 年代中期，中国经济改革的重大进展和小康战略的逐步落实，让邓小平对 21 世纪中国的发展目标也逐渐明朗。1984 年 4 月 18 日，邓小平对英国外交大臣杰弗里·豪说："自从大臣阁下一九七八年访华以来，中国发生了很大变化。但同我们的大目标相比，这仅仅是开始。我们的第一个目标就是到本世纪末达到小康水平，第二个目标就是要在三十年至五十年内达到或接近发达国家的水平。"5 月 29 日，他在会见巴西总统若昂·菲格雷多时指出：在实现 20 世纪末翻两番的基础上，"再发展三十年到五十年，我们就可以接近发达国家的水平"。10 月 6 日，他再次表述："我们第一步是实现翻两番，需要二十年，还有第二步，需要三十年到五十年，恐怕是要五十年，接近发达国家的水平。"

进入 1986 年后，邓小平的设想渐趋成熟。根据最新的发展形势，这年 6 月，邓小平把小康社会目标的标准从"人均八百美元"调整为"人均八百至一千美元"。此后，他一直沿用这一说法。到 1987 年，邓小平又对发展目标做了一个重要调整，即把"接近发达国家的水平"改为"达到中等发达水平"或"成为中等发达国家"。

1987 年 2 月 18 日，在与加蓬总统邦戈会谈时，他修改了之前一直采用的"达到或接近发达国家的水平"的目标，转而提出："到下世纪中叶我们建成中等发达水平的社会主义国家。"3 月 8 日，他在会见坦桑尼亚总统尼雷尔时谈道：在 20 世纪末有了总产值 1 万亿美元这个基础，争取达到中等发达国家的水平是有希望。4 月 16 日，邓小平会见香港基本法起草委员会委员，就中国内政外交等诸多问题发表了内容极为广泛的谈话，其中就包括中国下个世纪的发展战略："更重要的是，有了这个基础，再过 50 年，再翻两番，达到人均4000 美元的水平，在世界上虽然还是在几十名以下，但是中国是个中等发达的国家了。那时，15 亿人口，国民生产总值就是 6 万亿美元。"在这里，邓小平提出了"人均 4000 美元"和"国民生产总值6 万亿美元"的量化目标，并在时间上和程序上正式确定为"50 年"和"中等发达"。

4 月 30 日，邓小平在同西班牙政府副首相格拉会谈时，第一次比较完整地概括了从中华人民共和国成立到 21 世纪中叶 100 年间中华民族百年图强的"三步走"经济发展战略："我们原定的目标是，第一步在八十年代翻一番。以一九八〇年为基数，当时国民生产总值人均只有二百五十美元，翻一番，达到五百美元。第二步是到本世纪末，再翻一番，人均达到一千美元。实现这个目标意味着我们进入小康社会，把贫困的中国变成小康的中国。那时国民生产总值超过一万亿美元，虽然人均数还很低，但是国家的力量有很大增加。我们制定的目标更重要的还是第三步，在下世纪用三十年到五十年再翻两番，大体上达到人均四千美元。做到这一步，中国就达到中等发达的水平。这是我们的雄心壮志。"至此，一个百年图强的"三步走"经济发展战略完整地形成了。5 月 7 日上午，邓小平在会见保加利亚共产党中央总书记、国务委员会主席托多尔·日夫科夫时再次介绍了这一目标："我们党的十一届三中全会到现在整整八年时间，见效了，但这还只是我们走的第一步。因为我们制定的政策是搞七十年的政策。中国的工业、农业、科学、国防实现现代化要七十年时间，即本世纪二十年、下个世纪五十年。""到了下个世纪五十年代，实现第三步目标，我们中国人就可以说，在中国搞社会主义搞对了。"

同年10月，党的十三大正式确认了"三步走"发展战略：第一步，实现国民生产总值比1980年翻一番，解决人民的温饱问题。这个任务已经基本实现。第二步，到本世纪末，使国民生产总值再增长一倍，人民生活达到小康水平。第三步，到下个世纪中叶，人均国民生产总值达到中等发达国家水平，人民生活比较富裕，基本实现现代化。随着"三步走"战略的设计完成，完整的小康社会理论最终形成，为日后全面建设小康社会理论的形成和发展奠定了坚实的理论基础。

"三步走"战略的构想，逐步体现在国民经济和社会发展五年计划中。1989年，面对经济风波和政治风波后对"三步走"战略和"翻两番"小康目标的一些疑虑，邓小平于6月9日及时指出："在六十一年后，一个十五亿人口的国家，达到中等发达国家的水平，是了不起的事情。实现这样一个目标，应该是能够做到的。不能因为这次事件的发生，就说我们的战略目标错了。"1990年3月，邓小平在和几位中央领导同志的谈话中，又一次强调了实现第二步战略目标的重要性，提出："要力争在治理整顿中早一点取得适度的发展"，"适度的要求就是确实保证这十年能够再翻一番。要按一九八〇年的固定价格，没有水分的，还要把人口增长的因素计算在内。这样算，究竟每年增长速度要达到多少？我们现在的算法究竟准不准确，可不可靠？年增百分之六的速度是不是真正能实现第二个翻番？这个要老老实实地计算，要最终体现到人民生活水平上。生活水平究竟怎么样，人民对这个问题感觉敏锐得很。我们上面怎么算帐也算不过他们，他们那里的帐最真实"。党中央、国务院根据邓小平的指示精神，于1990年初开始组织力量，着手研究20世纪90年代改革的基本目标、方针和政策，最终形成了《关于制定国民经济和社会发展十年规划和"八五"计划的建议》，并在十三届七中全会上得到通过。这份文件站在跨世纪的高度，提出了90年代的奋斗目标，即20世纪最后10年实现国民生产总值翻一番，人民生活水平达到小康；规定了实现第二步战略目标的一系列基本指导方针，如坚持走社会主义道路、坚持改革开放、坚持国民经济持续稳定协调发展；把十年规划、"八五"计划和第二步发展战略目标结合起来，使实现第二步发展战略的部署进一步具体化，充实和丰富了"三步走"发展战略的内容，从而为第二步战略目标的顺利实现提供了更大可能。

从中华人民共和国成立之日起，用100年的时间，把中国建设成为一个具有中等发达国家水平的社会主义现代化国家，这是邓小平在领导经济体制改革过程中，从实际出发，为中国的经济发展绘制的一张宏伟蓝图。实践充分证明，"三步走"发展战略是符合实际和非常有效的。习近平总书记指出："邓小平同志指导我们党正确认识我国所处的发展阶段和根本任务，制定了现代化建设'三步走'发展战略。"设计"三步走"，是事关党和国家事业长远发展的重大战略决策，对今日的中国和世界依然产生着直接的巨大影响。

1985年底，邓小平再次登上美国《时代》周刊的封面，他被《时代》周刊评选为"一九八五年度风云人物"，"今年当选是因为他在中国实行了解放十亿人生产力的全面经济改革"。到1988年，美国《世界报》月刊于当年5月号评选邓小平为1978年至

1988 年十年风云人物，认为他是"最代表时代精神的社会人士"。《世界报》在发表这一消息的文章中说，邓小平的革命"可能使这个世界上人口最多的国家在二十一世纪变成前所未有的繁荣和强大的国家"。

第九章　在黑云压城的关头：打破困局

眼前是一列火车。

乘上这列火车，就要离开北京，前往上海。

这天，是 1990 年 1 月 20 日。

1920 年，邓小平从上海登上邮轮，奔赴欧洲寻找救国之路，那是他第一次到上海。1988 年到 1994 年，邓小平在上海过了 7 个春节，1990 年是其中的第三次。说起来，邓小平这次出行可以抱有一种很轻松的度假心情，因为就在两个月前，他完成了自己的夙愿——退休——中共十三届五中全会正式批准他辞去中央军委主席职务。然而，在这退休后第一次的外出途中，邓小平的心情又确实轻松不起来，因为此时正是改革开放以来我国政治经济形势最为困难的历史紧要关头。

1. 退休夙愿

4 个月前的 1989 年 9 月 4 日，邓小平致信中共中央政治局，请求辞去中共中央军事委员会主席职务。他在信中说："一九八〇年我就提出要改革党和国家的领导制度，废除干部领导职务终身制。党的十三届四中全会选出的以江泽民同志为首的领导核心，现已卓有成效地开展工作。经过慎重考虑，我想趁自己身体还健康的时候辞去现任职务，实现夙愿。这对党、国家和军队的事业是有益的。作为一个为共产主义事业和国家的独立、统一、建设、改革事业奋斗了几十年的老党员和老公民，我的生命是属于党、属于国家的。退下来以后，我将继续忠于党和国家的事业。我们党、我们国家和我们军队所取得的成就是几代人努力的结果。我们的改革开放事业刚刚起步，任重而道远，前进中还会遇到一些曲折。但我坚信，我们一定能够战胜各种困难，把先辈开创的事业一代代发扬光大。中国人民既然有能力站起来，就一定有能力永远岿然屹立于世界民族之林。"

退休，对不少人来说是一个忌讳的字眼，但对邓小平来说，这是他自第三次复出工作以来就进行积极准备，并努力去实现的一个重大目标。

1979 年 11 月 2 日，邓小平在中央党、政、军机关副部长以上干部会上讲道："老同志现在的责任很多，第一位的责任是什么？就是认真选拔好接班人。选得合格，选得好，我们就交了帐了，这一辈子的事情就差不多了。""我今天讲的话，对高级干部来说不是那么愉快的。你看，现在老干部倒了霉了，对生活待遇作了规定，要受到一些限制，特殊化基本上是不能搞了，又提到退休的问题，提到庙里的菩萨让出来、新的菩萨去坐位的问题，等等。这不是矛头都对着老家伙了？我看，不能这样认识，在这个问题上我们要自觉。我自己就有这个想法，如果党允许我今天退休，我马上就退休。这是真话，不是假话。从整个事业看，我现在还不可能退休，我想大家也不会赞成。但是，就我个人的心情来说，确实感到这个问题太重要了。"

从 1980 年初，邓小平就开始落实自己逐步退休的工作。2 月 26 日上午，他出席中共中央政治局常委召集的十一届五中全会各组召集人汇报会，在讲话中谈道："对于中央政治局常委中岁数大的同志，我总的倾向是，包括我在内，慢慢脱钩，以后逐步增加比较年轻的、身体好的、年轻力壮的人。这是一个总的决策。六月全国人大以后，陈云同志、先念同志和我都不兼副总理了，逐步地、慢慢地推一些年轻的、身体好的同志在第一线。建立书记处的目的也是这个意思，书记处作为第一线。""以后的人事安排要慢慢年轻化。我们这些人是安排后事的问题，不再放到第一线了。当然，这也要根据实际情况和实际可能。我自己定了个奋斗目标，时间定在一九八五年，就是要办一件事，精心地选拔身体比较好的、比较年轻的同志上来搞事情。"

为了解决我国现实存在的领导干部终身制问题，在邓小平倡导下，中央创造性地设立顾问委员会作为过渡性的机构。1981年7月2日，邓小平在各省区市党委书记座谈会上阐述中顾委的设想，他还说："我和陈云同志交过心的，老实说，就我们自己来说，现在叫我们退，我们实在是心里非常愉快的。"1982年中共十二大正式设立党的中央顾问委员会，作为"中央委员会政治上的助手和参谋"，邓小平亲自出任中顾委主任。在中顾委第一次全体会议上，邓小平主任就明白地说明："中央顾问委员会是个新东西，是根据中国共产党的实际情况建立的，是解决党的中央领导机构新老交替的一种组织形式。目的是使中央委员会年轻化，同时让一些老同志在退出第一线之后继续发挥一定的作用。从某种意义上说，顾问委员会是一种过渡性质的组织形式。我们的国家也好，党也好，最根本的应该是建立退休制度。""可以设想，再经过十年，最多不要超过十五年，取消这个顾问委员会。十年、两届还是需要的，一届恐怕不好，太急促了。顾问委员会今天刚成立，就宣布准备将来取消，这就明确了这个组织的过渡性。我们尊重生活和历史的辩证法。"

此后，邓小平经过反复考虑，又建议党中央在十二大到十三大期间召开一次全国党代表会议，主要任务就是挑选一批年轻的领导干部，充实至中央政治局、中央委员会、国务院中来，加快领导机构的革命化、年轻化、知识化、专业化，这就是 1985 年 9 月召开的全国党代表会议。随着 1987 年党的十三大会期的临近，邓小平实现退休的愿望愈发强烈。

1986 年 8 月，邓小平与日本自民党最高顾问二阶堂进谈道："前不久香港传说我病了，股票就下跌。其实他们很容易知道我身体好不好。只要知道我在打桥牌，夏天还在游泳就行。不过毕竟八十二岁了，天有不测风云，人有旦夕祸福，一旦身体不好也是不可避免的。几年来我一直尽量不做工作，一旦我不在，可以向世界证明，中国的事情仍然可以办得好，现行政策仍然能执行得好。这不是个人的问题，是国家和党的安全问题。我真诚希望身体好的时候退休，退休以后我还是个党员，有意见还可以以党员的身份讲。我人还在，但是别人做工作，这就可以向国际国内证明，现行政策不是决定于我一个人，而是决定于政策本身是否正确。排除个人因素，也许对中国对国际有好处。"

一个月后，邓小平在接受美国哥伦比亚广播公司《60 分钟》节目记者迈克·华莱士的电视采访时，向全世界表示："我提倡废除终身制，而且提倡建立退休制度。你也知道，我同意大利记者法拉奇谈话时说，我干到一九八五年就行了，现在超过一年了。我正在考虑什么时候退休。就我个人来说，我是希望早退休。但这个问题比较困难，在党内和人民当中很难说服。我相信，在我有生之年退休，对现行政策能继续下去比较有利，也符合我个人向来的信念。但这件事还要做更多的说服工作。最终我是一个共产党员，要服从党的决定。我是一个中华人民共和国的公民，要服从人民的意愿。我还是希望能够说服人民。"

华莱士问他："您当时告诉法拉奇准备一九八五年退休，您准备对华莱士作什么表示呢？"邓小平答道："坦率地告诉你，我正在说服人们，我明年在党的十三大时就退下来。但到今天为止，遇到的是一片反对声。"

这一年的 10 月 7 日、22 日，刘伯承、叶剑英相继去世。作为同一时代的亲密战友和同事，邓小平同刘伯承、叶剑英都有着长达半个多世纪的深厚交往，彼此也有难以言表的深厚感情，两位元帅的离世给邓小平很深触动。参加叶剑英追悼会后的第二天，10 月 30 日上午 10 点，他同李先念来到陈云住地，三位老人进行了一次长谈。邓小平和李先念落座后，陈云示意身边工作人员离开办公室。陈云的警卫员赵天元后来回忆："我刚走到值班室，电铃响了，我又赶紧转回去，打开办公室门，看到李主席已起身正往门口走，见我进来，三位老人都高声冲我说：'烟，拿烟。'我赶忙出来向邓小平的秘书张宝忠要烟，他匆忙从口袋里掏出一包已拆封的硬盒十支装'熊猫'牌香烟，我接过来边走边打开烟盒盖，还拿进去两个烟灰缸和两盒火柴，我知道李主席不抽烟，但又不好意思只给邓小平一个人放。陈云说：'李主席不用烟灰缸。'我就只放了一个烟灰缸，把烟交给邓小平就关上门出来了。谈话结束后，听到电铃声，我快速进办公室，李主席已从座位上站起来，三位老人又谈了一会儿话。邓小平和李主席走后，我看烟灰缸里有六个过滤嘴烟头，说明邓小平在八十分钟内抽完了六支香烟。"十三大召开的前几天，陈云讲了这次谈话的中心内容："去年十月小平同志、先念同志和我共同商定，十三大时一起退下来。这是党的事业的需要。"

邓小平亲自作出表率，提出在党的十三大上实现退休，以利于推动党和国家领导层的年轻化。但这件事提出后引起很大反响，党内党外很多人表示不能接受。比如，王震曾为此专门咨询聂荣臻元帅。聂荣臻在沉思半晌后，回答王震："我认为，现在是过渡期，局面还不稳，小平暂时还不能全退，他可以不参加常委会。他全退了，不当军委主席，一旦有事，怎么号令全军？只有他能镇得住，他在，军队就不会乱。所以，小平还不能全退。"王震走后，聂荣臻让秘书连夜整理好他的意见，专门命名为"备忘录"，并请王震上交中央。"备忘录"中说："现在，我们党实际上的领袖就是小平同志。他是众望所归，自然形成的，无论党内外、国内外，一致公认他是我们的领袖。在当前形势下，小平同志不是退的问题，应该是继续进。他的健康情况也允许他再领导大家奋斗几年。由于我们现在没有党的主席职务，那就在政治局常委中仍然保持小平同志的重要的领导地位。当然，我们的事业还需要更多的新生力量，在政治局常委中再增加两三位年轻一点的同志也需要。人们对包括小平同志在内的政治局常委的充分信赖，正是构成我们今天建设事业发达的重要因素。关于军委主席一职，还是由小平同志兼一个时期好。当前大仗是一时难打，但自从宣布军队整编、裁军百万以后，基层思想很不稳定。如此时小平同志再退出，确实对稳定军心不利。"当时中央领导正集中在北戴河研究十三大有关问题，王震遂带着聂荣臻的"备忘录"到北戴河正式向中央进行汇报，中央对此进行了研究。应该说，中央在考虑邓小平退休请求的过程中，聂荣臻元帅的意见发挥了很大的作用。据宋任穷回忆："后来，经过反复酝酿，才议定邓小平、陈云、李先念同志'半退'，即退出党的中央委员会，仍担任一个职务，小平同志任中央军委主席，陈云同志任中顾委主任，李先念同志任全国政协主席。"

虽然不完全符合自己的设想，邓小平也只能接受组织上的安排。9月11日，他在会见冢本三郎率领的日本民社党第八次访华团时，谈了事情的由来："我的本意是完全退休，提了好几年，但大家不赞成。从现在的情况看，从中国人民的愿望来说，还需要我。我搞半退休，这能实现政治局常委的比较年轻化，又能保证自己还能起应该起的作用。"他在这次谈话中还畅想自己的退休生活："尽量少做事情。没有其他理由，只想多活几年。我只追求两个目标，一个是在本世纪末中国实现小康社会；另一个就是我要活到一九九七年七月，到香港做一次旅行。那时我以退休后的身份去，只能说是旅行。"

10月16日，也就是十三大召开前夕，邓小平在会见德意志联邦共和国巴伐利亚州州长、基督教社会联盟主席施特劳斯时谈到了他此时的考虑："十三大本身就是一个改革，不仅经济体制要改革，政治体制也要改革。各级领导机构要年轻化，也是政治体制的重要改革。这一时期，我提出全退，但都不赞成，所以半退，保留军委主席。根据国家的需要，根据党的需要，我还是可以起现在起的作用。这样的安排有一个最大的好处，就是一旦马克思召见，不会引起什么波动。在有生之年做好后事安排，非常有利。这次人事变动更加体现了政治的稳定和政策的连续性。"

到了1989年的下半年，我国经历政治风波，局势逐渐平缓以后，邓小平认为退休的事不能再拖。9月4日，也就是他致信中央政治局的当天上午，邓小平约江泽民、李鹏、乔石、姚依林、宋平、李瑞环、杨尚昆、万里在住地谈话，主要就是商量自己退休的事。邓小平说："退的决心我已经下了好几年了。我过去多次讲，可能我最后的作用是带头建立退休制度。下次党代表大会不搞顾问委员会了，还是搞退休制度。我退休的时间是不是就确定在五中全会。退的方式，越简单越好。我多次讲，一个国家的命运寄托在一两个人的威望上是很不正常的。而利用退休又来歌功颂德一番，也没有什么好处。退休方式要简化，死后丧事也要简化。我提议江泽民同志当军委主席。希望新的中央领导集体给国际国内树立一个安定团结和改革开放的形象。我们是一个大国，只要我们的领导很稳定又很坚定，那末谁也拿中国没有办法。改革开放放弃不得。如果固守成规，照过去的老框框一模一样地搞，没有一些试验、一些尝试，包括受一些挫折、有一些失败的尝试，肯定达不到我们的战略目标。党中央的权威必须加强。特别是有困难的时候，没有中央、国务院这个权威，不可能解决问题。"他在谈话的最后说："到本世纪末翻两番有没有可能？我希望活到那个时候，看到翻两番实现。"

邓小平这次终于如愿以偿。11月6日至9日，中共十三届五中全会在北京举行。7日，邓小平致信中央政治局常委，向中央全会提议：江泽民任党中央军委主席，杨尚昆任党中央军委第一副主席，刘华清任党中央军委副主席，杨白冰任党中央军委秘书长；免去杨尚昆党中央军委秘书长职务，免去洪学智、刘华清党中央军委副秘书长职务。同日，中央政治局会议讨论通过这个提议。十三届五中全会审议通过《关于同意邓小平同志辞去中共中央军事委员会主席职务的决定》和《关于调整中共中央军事委员会组成人员的决定》，决定由江泽民任中共中央军事委员会主席。9日这天，邓小平会见了出席中共十三届五中全会的全体同志，他对所有人诚恳地表示："感谢同志们的理解和支持，全会接受了我退休的请求。衷心地感谢全会，衷心地感谢同志们。"

2. 保驾护航

不过，我国在这一时期遭遇的严峻困境，使邓小平依然不能享受他理想中的退休生活。1989年，我国遭遇严重的政治风波，邓小平在6月9日接见首都戒严部队军以上干部，当时原本没有安排讲话，但邓小平即席发表了重要的长篇讲话，对这场风波进行了深入分析，主动回答一些关键性的问题，他指出："这场风波迟早要来。这是国际的大气候和中国自己的小气候所决定了的，是一定要来的，是不以人们的意志为转移的。"关于"国际的大气候"，一个星期后邓小平在同江泽民、李鹏、杨尚昆等人谈话时作了进一步说明："整个帝国主义西方世界企图使社会主义各国都放弃社会主义道路，最终纳入国际垄断资本的统治，纳入资本主义的轨道。"美国作家威廉·曼彻斯特在《光荣与梦想》一书中记载：30年代的大危机时期，美国的失业工人无路可走，苏联驻美国的贸易公司平均每天收到350份申请书，要求移居苏联。而苏联解体前，美国驻苏使馆前苏联人又排起长队等待赴美的签证。"社会主义不如资本主义"的思潮泛滥开来，为西方资本主义国家推行和平演变提供了可乘之机。而所谓"中国自己的小气候"，实际就是邓小平在1979年3月在党的理论工作务虚会上就警示过的："社会上有极少数人正在散布怀疑或反对这四项基本原则的思潮，而党内也有个别同志不但不承认这种思潮的危险，甚至直接间接地加以某种程度的支持。虽然这几种人在党内外都是极少数，但是不能因为他们是极少数而忽视他们的作用。事实证明，他们不但可以而且已经对我们的事业造成很大的危害。"他在风波爆发10年前就强调："每个共产党员，更不必说每个党的思想理论工作者，决不允许在这个根本立场上有丝毫动摇。如果动摇了这四项基本原则中的任何一项，那就动摇了整个社会主义事业，整个现代化建设事业。"

风波平息了，但引发严重后果。在国内，出现质疑和否定改革开放的思潮。一些报刊载文提出，阶级斗争仍然是中国社会的主要矛盾，在当前和今后的相当长的历史阶段，应该把反对和平演变作为党和国家的中心工作。有人则提出，实行改革开放是发生政治风波的根本原因，多一份外资就多一份资本主义，改革开放必须问一问姓社姓资问题。我国改革步伐放慢，发展陷入低谷。在国外，东欧正在发生剧变，苏联共产党的执政地位岌岌可危，国际社会主义运动陷入低潮。同时，国际上掀起一股声势浩大的反华浪潮，西方国家对中国实行"制裁"，一些外商投资和中外合作的建设项目放缓。1989 年外商直接投资项目由 1988 年的 5945 个减少到 5779 个，引进外资由 1988 年的 98.13 亿美元减少到 51.85 亿美元。这些都使得不少人对社会主义的前途命运产生困惑，对改革开放产生疑虑。当年 7 月 27 日，美国《巴尔的摩太阳报》刊登记者约翰·伍德拉夫发自北京的报道《北京正在一步一步地向世界关上大门》。

为了帮助国家渡过难关，邓小平以其半个多世纪革命工作积淀下的政治智慧，采取了一系列重要行动。首先，就是坚决支持新产生的中央领导集体，为他们保驾护航，帮助他们站稳脚跟，顺利地开展工作。

1989 年 5 月 20 日，邓小平同陈云、李先念、彭真、杨尚昆等人在住地开会，提议江泽民担任党的总书记。6 月 1 日，邓小平同前一天刚刚从上海来到北京的江泽民谈话，明确告诉他中央的决定。6 月 16 日，邓小平同江泽民、李鹏、乔石、姚依林、宋平、李瑞环、杨尚昆、万里谈话，明确提出："我们中国共产党现在要建立起第三代的领导集体。任何一个领导集体都要有一个核心，没有核心的领导是靠不住的。第一代领导集体的核心是毛主席。第二代实际上我是核心。第三代的领导集体也必须有一个核心，就是现在大家同意的江泽民同志。新的常委会从开始工作的第一天起，就要注意树立和维护这个集体和这个集体中的核心。只要有一个好的政治局，特别是有一个好的常委会，只要它是团结的，努力工作的，能够成为榜样的，就是在艰苦创业反对腐败方面成为榜样的，什么乱子出来都挡得住。这是最关键的问题。国家的命运、党的命运、人民的命运需要有这样一个领导集体。"他还说："不希望在新的政治局、新的常委会产生以后再宣布我起一个什么样的作用。一个国家的命运建立在一两个人的声望上面，是很不健康的，是很危险的。"

6月23日至24日，党的十三届四中全会在北京召开，对中央领导机构做了调整，增选江泽民、宋平、李瑞环为中央政治局常委；选举江泽民为中共中央总书记；新的中央政治局常委会由江泽民、李鹏、乔石、姚依林、宋平、李瑞环6人组成。之后，邓小平在多种场合表达对江泽民和新的领导集体的支持，他对外国领导人表示："第三代领导集体就是以江泽民同志为核心。江泽民同志知识面比较宽，多年来都是地方和部门的重要干部。这四个多月的中央工作很不错。他工作扎实，而且比较民主。"11月12日，邓小平对参加中央军委扩大会议的全体同志说："确定以江泽民同志为核心的党中央，是我们全党做出的正确的选择。"同时，他也多次表示："新的领导一建立，要一切负起责任，错了也好，对了也好，功劳也好，都是你们的事。这样你们可以放手工作，对于新的集体自我锻炼也有好处。"在邓小平等老一辈革命家的大力支持下，受命于危难之际的党的第三代中央领导集体，卓有成效地开展工作，带领全国人民克服困难，继续前进。

按照邓小平提出"要扎扎实实做几件事情，体现出我们是真正反对腐败"的要求，中央针对党内腐败现象严重和严重脱离群众现象，于1989年7月28日作出《关于近期做几件群众关心的事的决定》，要求从党中央、国务院的领导做起，在制止腐败和带头廉洁奉公、艰苦奋斗方面先做7件事：进一步清理整顿公司；坚决制止高干子女经商；取消对领导同志少量食品的"特供"；严格按规定配车，禁止进口小轿车，中央政治局、书记处成员和国务院会议组成人员一律使用国产车；严格禁止请客送礼；严格控制领导干部出国；严肃认真地查处贪污、受贿等犯罪案件，特别要抓紧查处大案要案。1989 年 11 月，中共中央批转中央纪律检查委员会《关于加强党风和廉政建设的意见》，强调加强党风和廉政建设，必须从领导机关和领导干部抓起，必须贯彻"一要坚决，二要持久"的方针。按照中共中央 8 月 28 日发出的《关于加强党的建设的通知》，各级党组织在 1989 年秋冬和 1990 年春对在政治风波中的重点人和重点事认真进行了清查、清理。其后又按照从严治党的方针，在全党进行了一次做合格共产党员的教育，并在部分党员中进行了重新登记工作。党员重新登记工作从 1989 年底开始，至 1990 年 6 月基本结束，保证了党的队伍的纯洁性。1990 年 3 月，党的十三届六中全会又通过《关于加强党同人民群众联系的决定》，提出从 7 个方面坚持不懈地努力加强党同人民群众的联系。这一系列措施使我国国内的形势迅速稳定下来。

3. 打破围堵

在国际上，邓小平决心打破西方国家的"制裁"与围堵。1989 年 6 月 5 日至 7 月 15 日，美国、日本、欧共体和西方七国首脑会议相继发表声明，中止与中国领导层的互访，停止向中国军售和商业性武器出口，推迟国际金融机构向中国提供新的贷款，一时有"黑云压城城欲摧"的感觉，中国对外关系遭遇改革开放以来空前巨大的压力和极端困难的局面。面对这种情况，邓小平首先利用各种会见外国客人的机会，对西方国家的"制裁"予以公开驳斥，他指出："西方一些国家对中国的制裁是不管用的。中华人民共和国是打了二十二年仗才建立起来的，是在被封锁、制裁、孤立中成长起来的。经过四十年的发展，特别是经过最近十年的发展，我们的实力增强了，中国是垮不了的，而且还要更加发展起来。这是民族的要求，人民的要求，时代的要求。""我是一个中国人，懂得外国侵略中国的历史。当我听到西方七国首脑会议决定要制裁中国，马上就联想到一九〇〇年八国联军侵略中国的历史。七国中除加拿大外，其他六国再加上沙俄和奥地利就是当年组织联军的八个国家。要懂得些中国历史，这是中国发展的一个精神动力。""世界上最不怕孤立、最不怕封锁、最不怕制裁的就是中国。建国以后，我们处于被孤立、被封锁、被制裁的地位有几十年之久。但归根结底，没有损害我们多少。为什么？因为中国块头这么大，人口这么多，中国共产党有志气，中国人民有志气。还可以加上一点，外国的侵略、威胁，会激发起中国人民团结、爱国、爱社会主义、爱共产党的热情，同时也使我们更清醒。所以，外国的侵略、威胁这一套，在我们看来并不高明，而且使我们可以从中得到益处。事实表明，那些要制裁我们的人也开始在总结经验了。总之，中国人民不怕孤立，不信邪。不管国际风云怎么变幻，中国都是站得住的。这是我讲的怎样真正认识中国的话。"到 1990 年 7 月，邓小平对加拿大前总理特鲁多说："一些国家对中国实行制裁。我认为，第一，他们没有资格制裁中国；第二，实践证明中国有抵抗制裁的能力。中国经济发展虽然受了一些影响，但影响不大。事实上，制裁正在逐渐消失。中国的特点是建国四十多年来大部分时间是在国际制裁之下发展起来的。我们别的本事没有，但抵抗制裁是够格的。所以我们并不着急，也不悲观，泰然处之。尽管东欧、苏联出了问题，尽管西方七国制裁我们，我们坚持一个方针：同苏联继续打交道，搞好关系；同美国继续打交道，搞好关系；同日本、欧洲国家也继续打交道，搞好关系。这一方针，一天都没有动摇过。中国度量是够大的，这点小风波吹不倒我们。"他特别强调："中国永远不会接受别人干涉内政。"

接着，邓小平在实现完全退休前后的一段时间，向中央提出关于国际事务的指导意见，后来被概括为人们熟知的四句话："冷静观察，稳住阵脚，沉着应付，有所作为。"了解情况的人也知道，前三句和最后一句并不是同时提出的，其中相差了一年多的时间。可以说，"有所作为"是一条关键性的补充，其充分地反映出这一年多的时间里邓小平对世界的观察与思考。

1989 年 9 月 4 日，邓小平在同新一代中央领导集体的谈话中提出："对于国际局势，概括起来就是三句话：第一句话，冷静观察；第二句话，稳住阵脚；第三句话，沉着应付。不要急，也急不得。要冷静、冷静、再冷静，埋头实干，做好一件事，我们自己的事。"在当时，这三句话每一句都有很强的现实针对性。从今天来看，当时中国即将面对世界性的政治危机，中国首先要确定的是把握住自己，但世界局势后果难料，邓小平提出的"冷静、冷静、再冷静"正是应对危机的不二法门。

1990 年 3 月 3 日，邓小平在住地同江泽民、杨尚昆、李鹏等人谈话，此时距离 1991 年 3 月 27 日戈尔巴乔夫在苏联进行全民公投还有整整一年的时间。而 4 个月来，随着危机的不断爆发，世界局势更加混乱，邓小平却对世界发展趋势认识得更加清晰，他坚持时代主题的基本判断，并且隐含中国可以有所作为的乐观估计。他说："看起来，我们过去对国际问题的许多提法，还是站得住的。现在旧的格局在改变中，但实际上并没有结束，新的格局还没有形成。和平与发展两大问题，和平问题没有得到解决，发展问题更加严重。""我们对外政策还是两条，第一条是反对霸权主义、强权政治，维护世界和平；第二条是建立国际政治新秩序和经济新秩序。这两条要反复讲。"

"积极推动建立国际政治经济新秩序"，指的是为解决世界发展问题作出贡献。在 20 世纪 80 年代中期提出时代主题是和平与发展时，邓小平就谈到了中国是世界和平力量，突出中国在世界政治格局中的作用，但关于中国可以为世界发展作出贡献他并没有多讲。这是因为当时中国经济比较落后，即使是邓小平也只能着眼于"发达国家应该清楚地看到，第三世界国家经济不发展，发达国家的经济也不可能得到较大的发展"。但经过几年的发展变化，邓小平预见到中国未来在世界经济格局中的地位，中国将逐步具备关于世界发展问题的话语权，所以在 20 世纪 90 年代他再次强调："我可以明确地肯定地讲一个观点，中国现在是维护世界和平和稳定的力量，不是破坏力量。中国发展得越强大，世界和平越靠得住。"这一判断已经被今天的现实所印证。

早在 1974 年联合国大会发言时，邓小平就提出建立国际经济新秩序的基本主张。十一届三中全会以后，他直接领导进行 10 年纵横捭阖的外交实践，取得辉煌成就。时隔 10 余年，根据长期的观察与思考，邓小平将在联合国提出的国家经济新秩序问题扩展为建立国际政治经济新秩序，并且明确了和平共处五项原则的基础性地位。到 1988 年下半年，也就是国际格局发生剧变的前夕，根据国际形势和中国最新的深刻变化，邓小平提出"建立国际新秩序"的主张。他指出："现在需要建立国际经济新秩序，也需要建立国际政治新秩序。新的政治秩序就是要结束霸权主义，实行和平共处五项原则。最经得住考验的不是霸权政治，不是集团政治，而是和平共处五项原则。我们要经过几十年的努力，在和平共处五项原则的基础上建立国与国之间的关系，特别是邻国之间的关系。解决战争与和平的问题，建立国际新秩序的问题，都需要这些原则。"即使在邓小平退休以后，国际格局发生剧变，他也始终坚持这一主张。

1990 年底，邓小平再次同江泽民、杨尚昆、李鹏谈话，经过一年多的观察和思考，他对中国在危机后的新世界中可以发挥的作用已经有比较准确的认识。在谈到国际问题和中国的对外政策时，邓小平首先从不能做什么说起："中国永远站在第三世界一边，中国永远不称霸，中国也永远不当头。"随后，正式提出了"有所作为"的指导原则："在国际问题上无所作为不可能，还是要有所作为。""作什么？我看要积极推动建立国际政治经济新秩序。我们谁也不怕，但谁也不得罪，按和平共处五项原则办事，在原则立场上把握住。"

在邓小平指导下，党和政府对美国为首的西方国家的无理"制裁"开展了有理、有利、有节的斗争，在对外工作中形成了"坚持原则、利用矛盾、广交朋友、多做工作、打破制裁、避免孤立"的有效方针。在具体措施中，首先从中日关系方面找到了打破"制裁"与围堵的突破口。

当时，日本政府冻结中日两国间部长级以上的高层往来和一些合作项目，限制日本人来华，推迟原定秋季开始提供的第三批政府贷款谈判，使两国关系处于停滞状态。但日本出于本国利益考虑，在跟随美国"制裁"中国时采取比较"克制"的态度，希望"避免把中国逼进在国际上受到孤立的境地"。发现了这个有利信号，为早日恢复中日关系，在邓小平直接领导下，中方采取了一系列政治和经济相结合、官方和民间相结合的措施，促使日本加速改善与中国的关系。1989 年 8 月 2 日，中国外交部部长钱其琛在巴黎柬埔寨问题国际会议期间会见日本外相三冢博，之后在纽约两国外长又进行沟通。9 月 19 日上午，已经向中央政治局致信请求退休的邓小平专门会见来访的日本日中友好议员联盟会长伊东正义，他对伊东正义说："我们对西方七国首脑会议主宰一切表示怀疑。中国不怕威胁，不怕孤立，也不怕制裁。提出制裁中国的国家，其内部是否行得通还是个问题，现在事实上也没有行得通。一个国家自称为世界宪兵的时代已经过去了。""老实说，制裁十年二十年，中国也还是存在。"邓小平真诚地表示："不管国际上有什么变化，也不管日本和中国国内有什么变化，中日友好不能变，也不会变。中日两国世世代代友好下去是大家的愿望。"作为日本国内著名的政治家，伊东正义也向中方转达日本首相海部俊树重视对华关系、希望此行成为对两国关系有意义的一次访问的积极信号。1989年9月25日，日本政府宣布全面解除对日本人访华的限制。12月1日，已经退休的邓小平又会见以樱内义雄为团长的日本国际贸易促进协会访华团主要成员，他对众人表示："我虽然退休了，但还是关注着中日两国关系的发展。我们两国毕竟是近邻，我对中日友好有一种特殊的感情。即使在日本军国主义发动侵华战争时，也有很多日本人在反对侵略。讲历史要全面，既要讲日本侵华的历史，也要讲日本人民、日本众多友好人士为中日友好奋斗的历史，这些人多得很呐！你们这么大的一个代表团来中国访问，肯定有人会不高兴的，但是你们的勇敢行动证明，日本人民同中国人民一样，是希望中日两国世世代代友好下去的。对一小撮不甘心中日友好的人，唯一的办法就是用不断加强友好、发展合作来回答他们。"

1990年1月，国务委员兼国家计委主任邹家华应日本政府邀请访日，会见日本首相海部俊树、外相中山太郎等人。3月29日、6月7日，中日两国分别在东京、北京成立日中、中日投资促进机构。7月9日，海部俊树在西方七国首脑会议上强调不应孤立中国，重申要逐步恢复对华第三次贷款。7月中旬，日本首相特使访华，向中方正式转达日本政府关于恢复第三批政府贷款的决定。1991年8月，海部俊树访华，正式宣布解除对华制裁和恢复日元贷款，在中日双方的共同努力下，日本作为首个解除对华"制裁"的发达国家，成为打破西方围堵的突破口。

4. 接收香港

同中日关系相比，中英关系有其特殊性，因为还伴有一个香港问题。当时英国虽然参与对华"制裁"，但双方保持着一定的高级接触。1989 年 7 月和 9 月，在巴黎柬埔寨问题国际会议和第 44 届联合国大会期间，中国外长同英外交大臣举行会晤。10 月，英国议会中国小组主席艾德礼率团访华。12 月，英国首相外事顾问柯利达访问中国，并带来英首相致江泽民主席的亲笔信。1990 年，英方提出恢复中国省市领导人访英和双方各级定期磋商。在中国政府邀请下，7 月 24 日，英国负责远东事务的外交国务大臣莫德抵京访华，成为风波后第一位访问中国的欧洲国家部长级官员。1991 年 4 月，英外交大臣赫德访华。9 月，英国首相梅杰访问中国，承诺将对重建相互信任的关系而竭尽全力，中英关系由此基本恢复正常。

梅杰访华期间，中英两国签署了《关于香港新机场建设及有关问题的谅解备忘录》。不过，中英之间围绕香港回归的问题还是再起波澜。1982 年 9 月，邓小平与时任英国首相撒切尔夫人会谈，经过正面交锋定下了中英关于香港问题的磋商基调，当年 10 月，中英双方开始就香港问题进行谈判，长达 22 轮。1984 年 12 月 19 日，《中英联合声明》的正式签署仪式在北京人民大会堂西大厅举行，在外飘零百年的香港终于踏上回家的路。撒切尔夫人在出席仪式时表示："我对香港未来更加繁荣充满信心，很荣幸与中国朋友一同出席今天这个特别的仪式。这个仪式是不同寻常的，这个声明也是不同寻常的。它关乎历史、尊严以及对未来的信心。很荣幸我能出席这个激动人心的仪式。"凭借邓小平提出的"一国两制"方针，中国和英国和平解决香港的前途问题，成为全世界解决历史遗留国际争端的范例。撒切尔夫人也认为"从历史的观点看'一国两制'是最富天才的创造"。同时，香港也进入了回归前13年的过渡期。"一国两制"由构想变成实践，这一创举史无前例、没有任何可循的经验，如何实现平稳过渡成为摆在人们面前首要的难题。早在1982年与撒切尔夫人会谈时邓小平就预见到："我担心的是今后十五年过渡时期如何过渡好，担心在这个时期中会出现很大的混乱，而且这些混乱是人为的。这当中不光有外国人，也有中国人，而主要的是英国人。制造混乱是很容易的，我们进行磋商就是要解决这个问题。"到20世纪80年代末90年代初，由于苏东剧变、中国遭遇困难，英国政府错估形势，重新燃起继续管治香港的妄想，试图在香港建立一个"没有英国人的英国社会"，在回归后仍然保持对香港政治上的影响力。所以，英方单方面中断中英联合联络小组几乎所有的谈判，准备把原来中英双方达成的所有谅解协议统统推翻，想把这10年间在谈判桌上面没有捞到的东西重新夺回来。面对英方的不守信用，中方毫不退让，英方见正常手段无法奏效，就接连打出三张攻击中国、损害香港的牌。首先就是推行"居英权计划"，秘密给予部分香港居民完全英国公民地位，以拉拢他们站在英国一边，反对中国。全国港澳研究会原会长陈佐洱回忆："所谓的'居英权计划'，它（英国）给香港，5万个各界的精英，有官方的，有商界的，有传媒的，有司法的，有学术界的，5万个精英，加上他们的家属，大概22.5万人，发英国国土公民的护照。不是护照发给本人，是给他英国国土公民的身份，给他一个密码，终身有效。"继而又通过《香港人权法案条例》，把许多在英国都尚未实施的条款施加于香港，企图将其凌驾于中国宪法和香港特区基本法之上。最后，英方不向中方作任何通报，突然抛出一个跨越1997年、耗资达1247亿港元之巨的

"机场及港口发展策略"。陈佐洱说："通过这个工程，大把的香港的资金流到英国去了。中方对英方打出的这三张烂牌是坚决抵制的。"

1992 年 7 月，正当斗争激烈之时，彭定康从英国来到香港就任总督。新华社香港分社原副社长张浚生回忆："其实从他第一天到香港的时候，我已经感觉到这个人是一个很爱作秀的人。而且他殖民主义思想很严重，他确实是一个政客。"1993 年 3 月 12 日，彭定康突然在香港立法局发表声明，公布所谓"宪制方案"，提出对传统香港政治体制进行"根本性的改变"的"代议制改革"，妄图把既定的"行政主导"的政治体制改为"立法主导"。这样，英国就可以通过亲英分子左右香港的政务，继续保留对香港政治的影响和操纵，甚至将香港变成一个独立或半独立的政治实体。外交部原副部长周南说："他这样做的目的是什么呢？表面上来讲他要加速香港的民主进程，真实目的在于，为他能够在 1997 年之后通过立法局继续操纵香港的政局提供便利。"尽管这一方案受到中方和香港广大民众甚至是英国本土开明人士的强烈批评，但彭定康一意孤行，完全置香港的利益于不顾，使香港的前途蒙上阴影。针对彭定康倒行逆施的伎俩，中方坚决予以拒绝，又是邓小平明确提出了应对方针。周南回忆："邓小平知道这个事情，他有明确的指示，他说这个问题要坚决抵制，如果英国人要继续这样干，我们就另起炉灶。"

按照邓小平的指示，1993 年以后，鉴于中英两国政府在解决香港问题上的合作基础已经被破坏，中方决定"另起炉灶"，筹组香港特别行政区第一届政府和立法会，采取实际行动维护国家尊严和香港广大同胞的权益。全国港澳研究会副会长、香港特区政府中央政策组首席顾问刘兆佳说："在这种情况下，中英谈判来处理好香港这个过渡问题就变成不可能。要顺利收回香港，重新稳定香港局面，让香港人继续对香港前景抱有信心，就只能单方面靠中方把工作做好。"在筹备成立香港特别行政区的过程中，中央充分贯彻"面向港人、依靠港人"的方针，把组建香港特别行政区第一届政府推选委员会作为重点。作为"一国两制"的制定者，邓小平相信香港同胞的智慧，也为港人治港定出一个明确的界限和标准："就是必须由以爱国者为主体的港人来治理香港。"而邓小平为"爱国者"下的定义体现了宽阔的胸怀，他指出："爱国者的标准是，尊重自己的民族，诚心诚意拥护祖国恢复行使对香港的主权，不损害香港的繁荣和稳定。""我们不要求他们都赞成中国的社会主义制度，只要求他们爱祖国，爱香港。"1996 年 12 月 11 日，推委会第三次全体会议选举董建华为香港特别行政区第一任行政长官人选。从推委们的座位到投票箱只有几十米，香港人整整走了 150 年。后来担任香港特区第四任行政长官的梁振英当时是选举的监票人，他回忆："那次选举很顺利，我当年是这场选举的总监票，点票的时候是唱票，每唱一张票，投哪一个候选人的，就榜上写正字。因为有 400 个推选委员，过半数就可以当选，所以他（董建华）已经拿到超过 200 票，全场已经鼓掌了。""那次是香港第一次通过民主方式，选举产生香港的首长，这个很有历史意义。"1996 年 12 月 16 日，国务院总理李鹏签署 1996 年第 207 号国务院令，任命董建华为香港特别行政区第一任行政长官。

1997 年 6 月 30 日下午，瓢泼大雨光临全港，香港用这样的方式洗刷了 156 年的屈辱，迎接自己的重生。临近凌晨 0 点时分，在距离回归典礼举行地会展中心不到 1 公里的驻港英军部队司令部所在地——威尔斯军营，中国人民解放军驻香港部队与驻港英军进行香港的防务事务接管仪式。晚 11 时 52 分，英方部队进入交接位置。11 时 54 分，驻港部队进入交接位置。11 时 56 分，驻港部队哨兵进入营门两侧。11 时 58 分，双方部队进门交接。驻港部队防务交接仪式中方卫队长谭善爱向英方郑重宣告："我代表中国人民解放军驻香港部队接管军营。你们可以下岗，我们上岗，祝你们一路平安！" 11 时 59 分 55 秒，最后一名英军跨出营门线。中国人民解放军要在香港驻军，这也是邓小平特别坚持的。1984 年六届全国人大二次会议和全国政协六届二次会议期间，香港《明报》于 5 月 2 日报道中央一位负责人对记者表示 1997 年后中国不会在香港驻军，邓小平为此大发雷霆，当事人也为此当众做了深刻检讨。5 月 25 日，邓小平在接见港澳地区人大代表和政协委员时特别向媒体声明："趁这个机会，我要对记者们说几句话。关于'将来不在香港驻军'的讲话，不是中央的意见。既然香港是中国的领土，为什么不能驻军！英国外相也说，希望不要驻军，但承认我们恢复行使主权后有权驻军。没有驻军这个权力，还叫什么中国领土！"后来，他在会见香港特别行政区基本法起草委员会委员时有预见性地指出："切不要以为香港的事情全由香港人来管，中央一点都不管，就万事大吉了。这是不行的，这种想法不实际。中央确实是不干预特别行政区的具体事务的，也不需要干预。但是，特别行政区是不是也会发生危害国家根本利益的事情呢？难道就不会出现吗？那个时候，北京过问不过问？难道香港就不会出现损害香港根本利益的事情？能够设想香港就没有干扰，没有破坏力量吗？我看没有这种自我安慰的根据。如果中央把什么权力都放弃了，就可能会出现一些混乱，损害香港的利益。所以，保持中央的某些权力，对香港有利无害。大家可以冷静地想想，香港有时候会不会出现非北京出头就不能解决的问题呢？过去香港遇到问题总还有个英国出头嘛！总有一些事情没有中央出头你们是难以解决的。中央的政策是不损害香港的利益，也希望香港不会出现损害国家利益和香港利益的事情。要是有呢？所以请诸位考虑，基本法要照顾到这些方面。有些事情，比如一九九七年后香港有人骂中国共产党，骂中国，我们还是允许他骂，但是如果变成行动，要把香港变成一个在'民主'的幌子下反对大陆的基地，怎么办？那就非干预不行。干预首先是香港行政机构要干预，并不一定要大陆的驻军出动。只有发生动乱、大动乱，驻军才会出动。但是总得干预嘛！"

1997年7月1日凌晨0时0分，鲜艳的五星红旗和香港特别行政区区旗第一次同时飘扬在香港的上空。0时3分，江泽民主席代表中国政府庄严宣告："1997年7月1日这一天，将作为值得人们永远纪念的日子载入史册。经历了百年沧桑的香港回归祖国，标志着香港同胞从此成为祖国这块土地上的真正主人，香港的发展从此进入一个崭新的时代。"首任特首董建华宣誓就职，香港特区政府正式成立。董建华在香港回归仪式上讲话指出："香港经历了156年的漫漫长路，终于重新跨进祖国温暖的家门。我们在这里用自己的语言向全世界宣告：香港进入历史的新纪元。"他还郑重说道："我代表香港人士，对卓琳女士来香港参加回归的盛事，表示热烈的欢迎。"全场瞬间响起热烈的掌声，与邓小平相伴一生的卓琳出席回归大典，弥补了为香港回归贡献无数心血，却未能亲眼看到这一神圣时刻的邓小平的遗憾。

5. 协调中美

当然，要最终打破围堵，还必须解决牵头"制裁"中国的西方发达国家之首——美国的问题。

中美建交后，两国关系在曲折中发展，1984年4月28日上午，邓小平与中美建交后访华的第一位美国现任总统里根进行正式的高级会谈，双方就发展中美关系的新原则达成谅解，中美关系在双边互利的基础上进入相对平稳的发展时期，双方没有再因台湾问题发生严重争吵，而且高层互访频繁。1985 年 10 月 15 日，邓小平对美国副总统乔治·布什说："中美关系在发展过程中曾出现过一些风波，后经过彼此增加了解，协调立场，一些问题得到一定程度的谅解，关系的发展总的来说是正常的，但问题并未完全解决。真正影响中美关系发展的还是台湾问题，这个问题如得不到很好解决，我们两家不知在一种什么情况下又会发生冲突。这个问题解决了，中美之间就没有障碍了，双方就可以畅通无阻地发展各个领域的关系。"1986 年 10 月 9 日，邓小平在会见美国国防部部长卡斯珀·温伯格时指出："美国现在有一种议论，说中美关系比过去更加成熟了，我赞成这种观点。"但是 1989 年政治风波之后，美国带头"制裁"中国，使两国关系陷于严重困难，中美关系降到了建交以来的最低点。

实际上，美国与中国为敌并不符合其自身利益，所以它一方面带头"制裁"中国，令其盟友制造很大的声势，另一方面又秘密与中国沟通，希望中国能够谅解。1989 年 6 月 21 日这天，邓小平收到了美国总统布什来信，信中要求派特使访华。第二天，邓小平复信布什，表示同意他的建议，欢迎美国总统特使访华，进行真诚坦率的交谈。7 月 1 日至 2 日，美国国家安全事务助理斯考克罗夫特作为总统特使秘密访华。在 2 日会见斯考克罗夫特之前，邓小平对李鹏、钱其琛等人说："今天只谈原则，不谈具体问题。制裁措施我们不在意，吓不倒我们。"会见中，邓小平明确地对斯考克罗夫特指出："现在中美关系确实处在一个很微妙，甚至可以说相当危险的地步。中国没有触犯美国，任何一个小问题都没有触犯。问题出在美国，美国在很大范围内直接触犯了中国的利益和尊严。我要明确告诉阁下，中国的内政决不允许任何人加以干涉，不管后果如何，中国都不会让步。中国的内政要由中国来管，什么灾难到来，中国都可以承受，决不会让步。中国领导人不会轻率采取和发表处理两国关系的行动和言论，现在不会，今后也不会，但在捍卫中国的独立、主权和国家尊严方面也决不含糊。"10 月 31 日，邓小平又会见了美国前总统尼克松，他对尼克松说："你是在中美关系非常严峻的时刻到中国访问的。""我不说西方国家的政府，但至少西方有一些人要推翻中国的社会主义制度，这只能激起中国人民的反感，使中国人奋发图强。人们支持人权，但不要忘记还有一个国权。谈到人格，但不要忘记还有一个国格。特别是像我们这样第三世界的发展中国家，没有民族自尊心，不珍惜自己民族的独立，国家是立不起来的。""请你告诉布什总统，结束过去，美国应该采取主动，也只能由美国采取主动。美国是可以采取一些主动行动的，中国不可能主动。因为强的是美国，弱的是中国，受害的是中国。要中国来乞求，办不到。哪怕拖一百年，中国人也不会乞求取消制裁。如果中国不尊重自己，中国就站不住，国格没有了，关系太大了。中国任何一个领导人在这个问题上犯了错误都会垮台的，中国人民不会原谅的。这是我讲的真话。"

11 月，邓小平先后会见美国前国务卿基辛格、美国前驻华大使伍德科克夫妇等人，并继续与美国总统布什进行书信往来。12 月 10 日，他又一次会见美国总统特使斯考克罗夫特，并且表示："中美两国之间尽管有些纠葛，有这样那样的问题和分歧，但归根到底中美关系是要好起来才行。这是世界和平和稳定的需要。尽快解决六月以来中美之间发生的这些问题，使中美关系得到新的发展，取得新的前进，这是我们共同的愿望。"他最后对斯考克罗夫特说："请特使转告布什总统，在东方的中国有一位退休老人，关心着中美关系的改善和发展。"

　　但由于苏东发生剧变，美国开始重新评估世界形势，对改善中美关系变得冷淡。1990 年 5 月 13 日，邓小平委托访华的埃及总统穆巴拉克转告布什，不要因东欧事情过分兴奋，也不要用同样的方式来处理中国问题和中美关系。否则，双方很难不发生摩擦，甚至导致冲突。这对两国都不利。之后在中国最惠国待遇等问题上，美国的反应依然令人失望，但其冷淡态度并没有坚持很久。8 月 3 日凌晨，伊拉克军队入侵科威特领土，海湾危机爆发。中国政府对此的原则立场是：反对伊拉克使用武力入侵和吞并科威特；反对大国军事卷入；主张在阿拉伯国家联盟和海湾合作委员会的范围内，通过和平谈判解决伊拉克与科威特的争端。新的危机促使美国不得不再次考虑改善中美关系。8 月 31 日下午，邓小平收到美国驻华大使馆转交的布什来信。信中表示，美国不会缩小或降低具有重要战略性的美中关系。美国对中国就伊拉克占领科威特所采取的原则立场表示赞赏。1990 年 11 月 30 日至 12 月 1 日，中国外长钱其琛应邀访问美国，并与布什总统进行会面，双方决定推动中美关系恢复和发展。但此后美国仍不时干涉中国内政，双方摩擦不断。直到 1991 年 11 月 15 日至 17 日，美国国务卿贝克正式访问中国，双方达成诸多协议，实际上解除了美国对中国持续两年多的"制裁"。到此，中国同大多数西方国家的关系已经基本恢复。

　　与此同时，中国经过各方面的顽强努力，不仅全面改善和发展了同周边国家的关系，而且同世界其他地区一些重要国家的关系也取得突破。1990 年至 1992 年，中国同印度尼西亚恢复外交关系，中越关系实现正常化，中印关系有了很大改善，中国还同沙特阿拉伯、新加坡、以色列、韩国以及苏联解体后新建立的国家等 23 个国家建立外交关系。到 1992 年 8 月底，同中国建交的国家达到 154 个。

　　在邓小平的指导下，中国政府稳住阵脚、冷静观察、积极行动，用两年多的时间打破了国际反华势力的围堵，不仅没有因西方国家的"制裁"而被孤立，相反还在国际事务中发挥了积极作用。

6. 开发浦东

国际和国内的形势是相互联系的一个大局，邓小平是个爱讲"大局"，善讲"大局"的人，他说："不管对现在还是对未来，我讲的东西都不是从小角度讲的，而是从大局讲的。"邓小平多次强调，领导班子"眼界要非常宽阔，胸襟要非常宽阔"，"要从大局看问题，放眼世界，放眼未来，也放眼当前，放眼一切方面"。在打破国际上围堵的同时，邓小平面向国内思考的中心问题是如何进一步推动改革开放。

不可否认，政治风波搅乱大家的思维，阻碍改革开放的进程，负面效应很快显现出来。但在危机四伏的紧要关头，邓小平始终牢牢地坚持两个基本点，发挥了定海神针的作用。

第一点就是坚持中国的社会主义道路。苏联是世界历史上第一个社会主义国家，也曾是国际共产主义运动的旗帜，作为两极争霸中的一极，创造了辉煌的成就，它的失败除从根本上改变世界格局，对人心的影响更是难以估量。站在今天通过"倒放电影"的方式去回顾，其实很难体会到苏东剧变带来的巨大冲击，社会主义国家当时处境的艰难，还有面对全世界旗帜鲜明地坚持马克思主义所需要的理论勇气与政治定力。

还在1989年9月准备"交班"的时候，距离1991年12月25日苏联正式解体还有两年半的时间，邓小平就对国际局势的发展作出清晰的判断，他对第三代中央领导集体说："帝国主义肯定想要社会主义国家变质。现在的问题不是苏联的旗帜倒不倒，苏联肯定要乱，而是中国的旗帜倒不倒。因此，首先中国自己不要乱，认真地真正地把改革开放搞下去。没有改革开放就没有希望。这十年的成绩哪里来的？是从改革开放得来的。中国只要这样搞下去，旗帜不倒，就会有很大影响。当然，发达国家会对我们戒心更大。不管怎么样，我们还是友好往来。朋友还要交，但心中要有数。不随便批评别人、指责别人，过头的话不要讲，过头的事不要做。我看总的局势是这样，唯一的办法是我们自己不乱。我们的基础好，是几十年打出来的，这个威势一直要传到后代，保持下去，这是本钱。"时隔30多年，联系今天的国际局势，我们不得不佩服他的高瞻远瞩。

作为结论，邓小平特别地强调："别人的事情我们管不了，只讲一个道理：中国的社会主义是变不了的。中国肯定要沿着自己选择的社会主义道路走到底。谁也压不垮我们。只要中国不垮，世界上就有五分之一的人口在坚持社会主义。我们对社会主义的前途充满信心。"

另一点就是坚持改革开放。在1989年6月9日的讲话中，邓小平就明确地指出："改革开放这个基本点错了没有？没有错。没有改革开放，怎么会有今天？这十年人民生活水平有较大提高，应该说我们上了一个台阶，尽管出现了通货膨胀等问题，但十年改革开放的成绩要充分估计够。""总结我们过去十年，我们的一些基本提法，从发展战略到方针政策，包括改革开放，都是对的。要说不够，就是改革开放的还不够。""今后我们怎么办？我说，我们原来制定的基本路线、方针、政策，照样干下去，坚定不移地干下去。""现在的问题不是改革开放政策对不对，搞不搞，而是如何搞。"

因此，邓小平对第三代领导集体的迫切要求正是"要多做几件有利于改革开放的事情"。当1990年1月20日邓小平乘火车前往上海的时候，他着重思考的也是"现在国际上担心我们会收，我们就要做几件事情，表明我们改革开放的政策不变，而且要进一步地改革开放"。

此时，距离风波平息已有半年的时间，国内的政治局势已经平稳，以江泽民为核心的党的第三代领导中央集体顺利开展工作，取得很好的成绩。邓小平认为，在这个时候，寻找一个突破口，做一件大事，搞一个大动作，打破沉闷局面，振奋人民精神，推动改革开放和经济建设，加快发展，可谓正当其时。此时，不仅国内外质疑改革开放的声音不绝于耳，上海的情况也令人担忧：长期以来，上海为中国发展作出重要贡献，也作出巨大牺牲。上海被赋予改革开放后卫的角色，承担了沉重的历史责任。1981 年到 1988 年，上海的经济增长速度连续 7 年低于全国平均水平，国民生产总值第一的位置被江苏取代，外贸出口的冠军让位给了广东，曾经引以为豪的主要经济指标 10 个全国第一，只保留了财政上交第一。到 20 世纪 80 年代末，这里市场狭窄、设备落后、住房紧缺、交通阻塞、污染严重。美国《华尔街日报》写道："上海是中国最大的城市，也是问题最多的城市，远东第一都市的殊荣早已逝去。"中国要怎么打破困局？上海能成为这个突破口吗？列车上，邓小平在深入思考。

1 月 28 日，大年初一，上海少有地下了一场瑞雪。上午，邓小平委托同他一起来的老战友、国家主席杨尚昆代表他听取上海市委的汇报。为此，杨尚昆专门带了一个笔记本，但是直到汇报结束，却一个字也没有记。时任上海市委常委秘书长的王力平回忆："尚昆同志一个字都没记，就在这笑眯眯地听，说完了以后，快到十二点了，他说是不是有时间，再聊一聊。外国人说我们要收啦，我们要向'左'转啦，不搞改革开放。小平同志说，做点什么事情，证明我们没有收，没有向'左'转，上海的同志，你们想一想。"

邓小平的要求让上海市委领导颇感意外，为了回答好这个问题，他们专门向几位已经退居二线的老领导请教。几天后，上海市委再次向杨尚昆等人作汇报，包括上海存在的严重问题，以及上海市几届领导班子关于重振上海的各种设想，其中一个重点是——开发浦东。

波光粼粼的黄浦江穿城而过，把上海市区一分为二，分成浦东和浦西。浦东，指的是黄浦江以东、长江口西南、川杨河以北的一块三角形地区，面积约 350 平方公里。当时，这里除了几个码头、仓库和工厂，仍然是阡陌纵横的田园风光，与一江之隔的繁华外滩形成鲜明对比。"宁要浦西一张床，不要浦东一间房"，是当地的一句民谚。从 20 世纪 80 年代初期，开发浦东就是上海市政府的重要设想，但苦于缺少条件，难以实施。汇报结束后，杨尚昆把上海方面开发浦东的设想详细地汇报给邓小平，邓小平表示赞同，但没有提出具体意见。

2 月 13 日，邓小平准备返回北京。乘中巴车前往火车站的途中，邓小平对时任中共上海市委书记的朱镕基说：开发浦东，"我赞成。你们应当多向江泽民同志汇报"。"你们搞晚了。但现在搞也快。"他还鼓励朱镕基："从八十年代到九十年代，我就在鼓动改革开放这件事。胆子要大一点，怕什么。"这番话，表达了开发浦东的决心！

上海是中国经济和财政的支柱。在这里的大动作，不仅要冒很高的风险，还要面对来自各方面的压力。稍有差错，甚至会动摇整个国家经济的基础。但是，开发浦东不仅可以打破国际封锁，更能把改革开放迅速提升到一个更高的层次。邓小平已经预见，以此为契机，中国将打开社会主义现代化建设的全新局面。

1990 年 2 月 27 日上午，邓小平在人民大会堂福建厅会见香港特别行政区基本法起草委员会的委员。利用会见前不多的时间，邓小平把江泽民、杨尚昆、李鹏等几个人叫到一起，开门见山地说：上海要搞浦东开发区，可以引进资金和先进技术，是发展经济的一条捷径，应该支持一下。江泽民当即表示：我们一定抓紧办，抓紧开发。邓小平还特别交代李鹏："你是总理，浦东开发这件事，你要管。"李鹏一刻也没有耽误，当天中午就开始着手布置相关工作。

3月3日，邓小平再次向中央负责同志强调："上海是我们的王牌，把上海搞起来是一条捷径。"与此同时，国家计委主任邹家华、副主任叶青已率工作组在浦东进行实地考察。3月下旬，国务院副总理姚依林率队来到上海，进行为期10天的深入调研。姚依林向上海市负责人转达邓小平的意见：对于浦东，不仅要开发，还要开放。王力平说："开发浦东是上海同志先提出来的，开放浦东是小平同志提出来的。这样，在那年1990年的人代会，题目很清楚，落实邓小平同志的指示，开发开放浦东。"

4月12日，中央政治局会议原则通过国务院提交的浦东开发方案。18日，李鹏在上海向全世界公开宣布：加快上海浦东地区的开发，在浦东实行经济技术开发区和某些经济特区的政策。30日，上海市政府召开新闻发布会，朱镕基宣布了开发浦东的10条政策。

开发开放浦东的决策一经公布，首先打消的是国际上对中国未来走向的疑虑。7月15日，美国《纽约时报》记者纪思道这样写道：中国正在建立亚洲的金融中心，同时向世界证明，它仍然未关闭对世界的大门。这位普利策奖得主还敏锐地观察到：中国正在将它的经济发展从珠三角移到长三角。

决策已经制定，但要付诸实施，还有许多想象不到的困难。最主要的阻力，并不是资金和基础设施的短缺，而是思想的禁锢。王力平回顾："有的人认为，我们就是打个政治牌，表示个态度，要钱没钱，国外又'制裁'，中央支持有限，就是表示个态度，要搞恐怕不能着急。总觉得好像信心上差一点。"

1990 年，是实现改革开放以来我国国民经济增长最缓慢的一年，仅有 3.8%，中国经济陷入停滞困境。同时，国际风云剧变，国内有些人对中国的改革开放提出诘难，对每一项措施都要"问一问是姓社还是姓资"。中国，再次面临向何处去的问题。

1991 年 1 月 27 日，邓小平再次出发前往上海。这一次邓小平特别提出，要到几个企业去看一看。而且，他一路看一路讲，讲的话与众不同。

2 月 6 日上午，邓小平视察上海大众汽车有限公司，这里生产的"桑塔纳"是中国老幼皆知的车型，在全国轿车市场销量第一，而且基本实现国产化。看着流水线上的一辆辆新车，邓小平说：如果不是开放，我们生产汽车还会像过去一样用锤子敲敲打打。说"三资"企业不是民族经济，害怕它的发展，这不好嘛。发展经济，不开放是很难搞起来的。改革开放还要讲，我们的党还要讲几十年。光我一个人说话还不够，我们党要说话，要说几十年。

10 点 30 分，邓小平离开上海大众。坐车途经外滩，朱镕基指着被喻为"万国建筑博览群"的外滩大楼对邓小平说，解放前这里是银行大楼，解放后是政府办公楼，有些楼现在可以租赁给外国人设银行、办商业，但又有顾虑，有些人担心这和旧上海的租界差不多了。听了这些，邓小平毫不犹豫地说：要克服一个怕字，要有勇气。什么事情总要有人试第一个，才能开拓新路。试第一个就要准备失败，失败也不要紧。希望上海人民思想更解放一点，胆子更大一点，步子更快一点。

在视察中，邓小平还专门谈到计划与市场的问题。他说："不要以为，一说计划经济就是社会主义，一说市场经济就是资本主义，不是那么回事，两者都是手段，市场也可以为社会主义服务。"时任上海市委副书记的吴邦国回忆："为什么谈这个问题呢？因为上海，大家知道是一个长期的计划经济比较集中的地方，国有企业比较集中的地方，也是计划经济贯彻得比较彻底的一个地方。最多的时候上海百分之九十五以上都是指令性计划，所以要想上海经济有一个比较大的腾飞，要几年跨一个台阶，首先的问题就是从计划经济束缚里面要摆脱出来。"

通过几天的视察，邓小平更加确信开发开放浦东的重要性和紧迫性。2月18日，在上海市中心新锦江酒店的41层旋转餐厅，邓小平听取浦东开发的规划，他进一步鼓励上海人民："我们说上海开发晚了，要努力干啊！""开发浦东，这个影响就大了，不只是浦东的问题，是关系上海发展的问题，是利用上海这个基地发展长江三角洲和长江流域的问题。抓紧浦东开发，不要动摇，一直到建成。只要守信用，按照国际惯例办事，人家首先会把资金投到上海，竞争就要靠这个竞争。"

他还提出："金融很重要，是现代经济的核心。金融搞好了，一着棋活，全盘皆活。上海过去是金融中心，是货币自由兑换的地方，今后也要这样搞。中国在金融方面取得国际地位，首先要靠上海。"在这个精神的指导下，1990年11月26日上海证券交易所正式成立，1991年7月3日深圳证券交易所正式开业，成为经济体制改革标志性的举措。

"抓紧浦东开发，不要动摇，一直到建成。"邓小平这一系列掷地有声的讲话，当时外界毫不知情。考虑自己已经退休，邓小平要求：不见外国人，不放电视，不见报，免得引起外国报纸注意。但这些思想火花难掩光芒，还是以另一种形式走进百姓之中。

1991年2月15日，正是农历辛未羊年正月初一，上海《解放日报》头版，一篇署名"皇甫平"的评论——《做改革开放的"带头羊"》引起人们的关注。文章开篇即鲜明提出："抚今忆昔，历史雄辩地证明，改革开放是强国富民的唯一道路，没有改革就没有中国人民美好的今天和更加美好的明天！"文中引用了许多邓小平视察上海时的原话，锋芒力透纸背。从 2 月 15 日到 4 月 12 日，每间隔 20 天左右，《解放日报》头版连续发表了 4 篇署名"皇甫平"的文章。4 篇文章相互呼应，阐明宣传邓小平最新的改革开放思想。这些思想火花转化为推进改革的舆论先导，成为次年"南方谈话"的前奏曲。

同样也仅仅用了两年多的时间，开发开放浦东的决策就取得非常显著的积极成效，并且成为带动全国迅速走出停滞困局的突破口。上海成为改革开放新的领头羊，很快再次成为全球闻名遐迩的国际大都市，既是中国最大的城市之一，也是最重要的经济金融中心、交通枢纽和对外贸易口岸。

1993 年 12 月 13 日，上海下着冬雨，还有 6 级寒风，但是准备前往杨浦大桥视察的邓小平兴致很高，早上 5 点钟就起床，8 点他乘坐的面包车已经行驶在路上。兴之所至，邓小平当场赋诗一句："喜看今日路，胜读百年书。"这在他一生中只此一次。他登上世界跨度最大的斜拉桥——杨浦大桥，说道："这是上海工人阶级的胜利。我向上海工人阶级致敬！"

此时的上海，经济正以平均两位数的速度快速增长着，浦东经济的年平均增长率达到 19.6%。上海恢复了远东第一都市的荣光，向全球递上了一张世界级的名片。1994 年 2 月，在即将返回北京的时候，邓小平再次找上海市负责人谈话。时任上海市委书记的吴邦国回忆："已经送他上火车了，已经都告别过了，又把我和黄菊叫到火车上去，又谈了十分钟。一直谈到什么时候？谈到火车已经启动，动了，再不下火车，就把我们带到北京来了。"在火车上的 10 分钟，邓小平谈的重点是上海要抓住机遇，从现在开始到 2000 年是难得的机会，"你们要抓住二十世纪的尾巴"，不要丧失了。吴邦国谈道："他（邓小平）说上海抓住机遇以后，就可以一年有一个变化，三年就会有大的变化。所以上海市（提出）'一年一变样，三年大变样'，是深入人心的一个口号。"火车终于开走了，邓小平再也没有回过上海。实际上，这就是他最后一次到外地视察。

第十章 在开辟未来的关头：春天故事

眼前是一列火车。

乘上这列火车，就要离开北京，前往武昌。

这天，是 1992 年 1 月 17 日。

1. 启程南下

不需要多做说明，邓小平乘上这列火车，即将开启他一生中最重要的一次南方之行，发表后来举世闻名的"南方谈话"。

作为成熟的无产阶级革命家，无论身处何种境遇，邓小平的心态始终保持从容镇定。习近平总书记指出："坦荡无私，是邓小平同志一生最光辉的人格魅力，也永远是中国共产党人应该锤炼的品质修养。"经过近一个世纪的磨炼，邓小平一定程度上达到了"不以物喜，不以己悲"的精神境界。第二次被打倒期间，邓小平被下放江西新建县监管劳动。一次，他的老朋友张鼎丞的女儿张九九偷偷去看望他，却见到处于逆境中的邓小平是这样一番景象："因为邓叔叔已经吃完饭，准备上楼了，所以他正站在楼梯上。我和华川两个人一看见他也很激动，可是邓老爷子什么也没说，就问我们：'吃饭没有？搞饭吃！'就是完全不是一种落难人的感受。他也没多说什么话，但你就觉得他还是一个总书记，还是在那个位置上，他的气势就把你压住了。当时的感觉就是他还是一个领袖人物。"所以，整体看来，晚年的邓小平在身体和精神方面的情况还是比较好的。但是，具体到南方谈话前后，还有一些不为人知的特殊情况。

尽管像邓小平这样的革命者从不计较个人得失，但也存在会对他们的身心造成较大影响的因素，这其中最重要的恐怕是人民的安危冷暖以及他们所领导的事业的盛衰成败。"身体是革命的本钱"是毛泽东的名言，他一直拥有出色的身体素质，"自信人生二百年，会当击水三千里"。但是林彪叛国出逃的"九一三"事件，以及由此客观上宣告的"文化大革命"在理论和实践上的失败给毛泽东造成很大的创伤。从 1971 年 9 月到 1972 年 2 月，毛泽东两次生重病。1971 年 10 月 8 日他在会见埃塞俄比亚皇帝海尔·塞拉西时说："早几个星期前，我因为心脏病已经死了一次了，上天去了，见了一次上帝，现在又回来了。"这样严重的病情，此前毛泽东从来没有遭遇过，此后也再没有恢复到最佳状态。

时过境迁，邓小平领导的"中国的第二次革命"——改革开放事业虽然也不是一帆风顺，每一步都要克服各种艰难险阻，但是总体发展趋势良好，没有发生大的波折。不过，由于自身的一些失误以及国际大气候和国内小气候的影响，1988 年和 1989 年我国连续遭遇经济风波和政治风波，是社会主义现代化建设道路上比较大的挫折，虽然在邓小平等人的领导和全党全国的共同努力下，我国最终渡过危机，但对年事已高的邓小平来说，这一阶段身心上承受了不小的压力。1989 年，邓小平出现在批准他退休的十三届五中全会上时，他看起来依然精神矍铄，但有一个不被人注意的细节：这一年，邓小平的保健医生根据他的身体情况，建议他戒掉陪伴了近 70 年的香烟。邓小平对此的回答是："好嘛，我试一下。"从此，他再也没有抽过一口香烟。11 月 17 日，邓小平接见外宾，对美国前驻华大使伦纳德·伍德科克夫妇说："我已经八十五岁了，要想到总有一天要糊涂的。要避免在糊涂时做糊涂事，说糊涂话，避免给别的领导人制造麻烦。不要糊涂时犯错误，这是我的真实想法。"

到1992年初南方谈话之前，邓小平的生活依然简单规律，他继续定点起床吃饭，每天做自己编的体操，按固定的圈数在院中散步，似乎没有什么变化，甚至比往常更加沉静。但是家人和身边工作人员还是隐隐感觉到他似乎在进行非常深入的思考，邓榕回忆："实际上是我父亲有一个系列的思考，在他南方讲话之前，就是在1989年以后，他一直在思考这个问题。"邓楠也说："他就一直是不说话，实际上脑子里都在想。他虽然没有写一个字、打一个字的草稿，但是所有的话都在他脑子里。所以才能把他自己想说的话说出来，然后一个字都不用改，就是一篇很好的文章。"

但就邓小平当时的身体情况来说，并不是很好。1992年1月17日，在北京火车站最东侧的站台，邓小平登上了南下的专列。专列的列车长齐文明回忆他当时的状况："88岁高龄，但是从精神面貌上还是很好，不像他那个年岁的老人。但是实际上年龄在那，走路啊由原来的那么快，（变成）上下车需要搀了，包括他身边的人员和我们乘务员都（去）搀扶。"当时的列车员李坤也说："在视察南方的时候，我也有幸担当他的乘务工作，他其实从北京上车的时候他身体并不是很好。"而当时邓小平给工作人员最主要的印象还是在非常投入地进行思考。列车员梁石春说："在车上就是工作，总是那样的，白天晚上就是工作那样子的，看着他挺辛劳的那样子的。"服务员贾迎光也说："什么话也没有，你眼前过人他眼珠子都不带转的，就是旁边已经没有什么那种感觉，就是在特别专一地在那儿思考，挺辛苦的。我们有时候看看都比较心疼他。"不过，此时还没有人能猜想到邓小平在思考的内容和他将要采取的行动。

2. 途经武昌

此时正值寒假，出发前，邓小平的警卫秘书、中央警卫局副局长孙勇给沿途的各省发出电报，提出三点要求："第一，邓小平同志出发去南方休养，路过你省，具体时间请跟铁道部联系；第二，请做好沿线的安全警卫工作；第三，邓小平同志所到各省，不接不送。"

到南方视察，要经过湖北。湖北省委书记关广富接到通知后，与省长郭树言、省委副书记兼武汉市委书记钱运录商量，最后决定："小平同志要来，我们不但安全保卫要搞好，而且一定要去看看老领导！"随后，通过湖北省委政法委书记、省公安厅厅长田期玉的请示，征得专列上负责警卫人员的同意。

18日上午10点25分，邓小平一行抵达武昌车站。按照出发前制定的行程表，此站的停车时间是20分钟。火车还没有停稳，孙勇就在车门口对等候在站台的关广富三人说："小平同志同意见你们，你们上车来吧。"三人还没有走到火车舷梯，邓小平从车厢走了出来。他直接喊出关广富的名字，请关广富他们陪他在站台散步。

武昌火车站的站台只有短短的500米。邓小平一边走一边听汇报，时而插上几句话，时而停下脚步。据关广富回忆，他们就这样来回走了4趟，一共停下来6次。他们走走停停，边走边谈，这是一次信息高度浓缩的谈话，邓小平出人意料地谈了许多重要问题。当时，无论是湖北省委的领导还是专列上的人员都没有做好准备："因为（邓小平）出去不爱讲话的，所以我们也没有说跟在他旁边，或者记录或者录音这种习惯从来没有的，那突然他讲了这么多的话，我们当时就有点措手不及。"

当关广富说到把中央的路线贯彻到基层难度比较大，但还要坚持不懈地贯彻中央的路线时，邓小平突然站住了。他大声说道："基本路线你们一定要记住，不动摇，管它一百年。"听到邓小平突然讲起话来，钱运录想起要记录，但手上没有纸，只好赶紧把香烟盒拆开。于是，钱运录在5个香烟盒纸上记录下邓小平的这番重要谈话。

当关广富谈到现在形势不错，经济正回升，效益也开始上来，但湖北同沿海比开放不够，有一段改革开放声音小一些，这一段要大一些，现在群众情绪稳定时，邓小平说："关键是要把国内的事情办好，经济要发展。现在经济发展得还不够，人家还不一定看得起我们。关键是要发展经济，发展经济就要靠改革开放。不要怕搞点资本主义，多搞点三资企业不要怕。只要我们头脑清醒，就不要怕。我们有优势，有国营大中型企业，有乡镇企业，政权在我们手里，我们还有无产阶级专政这一条。经济要发展，低速度就等于不发展。现在，周围的台湾比我们快，东南亚的一些国家比我们快。如果我们发展慢了，老百姓一比较，就有问题了。经济发展要快，不要慢，只要是稳步协调发展。"

当关广富、钱运录等谈到中央工作会议和八中全会开得好，现在政策稳定，改革的方向和重点明确，关键是坚持了三中全会以来的路线时，邓小平说："要坚持三中全会以来的路线、方针、政策，关键是'一个中心、两个基本点'，这个路线要管一百年。我们发展三十年、五十年，建设好了，人家就看得起我们。三中全会以来的政策不能变，谁变，老百姓不答应，就要打倒，这个问题我讲过几次。"邓小平肯定了几个月前召开的中共十三届八中全会，他说："全会开得很好。农村家庭联产承包责任制这一条作用很大。"

当一位工作人员谈到，邓小平对现在的省委书记很多不认识时，邓小平说："中国变不变，关键是人。帝国主义搞和平演变，把希望寄托在中国第三代、第四代身上。我们这些人在，有分量，他们知道变不了。现在中央的班子干得不错嘛！我们这些老人关键是不管事，让新上来的人放手干，看着现在的同志成熟起来。现在还要继续选人，选更年轻的同志，帮助培养，不要迷信，我二十几岁就做大官了，二十四岁当中央秘书长，什么也不懂，不比你们现在懂的多，不是也照样干。要选人，人选好了，帮助培养，让更多的年轻人成长起来。我们能看着他们成长起来，我们就放心了，现在还不放心啊，说到底，关键是我们共产党内部要搞好，不出事，就可以放心睡大觉。"

视察南方的谈话开始了，邓小平首先鲜明展开的话题是坚持党的基本路线不动摇。应该说，到南方谈话的时期，邓小平关于党的基本路线的思想已经非常成熟而且完整，并且已经经过党的代表大会成为既定方针和集体意志，南方谈话的主要任务是确保始终坚持不动摇。不过，这并不降低其重要性。很多时候，克服困难和阻力，坚持正确路线不动摇的战略定力，比理论创新更艰难，也更有实践意义。就像毛泽东在《实践论》中说的："马克思主义的哲学认为十分重要的问题，不在于懂得了客观世界的规律性，因而能够解释世界，而在于拿了这种对于客观规律性的认识去能动地改造世界。"

在武昌火车站，邓小平还特别对形式主义提出批评，他说："现在有一个问题，就是形式主义多。电视一打开，尽是会议。会议多，文章太长，讲话也太长，而且内容重复，新的语言并不很多。重复的话要讲，但要精简。形式主义也是官僚主义。要腾出时间来多办实事，多做少说。毛主席不开长会，文章短而精，讲话也很精练。周总理四届人大的报告，毛主席指定我负责起草，要求不得超过五千字，我完成了任务。五千字，不是也很管用吗？我建议抓一下这个问题。"他对关广富说："委托你，给江泽民同志、李鹏同志，还有其他几位同志都捎个话，打个电话，告诉他们，注意这个事。"

11 点 02 分，火车重新开动向南方驶去后，关广富、郭树言、钱运录 3 人立即在车站的一间办公室里，凭着记忆将邓小平的谈话内容记录下来，由钱运录做笔录，整理出《邓小平同志谈话要点》，当天即用密码电报报告给中共中央办公厅。武昌火车站的谈话成为南方谈话的开端，邓小平也由此转换到一个特殊的精神状态，甚至可以说有一些亢奋。列车员李坤回忆："也可能他心里有一团火呀。他每次一到了站台，他马上就感觉好像不用人扶了那种感觉，而且到了地方也是这样的，就是说精神状态马上就不一样。"

离开武昌火车站几个小时后，下午 4 点，邓小平乘坐的列车途经长沙火车站，在这里停留 10 分钟。中共湖南省委书记熊清泉等湖南省负责人利用这个时间向邓小平作简要汇报。

熊清泉在陪邓小平在站台上散步时，简要汇报湖南的情况：1991 年，湖南的气候反常，多灾并发，损失相当大。在党中央和国务院的领导下，全省党政军民千万余人参加抢险救灾，危急关头都有共产党员站在前头，因而大灾之年夺取了大丰收，粮棉油创建国以来湖南最高纪录，农业产值首次突破 200 亿元。邓小平听后说道："这样的大灾害，不要说第三世界国家受不了，就是发达国家也受不了。只有我们中国，依靠共产党的坚强领导，依靠社会主义制度的优越性，才能战胜这么大的灾害。"接着，熊清泉又把湖南改革开放的战略、思路、目标等作了简要汇报。邓小平表示满意："构想很好。实事求是，从湖南的实际出发，就好嘛！"这时，他特别强调："要抓住机遇，现在就是好机遇。改革开放的胆子要大一点，经济发展要快一些，总要力争几年上一个台阶。"经济增速滑坡，经济结构矛盾日益突出，是南方谈话前我国的主要经济形势，也是当时的主要历史背景，因此邓小平在南方谈话中关于这方面的论述非常丰富，并且贯穿视察的始终，散见于整个沿途。

开车时间快到了，熊清泉恳请邓小平返回时能在长沙住些日子，邓小平说："不麻烦了。"站台上的人祝邓小平健康长寿，他答道："大家都长寿。"最后，他还和大家合影留念。

3. 重临深圳

1月19日上午9点，邓小平乘坐的列车驶入深圳火车站。距离他上一次来到这片改革开放的前沿阵地，已经时隔8年。出站后，邓小平乘中巴前往深圳迎宾馆。考虑到邓小平年近90岁，并且坐了2天的火车，到深圳的第一天只安排休息，当地没有安排任何考察活动。但是，邓小平在房间刚刚坐定，就对陪同人员说："到了深圳，我坐不住啊，想到外边去看看。"于是，上午10点，他就在广东省委书记谢非、深圳市委书记李灏等人陪同下开始参观深圳市容，一路又发表许多重要谈话。出发前，谢非曾向邓小平汇报："广东、深圳的人民都想念您。有很多干部都等着您接见，排着队哩。"当时邓小平回答："不要见了。因为见了少数，得罪了多数。就是出去走走，看看市容。"但在随后的视察过程中，他不断地与见到的广东省、深圳市的干部谈话，把他头脑中已经思考许久的想法讲出来，在干部群众中发挥作用，明显是其此行的主题。据陪伴在邓小平身边的家人回忆："1992年的时候，我们的感觉，他真的有一个不吐不为快的那种感觉，他一定要说。而且，那次我们就觉得跟往常不一样。你想1984年，他去深圳的时候，只听不说，基本上什么都没有说。但是1992年去深圳的时候，大不一样，就是你不让他说，他也非要说。"

离开深圳迎宾馆，邓小平乘车参观市容，他还清晰地记得8年前看到的景象，能看出深圳非常明显的发展变化，他说："八年过去了，这次来看，深圳发展得这么快，我没有想到。当时要搞几个特区，你们深圳靠近香港，珠海靠近澳门，厦门靠近台湾，汕头是侨乡，也是靠近台湾，所以先在你们这些地方搞特区。"

在汽车上，邓小平专门询问深圳经济发展特别是利用外资的情况，李灏汇报：这些年来，除个别年份外，深圳的发展速度都很快，平均年增长超过20%。利用外资情况也比较好，国有经济和其他经济成分增长也很快。邓小平说：深圳的建设成就明确回答了那些有这样那样担心的人，不搞改革开放，现代化不知要等到哪一年。他继续问外资在深圳经济总量中占多大比重，李灏回答：约占25%。特区的建设经历了不少曲折，遇到不少阻力。如果没有您的支持，深圳特区早在1984年就办不下去了。邓小平却说：办特区遇到的阻力还不算大。搞农村承包责任制遇到的阻力要更大些。办特区，有些人怀疑，担心这是不是搞资本主义？其实，政权掌握在我们手中，怕什么？有人说，外商多投资一块钱，就多一分资本主义。从深圳的情况看，公有制占3/4，外商投资部分只占1/4，就是外资部分，我们还是从服务上拿回了一部分，没有什么好担心的。有的人认为，"三资"企业多了，就是资本主义的东西多了，就是发展资本主义，这些人连基本常识都没有。李灏后来评价：邓小平的这番话，为长期困扰特区工作的重大是非问题的争论画上了句号。

李灏接着汇报：深圳这些年之所以发展很快，主要得益于对外开放。深圳不仅从国外引进资金、技术和管理经验，还进行的土地有偿使用、发展股份制、建立证券市场，以及公务员制度和廉政建设等许多改革和做法，也是借鉴了香港及国外的经验。邓小平说：股票市场也有不少人担心是资本主义，所以让你们深圳和上海先搞试验。看来，你们的试验说明社会主义是可以实行的。证明资本主义能用的一些东西，也可以为社会主义所用。许多东西要试。不试，学不到经验也培养不到人才。开始办特区，大家不知道怎么搞，试了一下，慢慢就懂了。试验认为不行，就改。不下水就学不会游泳。要学本领就要下水，要试验，这样干部也会成长起来。

谢非说：全国改革开放阻力还很大。广东有些方面迈不开步。银行存款大于贷款。如果长期贷不出去，银行就要亏本。我们想采用集资的方法，把闲散的资金集中起来搞建设。邓小平认为这个办法是可行的，将来长江的开发也可以采用这种办法。邓小平还对谢非说：亚洲"四小龙"发展很快，你们发展也很快。广东要力争用二十年的时间赶上亚洲"四小龙"。新加坡的发展很快，社会秩序很好，你们要在两个文明建设都要超过它们，这才是有中国特色的社会主义。改革开放胆子要大一些，敢于试验，不能像小脚女人一样。

他们随后到皇岗口岸视察，邓小平站在深圳河大桥桥头，长时间眺望对面的香港。他多次说过"我愿意活到一九九七年，亲眼看到中国对香港恢复行使主权"，可惜最终未能如愿。

1月20日上午，邓小平由谢非、李灏陪同，登上深圳国贸大厦53层的旋转餐厅。国贸大厦在建设中创造3天一层楼的纪录，成为"深圳速度"的象征，是当时国内第一高楼，高160米。在这里，邓小平除俯瞰深圳市容，还观看了深圳经济特区总体规划图，听取关于深圳改革开放和经济建设的情况汇报，随后他发表长达30分钟的谈话，指出：苏联东欧的变化，说明我们只能走社会主义道路。中国不能乱。中国如果一乱，便是一片灾难。我们到本世纪末达到小康，有了这一步，再赶上中等发达国家水平，才有希望。我们时间不多呀！世界市场也很紧，不容易竞争。要夹着尾巴做人。

这时，旋转餐厅刚好转完一圈，邓小平乘观光电梯下到一楼大厅，在那里，他得到听到消息赶来的大批群众的热烈欢迎，邓小平向人们挥手致意。

随后，邓小平来到深圳最先进的高科技企业先科激光公司视察。

见到先科激光公司的董事长叶华明，得知他是叶挺将军的儿子，邓小平问："你是老二吧？"叶华明伸出 4 个手指回答："我是老四。"邓小平感叹："啊！我们快四十年没见面了。"叶华明说："是的，我那时还是个孩子，可现在五十多岁了。"

在先科公司的贵宾厅，邓小平听取关于公司发展情况的介绍，对先科的高技术设备和产品表现出浓厚的兴趣，还看了刚刚制作完成的传记资料片《我们的邓大姐》。邓小平对身旁的谢非说："我今年八十八岁，邓颖超同志和我同年，都是一九〇四年生的。我是八月出生，她比我约大半岁。"

在从贵宾厅到激光视盘生产车间 30 米长的过道上，许多职工在过道侧边热烈鼓掌欢迎邓小平。听说这些职工大部分是 25～30 岁的科技人员，从全国各地招聘而来，邓小平高兴地说："很好，高科技项目要让年轻人干，希望在青年人身上。"

在激光视盘生产车间，邓小平问及原材料是否进口，我国目前能否生产，产品质量怎样才能保证，他还特别问道："版权怎么解决？"叶华明说，是按国际惯例办，向外国电影公司购买版权。邓小平表示："应该这样，要遵守国际有关知识产权的规定。"

1 月 21 日上午，邓小平参观深圳市华侨城的中国民俗文化村和锦绣中华微缩景区，还专门在"布达拉宫"微缩景点前和家人合影留念。他不无遗憾地说："全国我就这个地方没去过。"在回宾馆的途中，邓小平听取关于深圳支援相对落后地区情况的汇报，他表示赞成深圳每年按固定比例从财政划出一部分资金作为贫困地区开发"造血"型项目基金的做法。应该是这一汇报拨动了邓小平的心绪，或许还有锦绣中华景色的触动，邓小平阐发了他长期以来关于共同富裕问题的思考。经过整理后，这段讲话成为南方谈话正式版本中的重要内容："走社会主义道路，就是要逐步实现共同富裕。共同富裕的构想是这样提出的：一部分地区有条件先发展起来，一部分地区发展慢点，先发展起来的地区带动后发展的地区，最终达到共同富裕。如果富的愈来愈富，穷的愈来愈穷，两极分化就会产生，而社会主义制度就应该而且能够避免两极分化。解决的办法之一，就是先富起来的地区多交点利税，支持贫困地区的发展。当然，太早这样办也不行，现在不能削弱发达地区的活力，也不能鼓励吃'大锅饭'。什么时候突出地提出和解决这个问题，在什么基础上提出和解决这个问题，要研究。可以设想，在本世纪末达到小康水平的时候，就要突出地提出和解决这个问题。到那个时候，发达地区要继续发展，并通过多交利税和技术转让等方式大力支持不发达地区。不发达地区又大都是拥有丰富资源的地区，发展潜力是很大的。总之，就全国范围来说，我们一定能够逐步顺利解决沿海同内地贫富差距的问题。"

邓小平的共同富裕思想，在南方谈话中达到了比较成熟的状态，但作为理论其还远没有完成。实际上，这是他晚年集中思考的主要问题之一。尽管这一理论尚未完成，邓小平共同富裕思想到这一时期已经成为社会主义本质论的落脚点，既将人们的认识提升到一个新的水平，又打开了一个紧密联系前沿实践的重要命题，并且指出这将在未来成为社会的核心命题。多年以后来看，社会发展完全符合他当时的判断。

1月22日上午，邓小平来到深圳市仙湖植物园，在这里见到前一天抵达深圳的国家主席杨尚昆。邓小平种下一棵高山榕，在有人介绍一棵树叫"发财树"时说：让全国人民都种，让全国人民都发财。在往返于仙湖植物园和迎宾馆的途中，他已经发表了一些谈话。当天下午2点，邓小平和杨尚昆一起接见中共深圳市委、市政府、市人大常委会、市政协、市纪委负责人，又发表了一次集中谈话。

综合来看，邓小平当天各次谈话的主题和思路是一致的，内容非常丰富，尤其是下午，可以说是邓小平南方谈话深圳阶段的总结。在即将离开深圳的前夕，邓小平决定，在更大范围内，更集中、更充分地把问题讲清楚。协同老战友杨尚昆，他召集中央军委副主席刘华清、广州军区司令员朱敦法、香港新华社社长周南、广东省委书记谢非、深圳市委书记李灏、深圳市市长郑良玉等人在他所在的深圳迎宾馆座谈。说是座谈，但与邓小平往常的调研大相径庭，实际上主要是邓小平在讲。在22日下午的这次谈话中，邓小平从经济特区说起，涉及许多重大理论和实践问题，甚至谈到社会主义国家要向当今世界各国包括资本主义发达国家学习的问题，当时这在改革开放的前沿——深圳的建设者们听起来都觉得振聋发聩。谈话中的一项重要内容，就是邓小平明确总结了社会主义本质论：

"一九八四年我来过广东。当时，农村改革搞了几年，城市改革刚开始，经济特区才起步。八年过去了，这次来看，深圳、珠海特区和其他一些地方，发展得这么快，我没有想到。看了以后，信心增加了。

"革命是解放生产力，改革也是解放生产力。推翻帝国主义、封建主义、官僚资本主义的反动统治，使中国人民的生产力获得解放，这是革命，所以革命是解放生产力。社会主义基本制度确立以后，还要从根本上改变束缚生产力发展的经济体制，建立起充满生机和活力的社会主义经济体制，促进生产力的发展，这是改革，所以改革也是解放生产力。过去，只讲在社会主义条件下发展生产力，没有讲还要通过改革解放生产力，不完全。应该把解放生产力和发展生产力两个讲全了。

"计划多一点还是市场多一点，不是社会主义与资本主义的本质区别。计划经济不等于社会主义，资本主义也有计划；市场经济不等于资本主义，社会主义也有市场。计划和市场都是经济手段。社会主义的本质，是解放生产力，发展生产力，消灭剥削，消除两极分化，最终达到共同富裕。就是要对大家讲这个道理。证券、股市，这些东西究竟好不好，有没有危险，是不是资本主义独有的东西，社会主义能不能用？允许看，但要坚决地试。看对了，搞一两年对了，放开；错了，纠正，关了就是了。关，也可以快关，也可以慢关，也可以留一点尾巴。怕什么，坚持这种态度就不要紧，就不会犯大错误。总之，社会主义要赢得与资本主义相比较的优势，就必须大胆吸收和借鉴人类社会创造的一切文明成果，吸收和借鉴当今世界各国包括资本主义发达国家的一切反映现代社会化生产规律的先进经营方式、管理方法。"

"社会主义的本质，是解放生产力，发展生产力，消灭剥削，消除两极分化，最终达到共同富裕。"这是邓小平对社会主义本质的最终概括。他还说："就是要对大家讲这个道理。"

4. 船行珠海

1月23日上午8点30分，邓小平在迎宾馆与深圳市委负责人以及警卫、服务人员握手告别，从蛇口港码头乘船前往珠海经济特区视察。在谢非和中共珠海市委书记、市长梁广大的陪同下，邓小平登上了海关"902"快艇，向珠海方向驶去。

为方便汇报，随行的拱北海关关长刘浩要求控制快艇行进中的噪声。因此，平时只需要1小时的航程，用了1小时40分钟。邓小平在2层前舱就座，谢非和梁广大在桌上打开广东省地图，谢非负责汇报广东省里的工作，梁广大汇报珠海的工作。二人商定，抓紧时间拣重点汇报，多留出时间请邓小平讲。邓小平戴上眼镜，一边看地图，一边听谢非和梁广大汇报，并不断插话。

谢非和梁广大首先汇报了改革开放和试办经济特区给广东和珠海带来的可喜变化，随后他们谈起农村改革和经济特区的创办。邓小平这时说：对改革开放，一开始就有不同意见，这是正常的。不只是经济特区问题，更大的问题是农村改革。搞农村家庭联产承包，废除人民公社制度，开始的时候只有 1/3 的省干起来，第二年超过 2/3，第三年差不多全干，这是就全国范围讲的。开始搞并不踊跃呀，好多人在看。我们的政策就是允许看，比强制好得多。我们推行三中全会以来的路线、方针、政策，不搞强迫，不搞运动，愿意干就干，干多少是多少，这样慢慢就跟上来了。不搞争论，是我的一个发明。不争论是为了争取时间干。一争论就复杂了，把时间都争掉了，什么也干不成。不争论，大胆地试，大胆地闯。农村改革是如此，城市改革也应如此。

他继续讲道：抓住时机，发展自己，关键是发展经济。现在，周边一些国家和地区，经济发展比我们快，如果我们不发展或发展得太慢，老百姓一比较，就有问题了。所以，能发展就不要阻挡。有条件的地方，要尽可能搞快点。只要是讲效益，讲质量，搞外向型经济，就没有什么可以担心的。低速度就等于停步，甚至等于后退。要抓住机会，现在就是好机会。我就担心丧失机会。不抓呀，看到的机会就丢掉了。时间一晃就过去了。我在 1985 年 5 月就说过，现在就是要选人民公认是坚持改革开放路线并有政绩的人，大胆地放进新的领导机构里，使人民感到我们是真心诚意搞改革开放。人民是看实践。人民一看，还是社会主义好，还是改革开放好，我们的事业就会万古长青。

梁广大还汇报了港澳同胞特别关心中国改革开放政策的稳定性。创办特区的实践中，群众反映最大的是我们的政策有时这样，有时那样，有些政策"下放"不久又"收回"了，下边执行起来左右为难,不知怎么才好。邓小平明确地回应:现在,有右的东西影响我们,也有"左"的东西影响我们。但根深蒂固的还是"左"的东西。有些理论家、政治家拿大帽子吓唬人,不是右,而是"左"。"左"带有革命的色彩,好像越"左"越革命。"左"的东西在我们党的历史上可怕呀!一个好好的东西,一下子被搞掉了。

快艇接近珠海市九洲港,邓小平站起身来,望着烟波浩渺的伶仃洋说道:"学马列要精,要管用的。长篇的东西是少数搞专业的人读的,群众怎么读?要求都读大本子,那是形式主义的,办不到。我的入门老师是《共产党宣言》和《共产主义ABC》。最近,有的外国人议论,马克思主义是打不倒的。打不倒,并不是因为大本子多,而是因为马克思主义的真理颠扑不破。实事求是是马克思主义的精髓。要提倡这个,不要提倡本本。我们改革开放的成功,不是靠本本,而是靠实践,靠实事求是。农村搞家庭联产承包,这个发明权是农民的。农村改革中的好多东西,都是基层创造出来,我们把它拿来加工提高作为全国的指导。实践是检验真理的唯一标准。我读的书并不多,就是一条,相信毛主席讲的实事求是。过去我们打仗靠这个,现在搞建设、搞改革也靠这个。我们讲了一辈子马克思主义,其实马克思主义并不玄奥。马克思主义是很朴实的东西,很朴实的道理。"

在快艇上,邓小平滔滔不绝地讲了1个多小时,邓楠担心他太劳累,曾经打断过他两次,让邓小平休息一会。但他马上又开始说,不让说都不行。邓楠回忆:"不但要说,而且语速非常快。而且这次讲话跟他以往的讲话一样,不用太多的整理,没有废话。"

抵达珠海后,邓小平随即参观珠海市容。与8年前相比,珠海的变化很大。来到已经成为珠海金融、商业和旅游中心的吉大区,邓小平指着市区最繁忙的主干道之一景山路说:"过去这里是一条石条铺的小路，还有一座小桥（白沙河桥）。"他还对在场的人说："这里很像新加坡呀！这么好的地方，谁都会来。我要是外商的话，我也会来这里投资的。"

他们来到海湾大道附近的乡间，邓小平询问广东农民收入情况后说："收入一千一百元人民币，在全世界来说，还是比较穷的。但可以说，现在的农民日子并不太难过。去年受了这么大的灾，没出大问题，我们承受得了，而且解决得很好。这就是社会主义的优越性。经过这十多年改革开放，基础已与过去不同了。现在在乡镇企业的设备已很可观，都是全新的或半新的，过去的设备简陋得很。这十多年真是干了不少的事。深圳和你们这里就是一九八〇年干起来的，变化真大呀！"

1月24日上午，邓小平来到珠海生物化学制药厂视察。1991年，这家仅有80人的企业人均创税达12万元。厂长迟斌元是珠海市首届重奖有突出贡献科技人员特等奖获得者，他一见到邓小平就紧紧握住他的手，激动不已地说："我们全厂职工盼着您来啊，这是我们全厂职工的幸福。您是中国改革开放的总设计师，我们能够有今天，是您指引的结果。"邓小平微笑着摆摆手："过奖了。"在参观生产车间时，邓小平拿起装凝血酶的小药瓶连续提了几个问题。当听说凝血酶已经成功地打入国际市场时，他十分赞赏地表示："我们应该有自己的拳头产品，创出中国自己的名牌，否则就要受人欺负。这就要靠我们的科学工作者出把力，这样才能摆脱被人欺负的局面。"在一个车间门口，邓小平透过玻璃门，向里面起立鼓掌的科技人员招手。他停住脚步，转身对陪同的厂长迟斌元和省市负责人说："在科学技术方面，中国要有一席之地。你们这个厂的科技发展成果就是一席之地的一部分。中国应该每年有新的东西，每一天都有新的东西，这样才能占领阵地。尽管我岁数大了，但我感到很有希望。这十年进步很快，但今后进步会比这十年更快。全国各行各业都要通力合作，集中力量打歼灭战。每一行都要树立明确的战略目标。我们过去打仗就是用这种方法。"走到一段楼梯的转弯处，邓小平看到墙上挂着一块写有"不求虚名，只求实干"的标语牌，停下脚步，轻声地念了一遍，赞许地说："对，就是要实干。"

1月25日上午，邓小平来到珠海市高新技术企业——亚洲仿真控制系统工程有限公司参观。这是一家创建于1988年的高科技企业，研制项目被列入国家火炬计划。当邓小平走进大厅时，早已等候在此的科技人员和公司员工用热烈的掌声向他表示欢迎。邓小平看着在场的众多年轻人，非常高兴地说："祝贺，祝贺你们年轻人！"公司总经理游景玉向邓小平介绍："仿真系统工程在世界上是二十世纪七十年代兴起的高科学技术。这类系统工程，采取模拟的方法解决了航天、航海、军事、电站等复杂行业训练人员的重大课题。"

邓小平走进公司的计算机房，认真询问公司的科研和生产情况，以及有关知识产权的问题。一台30万千瓦模拟电机组正在微机控制下进行工作，让人感到正置身于大型火力发电站的控制室。邓小平显得十分兴奋，他竖起大拇指轻轻地晃动着说："我相信你们能在发展高科技方面带个头。"

游景玉还向邓小平详细介绍公司的科研、生产和科技队伍等情况，当她汇报到亚仿公司走的是一条科技、生产、效益相结合的道路时，邓小平问道："科学技术是第一生产力的论断，你认为站得住脚吗？"游景玉回答说："我认为站得住脚，因为我们是用实践来回答这个问题的。我们过去的实践、现在的实践和未来的实践都会说明这个问题。我相信它是正确的。"邓小平说："就是靠你们来回答这个问题。我相信这是正确的。"

自1988年邓小平经过长期思考正式提出"科技是第一生产力"

的观点后，一方面他十分看重自己的这一理论创新，多次进行阐述，并将其提高到事关民族振兴的高度；另一方面他又对此持非常谨慎的态度，一直没有采用非常确凿的口吻，而是在许多场合进行反复求证，尤其是在接近实践的场合。邓小平在南方谈话中论述科技问题，这种求证的特点十分明显。这些论述分散在他参观多个高科技企业的过程中，而把高科技项目和现代化企业作为考察的重点，则是邓小平在中外各地参观视察的一贯特色。

随后，邓小平问游景玉是不是留美学生？游景玉回答：她曾去美国接受培训，负责引进仿真技术。公司有一批人在美国学习过。在美国，他们每天工作 10 个小时，决心把祖国的高科技事业发展起来。邓小平沉思片刻后谈道："你们带头，希望所有出国学习的人回来。不管他们过去的政治态度怎样，都可以回来；回来我们妥善安排。起码国内相信他们。告诉他们，要作贡献，还是回国好。"谢非告诉邓小平，广东省已制定政策欢迎留学生回来，也允许他们再出去。邓小平表示肯定："这个好嘛！这要有点胆量。不是讲改革开放吗？开放嘛，进出就是要自由一点嘛。回来不适合，他可以走。事实上，绝大多数留学生回来后，只要安排妥当，是不会出去的。"

游景玉汇报：公司投产第一年，人均产值达 20 多万元。邓小平马上接着说："更重要的是水平。近一二十年来，世界科学技术发展多快啊！高科技领域的一个突破，带动了一批产业的发展。要提倡科学，靠科学才有希望。近十几年来我国科技进步不小，希望在九十年代，进步得更快。"

游景玉还介绍：他们公司 105 人中，80% 以上是博士、硕士和高中级科技人员。邓小平看着机房内先进的技术设备和良好的工作条件，颇有感慨地对科技人员说：你们现在的条件要比 50 年代好得多了。"大家要记住那个年代，钱学森、李四光、钱三强那一批老科学家，在那么困难的条件下，把两弹一星和好多高科技搞起来。应该说，现在的科学家更幸福。"邓小平在一台计算机旁停了下来，与一位正在操作的年轻人交谈，他说："要握一握年轻人的手，科技的希望在年轻人。当然，老科学家也是很重要的。我是看新鲜的，越新越好，越高越好，越高越新，越高兴啊！我高兴，人民高兴，中国这个国家高兴。"邓小平环视在场的人，坚定地说："全国各行各业要共同努力，来证明我们可以干很多事情。现在外国已经开始怕起来，撒切尔夫人有句话，她怕中国的发展，所以她亲自来看。我们要夹着尾巴做人。"

邓小平离开亚仿公司前，员工们站在大厅为他送行。一位年轻人向邓小平伸出手来，"我要和大家拉一拉手"，他说着便握住年轻人的手。于是，一排手臂齐刷刷地伸在他面前。邓小平从前排转到后排，和大家一一握手。他说："我很高兴，我们有这么年轻的科技队伍。"与公司科技人员一起合影留念后，邓小平再次绕到后排，与站在那里的几位年轻人握手，并语重心长地说："对国家要爱哟！中国要发达起来，中国穷了几千年了，现在是改变这种状况的时候了。""我国各行业要共同努力，来证明可以干很多事。"

离开亚洲仿真控制系统工程有限公司，邓小平的心情依然没有平静。上车后，他又继续说："当年钱学森搞导弹的时候，给他一百个高中生，就这样带出来了。现在这个公司大专以上的科技人员就有一百人，学历比那时高多了。珠海这个地方就容纳了这么多高科技人才，从全国来说，就更多了。今天我们看到那么多年轻的科技工作者，有希望啊！从中国出去的科学工作者，有很多人很想念祖国，这很好啊！要把他们吸引回来。"中巴车经过拱北时，邓小平指着一座旧建筑问是什么。陪同人员告诉他，那是清朝海关遗址。望着残垣上斑驳的弹痕印记，邓小平的神色一下子凝重起来，他一字一句地说道："贫穷落后是要挨打的啊！"

经过景山路时，看着一座座厂房从车窗外闪过，邓小平接着说：现在总的基础不同了，我们10年前哪有这么多工厂？几个工厂都是中等的水平。现在大中型厂子里头的设备多好呀！过去我们搞"两弹"的设备和这些相比，差得远呢，简单得很哪，不一样啦！由此，他再次谈到经济发展的速度问题。他说：经济发展比较快的是1984年至1988年。这5年，首先是农村改革带来了许多新的变化，农作物大幅度增产，农民收入大幅度增加，乡镇企业异军突起，不仅盖了大批新房子，而且自行车、缝纫机、收音机、手表"四大件"和一些高档消费品进入普通农民家庭。农副产品的增加，农村市场的扩大，农村剩余劳动力的转移，又强有力地推动了工业的发展。这5年，共创造工业总产值6万多亿元，平均每年增长21.7%。吃、穿、住、行、用等各方面的工业品，包括彩电、冰箱、洗衣机，都大幅度增长。钢材、水泥等生产资料也大幅度增长。农业和工业，农村和城市，就是这样相互影响、相互促进。这是一个非常生动、非常有说服力的发展过程。可以说，这期间我国财富有了巨额增加，整个国民经济上了一个新的台阶。1989年开始治理整顿。治理整顿，我是赞成的，而且确实需要。经济"过热"确实带来一些问题。比如，票子发得多了一点。物价波动大了一点，重复建设比较严重，造成了一些浪费。但是怎样全面地来看那5年的加速发展？那5年的加速发展，也可以称作一种飞跃，但与"大跃进"不同，没有伤害整个发展的体制机制。那5年的加速发展功劳不小，这是我的评价。治理整顿有成绩，但评价功劳，只算稳的功劳，还是那5年加速发展也算一功？或者至少是一个方面的功？如果不是那几年跳跃一下，整个经济上了一个台阶，后来三年治理整顿不可能顺利进行。看起来我们的发展，总是要在某一阶段抓住时机，加速搞几年，发现问题及时加以治理，而后继续前进。

临近中午，邓小平登上拱北口岸粤海大厦最高处的旋转餐厅。这里与澳门只有一箭之遥，邓小平一边俯瞰窗外拱北新貌和澳门远景，一边听取谢非、梁广大的汇报。此时的澳门，距离正式回归祖国还有 7 年的时间。孔子说："五十而知天命。"年近 90 岁的邓小平似乎对自己的天命很有把握，他很早就将 1997 年设为自己的极限，对于澳门回归的 1999 年，他似乎并不抱奢望。然而，面对他同样关心的澳门，邓小平的心中也有所触动。

梁广大向邓小平汇报："试办特区前，珠海有不少人外流到香港、澳门。生产队长一早起来吹开工哨才发现，队里六七十个强劳动力一夜之间全跑了。有个 260 多户人家的村子，除了老人和孩子，全都跑空了。特区创办后，珠海人的生活一天比一天好起来，过上了小康水平的富裕日子，原来外流的珠海人也纷纷回来了。那个跑空了的村子，除队长一人感到'无颜见江东父老'没回来外，其他 260 多户人家都回到珠海定居了。现在还有些澳门人到珠海来定居。"听到了这些情况，邓小平很高兴，他说："这好嘛，说明社会主义能战胜资本主义。"随后，他沉思片刻，再开口并未谈一时一地之事，而是以恢宏的历史眼光，发表了一段关于马克思主义的重要讲话：

"我坚信，世界上赞成马克思主义的人会多起来的，因为马克思主义是科学。它运用历史唯物主义揭示了人类社会发展的规律。封建社会代替奴隶社会，资本主义代替封建主义，社会主义经历一个长过程发展后必然代替资本主义。这是社会历史发展不可逆转的总趋势，但道路是曲折的。资本主义代替封建主义的几百年间，发生过多少次王朝复辟？所以，从一定意义上说，某种暂时复辟也是难以完全避免的规律性现象。一些国家出现严重曲折，社会主义好像被削弱了，但人民经受锻炼，从中吸收教训，将促使社会主义向着更加健康的方向发展。因此，不要惊慌失措，不要认为马克思主义就消失了，没用了，失败了。哪有这回事！"

联系起邓小平在来珠海的快艇上的谈话，两段谈话都有针对性，但结合起来很好地反映了邓小平关于马克思主义、共产主义的认识：一方面，邓小平终其一生，坚定不移地坚持马克思主义、共产主义的革命信仰，这是极其不易的，但也是老一辈无产阶级革命家的共性；另一方面，邓小平的一个重要的过人之处在于，他具有去伪存真的卓越洞察力，能够实事求是地将信仰贯彻于实践，从而取得改造世界的伟大胜利，为马克思主义在世界范围的继续发展作出重要贡献。概括来说，一个是"坚定不移"，另一个是"实事求是"。

1月27日上午，邓小平继续视察高新技术企业，来到江海电子股份有限公司。他在途中就说：企业要创名牌，要创出我们中国自己的牌子。要发展就需要人才，不用人才不行。要鼓励用人才，出人才。到了江海公司，听取公司总经理丁钦元关于公司探索的介绍，邓小平赞赏地说：你讲得很好，特别是不要满足现在的状况。要日日新，月月新，年年新。不断创造出新的东西出来，才有竞争力。你们做的是高度的爱国主义，是对社会主义的贡献，感谢你们全体职工。说着，邓小平转过身，对陪同他参观的广东省和珠海市负责人说：不是有人议论姓"资"姓"社"的问题吗？你们就是姓"社"。你们这里是很好的社会主义。离开江海公司，邓小平接着说：这个厂总体方向是正确的，因陋就简，很了不起，方向对，方法也对。看得出来，是从艰苦条件发展起来的。要挖掘人才，你们做得对。要不断创造人才，一年三百六十五天，都要做这件事。只要有人才，就可以创造出技术，事业就兴旺啊！梁广大接过话题，向邓小平汇报珠海国营、集体和个体企业发展情况。邓小平指出：以后分工越来越细，工艺越来越新，一家一户最终要走集体的道路，不过，农民愿意怎样就怎样，不要搞运动，他们实际上会走向这个方向，集体化也是社会主义。

在随后考察唐家浅水湾的路上，邓小平又谈到家庭问题：欧洲发达国家的经验证明，没有家庭不行，家庭是个好东西。都搞集体性质的福利会带来社会问题，比如养老问题，可以让家庭消化。欧洲搞福利社会，由国家、社会承担，现在走不通了。老人多了，人口老化，国家承担不起，社会承担不起，问题就会越来越大。我们还要维持家庭。全国有多少老人，都是靠一家一户养活的。中国文化从孔夫子起，就提倡赡养老人。

在珠海，邓小平还反复叮嘱广东省和珠海市的负责人：要坚持两手抓，一手抓改革开放，一手抓打击各种犯罪活动。这两只手都要硬。打击各种犯罪活动，扫除各种丑恶现象，手软不得。广东20年赶上亚洲"四小龙"，不仅经济要上去，社会秩序和社会风气也要搞好，两个文明建设都要超过它们，这才是中国特色的社会主义。在整体改革开放的过程中，必须始终注意坚持四项基本原则。十二届六中全会我提出反对资产阶级自由化还要搞20年，现在看起来不止20年。资产阶级自由化泛滥，后果极其严重。特区搞建设，花了十几年时间才有这个样子，垮起来可是一夜之间啊。垮起来容易，建设起来就很难。在苗头出现时不注意，就会出事。

5. 再访上海

邓小平于1月29日下午离开珠海前往广州，在途中视察了顺德县容奇开发区的广东珠江冰箱厂，这里生产的"容声冰箱"荣获国家金质奖，远销香港地区及东南亚一些国家。厂长潘宁向邓小平汇报珠江冰箱厂的历史、现状和未来发展，该厂是1983年筹办的集体性质的乡镇企业，自1984年投产以来7年间产量增加了16倍，全国居首。邓小平谈兴很浓，原定15分钟的视察时间结束，又延长了20分钟，他说："我们国家一定要发展，不发展就会受人欺负，发展才是硬道理。""顺德经济发展体现了改革开放的成果，所以，改革开放一定要坚持，而且还要胆大一点。"

当天下午5点，邓小平在广州东站登上返回北方的列车，省委负责人在站台上向他表示，一定要加快改革开放的步伐，加快经济发展的速度，争取20年赶上亚洲"四小龙"。

1月30日，列车进入江西境内。下午3点40分，途经鹰潭车站。同在武昌、长沙火车站一样，邓小平在鹰潭车站也是一边沿月台散步，一边同江西省委书记毛致用、省长吴官正谈话。

邓小平十分关心江西的农业发展，谈话首先从江西去年的年景开始，随后听取毛致用的汇报。邓小平于此时指出："稳定发展我赞成。但是，只要能快一点还是要争取快一点。胆子要更大一点，放得更开一点。不能胆子没有了，雄心壮志也没有了。有机遇能跳还是要跳。"

1月31日，邓小平到达上海。2月3日是农历除夕之夜，邓小平出现在上海各界人士齐聚的迎猴年新春晚会上，向大家致意，向上海人民问好。第二天，《人民日报》公开报道了这一消息，这是邓小平1月17日离开北京后，官方对他活动的首次报道。

2月7日，天气特别阴冷，但邓小平不顾寒冷出发到他特别关注的浦东考察。他先到南浦大桥，听取建设总指挥朱志豪的介绍，高兴地让在场的记者拍了一张全家福，接着又来到正在建设中的杨浦大桥工地，还向在高处施工的工人挥手致意。实际上，此时邓小平的身体已经出现一些问题。据邓小平的家人回忆："可能大家不知道，到了上海以后，他就大病了一场。我觉得南方讲话的时候，真是倾注了他的心血。"在南浦大桥，一年前接待过他的朱志豪告诉邓小平：您现在是站在桥面上，离开地面已经 62 米了。邓小平问：大桥是不是世界第一呀？朱志豪回答：不是第一，是目前世界上的老三，但是真正建成的第二。第一是加拿大，第二就是我们了，印度还没有建完。现在杨浦大桥已经开工了，等到这个大桥建成以后就是世界上跨度最大的一个大桥了。

2 月 8 日晚，邓小平乘"友好号"游船游览黄浦江，观看上海夜景。他对陪同的吴邦国、黄菊等上海市委负责人说："二十一世纪是年轻人的。干部要年轻化，用人也要解放思想，胆子要大一点。人无完人，年轻人有这样那样的缺点，老同志就没缺点？老同志也是这样走过来的。年轻化要从基层搞起来，现在的基层比过去更大，宝钢也算是一个基层。要提拔一批年轻人，这样才能后继有人。"

2 月 10 日上午，邓小平视察位于漕河泾开发区的中外合资上海贝岭微电子制造有限公司，观看该公司简介录像，听取公司经理陆德纯汇报，邓小平对陆德纯说："祝贺你们取得的成绩，祝贺你们高技术产品产业化。""技术要高、高、高，更高！"

在贝岭公司的分析室，邓小平用一架高倍显微镜观察硅片表面的线路分布。在超净化车间，邓小平站在隔离观察窗旁听取介绍，得知这个车间里是贝岭公司从国外引进的生产设备和调试检测仪器，其中关键设备大束流离子注入机，是经过国际巴统会批准首次进入中国的。这时，邓小平指着这些引进的先进设备，向周围陪同的人发问："你们看，这些设备是姓'资'还是姓'社'？"

在场的人都回答："姓'社'。"邓小平郑重地说："它们姓'社'。资本主义国家的设备、技术、管理，拿来为我们社会主义所用，那就是姓'社'了。"接着，邓小平分析道，苏联原是一个经济技术发达的国家，由于闭关自守而导致落后，最后落得个国家解体的悲剧。他加重语气强调："关键是要改革开放、发展经济。"

两天后的上午，邓小平又来到闵行开发区视察，听取闵联公司总经理鲁又鸣介绍开发区的发展情况。按照安排，鲁又鸣的汇报限定在七八钟。但鲁又鸣太激动了，一下子讲了20分钟。让他没有想到的是，汇报结束后，邓小平没有理会警卫人员的督促，站起来又重新坐下说："我说几句。"随后他把鲁又鸣在汇报中所讲的开发区的生产发展、外资引进数目、外资企业数目重复了一遍，准确得令人吃惊。邓小平坚决地说："这就是发展，这就是进步。""到本世纪末，上海浦东和深圳要回答一个问题，姓'社'不姓'资'，两个地方都要做标兵。要回答改革开放有利于社会主义，不利于资本主义。这是个大原则。要用实践来回答。农村改革是一大创举。家庭联产承包责任制的问题是用实践来回答的，城市改革的问题也要用实践来回答。实践这个标准最硬，它不会做假。要用上百上千的事实来回答改革开放姓'社'不姓'资'，有利于社会主义，不利于资本主义。上海要回答这个问题，要靠大家努力。"

2月17日下午，邓小平听取吴邦国、黄菊关于浦东开发和发展规划的汇报，并审看浦东新区规划图。他听完汇报后指出："浦东开发晚了，但可以借鉴广东的经验，可以搞得好一点，搞得现代化一点，起点可以高一点。起点高，关键是思想起点要高。后来居上，我相信这一点。"

2月18日晚上，邓小平进行了他视察南方的最后一项活动——到上海市第一百货商店为孙辈购买铅笔和橡皮。他说，买铅笔是让孩子们加强学习，买橡皮是让他们改正错误。

20日，邓小平再次登上火车，离开上海。下午3点，邓小平途经南京火车站。江苏省委书记沈达人、省长陈焕友等江苏省负责人告诉邓小平，听了他在上海、深圳等地作的重要指示，大家都非常高兴。邓小平对他们强调："要抓住时机，把经济搞上去，步子可以快一点。我现在就怕丧失时机。""江苏应该比全国平均速度快一点。"

2月21日，邓小平回到北京，南方谈话宣告完成。邓小平根据规定开始乘坐专列是1951年，到1994年43年间共乘坐71次，专列列车长齐文明说："1992年，南方谈话那次是最长的一次，36天。"

几天后，2月28日，中共中央将邓小平1月18日至2月21日在武昌、深圳、珠海、上海等地视察期间的谈话要点作为中央1992年第二号文件下发，要求尽快逐级传达到全体党员干部。3月9日至10日，江泽民主持召开中共中央政治局会议，认真讨论我国改革和发展的若干重大问题，表达了中央政治局对邓小平南方谈话精神的赞同。3月26日，《深圳特区报》刊登深圳特区报记者陈锡添撰写的长篇通讯《东方风来满眼春》，很快全国几乎所有省区市的主要报纸都在显要位置转发了这篇长文。邓小平的南方谈话已经家喻户晓，并迅速进入实践。

关于我国经济发展，邓小平在领导改革开放的整个过程中始终坚持一种辩证的观点，这就是"能够有一个比较好的又比较快的发展速度"，同时"要求的速度、数字是扎扎实实的，没有水分的，产品要讲质量的，真正能体现我们生产的发展"。对此他从未发生改变。但是这种发展经济的辩证思想，在各领域、各区域千差万别的实际落实过程中，却经常失去辩证的特点，在许多具体实践中确有偏差。在对南方谈话的落实过程中，也存在这个问题，甚至可以说是一个典型事例。邓小平在南方谈话中提出一个鲜明的观点："发展才是硬道理。"由于其脍炙人口，迅速传遍全国各地，甚至国外也深受其影响。这一观点从战略高度指出发展的重要性和必要性，就其本身来说，毫无疑问是正确的，即使站在今天，放眼全球，这句话依然是放之四海而皆准的真理。但我们对南方谈话的理解理应从整体把握，看看这句话的上下文，邓小平讲得非常清楚，什么样的发展才是正确的发展，他设定了许多限制性前提，如"有条件的地方要尽可能搞快点，只要是讲效益，讲质量，搞外向型经济"，再比如"经济发展得快一点，必须依靠科技和教育"，等等。即使不看全文，按照正常的思维逻辑，贯彻落实"发展是硬道理"的精神，也不可能得出可以不顾实际条件追求不健康的发展的结论。但是在复杂的具体实践过程中，对邓小平的思想确实存在着许多此类有意无意的曲解。

南方谈话发表后，由于其深入人心，全国迅速兴起发展经济的热潮，看起来都在积极响应邓小平的号召，贯彻落实邓小平的思想。但是，当时各地出现了"大干快上"、乱铺摊子的"过热"现象，股票热、开发区热、房地产热超出合理的范围，如果按照那个趋势发展下去，不仅无法达到邓小平提出的目标，反而会对国民经济造成损害，是对南方谈话精神的误读和执行偏差。南方谈话中已经谈道："经济'过热'，确实带来一些问题。比如，票子发得多了一点，物价波动大了一点，重复建设比较严重，造成了一些浪费。"对实践中出现的这种偏差，邓小平是有观察、有思考的，他以一种特殊的方式表达了自己的态度。

1992 年 3 月，七届全国人大五次会议在北京召开。25 日，朱镕基在会上提出要全面正确理解邓小平南方谈话，深刻领会其精神实质，不要片面理解发展是硬道理。对此，有人表示，"朱镕基这个讲话是同邓小平南方谈话唱反调"，当时这样的说法很多，令朱镕基压力很大。但邓小平不但没有否定朱镕基的讲话，还表示充分的支持。按照他的要求，之后这份讲话稿由江泽民亲自撰写按语，以中央文件的形式印发全党。以这种方式，邓小平明确地表示了对朱镕基正确解读"发展是硬道理"的支持，反映了他的真实思想。

6. 政治交代

在南方谈话的影响下，国家的整体改革不断向广拓展，向深挺进。卓有成效的改革开放保证了我国经济的快速发展，国家经济连续 20 多年以平均近两位数的速度增长，中国一跃成为世界第二大经济实体。

回顾中国近代历史，大致经历了 4 次经济的快速发展，分别是清末 19 世纪 60 年代到 90 年代的洋务运动，中华民国 1927 年到 1937 年的"黄金十年"，新中国成立初的社会主义革命和建设，以及 1978 年底十一届三中全会以来改革开放的历史转折。这几次经济的快速发展，都是在中国社会向现代化转型的过程中发生的。

在洋务运动中，封建统治阶级中的部分成员开始引进、仿造西方武器装备和学习西方的科学技术，虽然其目的是挽救清政府的统治危机，但毕竟有利于资本主义经济的发展和社会风气的转变，是中国从封建社会向近代社会迈进的重要一步。中华民国的"黄金十年"处于封建帝制已经被推翻、军阀割据的局面在逐渐改变、中国正在走向实质统一的阶段。这 10 年里，交通进步，经济稳定，学校教育也得到发展，中华民国在政治、外交、军事、经济、文化、边疆民族等施政各方面都取得一定成就，达到近代中国的较高水平。中华人民共和国成立后，党领导人民在恢复国民经济、争取国家财政经济状况基本好转的前提下，进行社会主义改造，中国从新民主主义社会过渡到社会主义社会，社会制度和生产关系发生重大变化，社会主义建设事业也取得很大成就。1978 年底十一届三中全会之后的 10 年，农村改革、城市经济体制改革、政治体制改革逐渐展开，对外开放的新格局开始形成，经济社会发展总体比较快速、稳定。

可见，是中国社会向现代化迈进过程中的巨大转型带来了生产关系上的变革，从而促进了生产力的发展。但是，任何转变都不是一蹴而就的，在社会的变革过程中，也积累了很多矛盾与冲突。在中国这样一个政治属性很强的国家中，这些矛盾与冲突最终都以政治危机的形式表现出来，如洋务运动后更加动荡的政治局势，"黄金十年"后的日军侵华，全面建设社会主义十年后的"文化大革命"，以及改革开放后1989年的政治风波。这些政治危机的出现，都打乱了原本正在发展的社会进程，原来高速发展的经济，被迫冷却、降温甚至出现倒退。

从另一个角度看，这些政治危机实质上义是社会转型的试金石。如果能够成功渡过危机，并且借此机会解决危机背后的矛盾和冲突，社会转型才能真正实现，中国才能从根本上打开走向现代化的道路。

1992年的南方谈话就是在这样的一个历史紧要关头产生的。无论是国内之前的政治风波还是国际的社会主义运动低潮与西方资本主义的攻势，都是中国自1978年底以来的经济社会发展走到重要关口的表现。邓小平的南方谈话，看似是针对个别问题有感而发，但从根本上来说，是他承前启后，综合政治、经济、文化、社会、党建等各方因素系统分析的思想结晶。南方谈话科学地总结了14年来的基本经验，明确回答了人们头脑中困惑的问题，强调要坚持党的基本路线一百年不动摇，要坚定不移推进改革开放，要坚定不移走中国特色社会主义道路，并在解放思想、实事求是的精神指导下，创造性地发展了马克思主义理论，为事关中国未来发展的重要问题勾画了蓝图，指明了方向。

正是在南方谈话精神的指导下，中国经受住各方面的政治考验，顺利迈过这一重要关口。内在的关系一旦理顺，历史的车轮就会迅速启动，势不可当。此后，中国走向现代化道路被彻底打开，经济一路向好，创造了持续 40 年迅速发展的"世界奇迹"。党的十四大评价："以邓小平同志的谈话和今年三月中央政治局全体会议为标志，我国改革开放和现代化建设事业进入了一个新的阶段。"党的十五大评价："一九九二年邓小平南方谈话，是在国际国内政治风波严峻考验的重大历史关头，坚持十一届三中全会以来的理论和路线，深刻回答长期束缚人们思想的许多重大认识问题，把改革开放和现代化建设推进到新阶段的又一个解放思想、实事求是的宣言书。"这是恰如其分的。习近平总书记曾说："一九九二年，邓小平同志在南方谈话中说：'不坚持社会主义，不改革开放，不发展经济，不改善人民生活，只能是死路一条。'回过头来看，我们对邓小平同志这番话就有更深的理解了。所以，我们讲，只有社会主义才能救中国，只有改革开放才能发展中国、发展社会主义、发展马克思主义。"

但对于邓小平个人来说，家人和身边工作人员遗憾地发现，他的身体状况自发表南方谈话后迅速地恶化了。邓朴方回忆："他最后讲这些话都是把命拼上了。""最后你看他讲话多激动，多频繁，多恳切，多用心啊，付出了自己的感情，甚至把自己那点精气神都要用完了。""他一下子身体就垮下来了，再也没有缓过来了。就是春蚕到死丝方尽，到最后了拼了老命把最后的政治交代完成。"邓小平1985 年时曾说："测量我的健康有两条标准，一是游泳，二是打桥牌。能打桥牌就说明我的大脑还能起作用，能游泳说明体力还可以。"他还说："我不喜欢室内游泳池，喜欢在大自然中游泳，自由度大一些，有股气势。"所以，邓小平几乎每年夏季都会到北戴河畅游大海，每次至少要游一个半小时，绝不偷懒。然而，就在南方谈话后几个月，1992 年的夏天，经过医疗小组的最终同意，邓小平一共下海游了8次，每次大约45分钟。而第八次就是他最后一次下海游泳，从此，他只能坐在岸边，默默注视着大海。

不过，在南方谈话发表后，邓小平的心情多了一份安宁与轻松。1992年7月12日，邓小平同前来探望的弟弟邓垦谈话，革命一生的兄弟俩谈到了共产主义理想，邓小平专门提及南方谈话：对我个人来讲现在死正好是时候，你们要想透要超脱旧的观念，自然规律违背不了，但是我还想多活，剩下的时间想看看。我这一生有一个阶段性的成果，这个阶段在历史长河中是个重要的曲折的阶段和取得最好效果的阶段，就是这次南方谈话定了调，这个调没有错。12多亿人口有了明确的方向、道路和方法，市场经济是方法手段，不是确定社会性质，我们没有辜负这些年，做了应该做的事，做了好事，这辈子就可以了。

纵观邓小平的一生，在每一个决定国家和民族命运的历史紧要关头，他都将自己的命运同中国共产党、中国人民解放军、中华人民共和国创建和发展的历史进程紧紧相连，同中国革命、建设、改革的历史进程紧紧相连，同中华民族抗争、独立、振兴的历史进程紧紧相连，并且凭借坚韧的意志和高超的智慧，发挥了重要的作用，作出了卓越的贡献，最终切实地改变了中国人民的历史命运，甚至改变了世界的历史进程。邓小平之所以能够为国家和人民建立彪炳史册的功勋，在于他看清了世界和中国的发展大势，深刻了解中国人民和中华民族的深沉愿望，把握住中国社会发展的历史规律，紧紧依靠党和人民建立了前所未有的历史性伟业。毛泽东评价邓小平"政治思想强，人才难得"。江泽民、胡锦涛、习近平一致指出："如果没有邓小平同志，中国人民就不可能有今天的新生活，中国就不可能有今天改革开放的新局面和社会主义现代化的光明前景。"邓小平自述："我荣幸地以中华民族一员的资格，而成为世界的公民。

我是中国人民的儿子，我深情地爱着我的祖国和人民。"他把毕生心血和精力都奉献给党和人民的事业，奉献给中国人民，因此赢得了全党全国人民的衷心爱戴，也赢得了各国人民的普遍尊敬。邓小平的名字带着光辉，铭刻于历史之上。

主要参考文献

（以首字母顺序为序）

一、史料类

1. 参考消息报社编：《参考消息》[N]。

2. 陈云：《陈云文选》[M]，北京：人民出版社。

3. 邓小平：《邓小平文选》[M]，北京：人民出版社。

4. 邓小平：《邓小平文集（1949—1974）》[M]，北京：中央文献出版社，2014年版。

5. 胡锦涛：《胡锦涛文选》[M]，北京：人民出版社，2016年版。

6. 胡锦涛：《论构建社会主义和谐社会》[M]，北京：中央文献出版社，2013年版。

7. 江泽民：《江泽民文选》[M]，北京：人民出版社。

8. 江泽民：《论党的建设》[M]，北京：中央文献出版社，2002年版。

9. 江泽民：《论社会主义市场经济》[M]，北京：中央文献出版社，2006年版。

10. 列宁：《列宁全集》[M]，北京：人民出版社。

11.《李先念年谱》[M]，北京：中央文献出版社，2011年版。

12.《李先念传》［M］，北京：中央文献出版社，2009 年版。

13. 马克思、恩格斯：《马克思恩格斯选集》［M］，北京：人民出版社。

14. 马克思、恩格斯：《马克思恩格斯全集》［M］，北京：人民出版社。

15. 马克思、恩格斯：《马克思恩格斯文集》［M］，北京：人民出版社，2009 年版。

16. 毛泽东：《毛泽东选集》［M］，北京：人民出版社。

17. 毛泽东：《毛泽东文集》［M］，北京：人民出版社。

18. 人民日报社编：《人民日报》［N］。

19. 习近平：《习近平著作选读》［M］，北京：人民出版社，2023 年版。

20. 习近平：《习近平谈治国理政》［M］，北京：外文出版社。

21. 习近平：《习近平关于协调推进"四个全面"战略布局论述摘编》［M］，北京：中央文献出版社，2015 年版。

22. 习近平：《习近平关于全面深化改革论述摘编》［M］，北京：中央文献出版社，2014 年版。

23. 习近平：《习近平总书记重要讲话文章选编》［M］，北京：中央文献出版社、党建读物出版社，2016 年版。

24. 叶剑英：《叶剑英选集》［M］，北京：人民出版社，1996 年版。

25. 周恩来：《周恩来选集》［M］，北京：人民出版社。

26. 中央档案馆编：《中共中央文件选集》［M］，北京：人民出版社。

27. 中央文献研究室编：《毛泽东传》［M］，北京：中央文献出版社，2003 年版。

28．中央文献研究室编：《邓小平年谱》［M］，北京：中央文献出版社，2020 年版。

29．中央文献研究室编：《回忆邓小平》［M］，北京：中央文献出版社，1998 年版。

30．中央文献研究室编：《建国以来重要文献选编》［M］，北京：中央文献出版社。

31．中央文献研究室编：《新时期党的建设文献选编》［M］，北京：中央文献出版社，1991 年版。

32．中央文献研究室编：《十二大以来重要文献选编》［M］，北京：人民出版社。

33．中央文献研究室编：《十三大以来重要文献选编》［M］，北京：人民出版社。

34．中央文献研究室编：《十四大以来重要文献选编》［M］，北京：人民出版社。

35．中央文献研究室编：《十五大以来重要文献选编》［M］，北京：中央文献出版社。

36．中央文献研究室编：《十六大以来重要文献选编》［M］，北京：中央文献出版社。

37．中央文献研究室编：《十七大以来重要文献选编》［M］，北京：中央文献出版社。

38．中央文献研究室编：《十八大以来重要文献选编》［M］，北京：中央文献出版社。

39．中央文献研究室编：《十九大以来重要文献选编》［M］，北京：中央文献出版社。

二、专著类

40. 薄一波：《若干重大决策与事件的回顾》上卷［M］，北京：中共中央党校出版社，1991 年版。

41. 陈雪薇：《十一届三中全会以来重大事件和决策调查》［M］，北京：中共中共中央党校出版社，1998 年版。

42. 陈开枝：《1992·邓小平南方之行》［M］，北京：中国文史出版社，2004 年版。

43. 龚育之：《党史札记末编》［M］，北京：中共党史出版社，2008 年版。

44. 国防科学技术工业委员会编：《邓小平国防科技工业建设思想研究》［M］，北京：北京航空航天大学出版社，2004 年版。

45. 黄华：《亲历与见闻——黄华回忆录》［M］，北京：世界知识出版社，2007 年版。

46. 黄宏主编：《硬道理——南方谈话回眸》［M］，山东：人民出版社，2002 年版。

47. 冷溶：《邓小平理论与当代中国基本问题》［M］，北京：法律出版社，2000 年版。

48. 冷溶、高屹主编：《学习邓小平同志南巡重要谈话》［M］，北京：人民出版社，1992 年版。

49. 龙平平：《邓小平与他的事业》［M］，福建：福建教育出版社，1997 年版。

50. 于光远：《1978：我亲历的那次历史大转折》［M］，北京：中央编译出版社，2008 年版。

51. 张卓元等主编：《20 年经济改革回顾与展望》［M］，北京：中国计划出版社，1998 年版。

52. 钟朋荣：《十年经济改革——历程、现状、问题、出路》[M]，河南：人民出版社，1990年版。

53. 中共党史和文献研究院：《中国共产党的一百年》[M]，北京：中共党史出版社，2022年版。

54. 中央文献研究室邓小平研究组编：《从邓小平南方谈话到江泽民"七一"讲话——纪念南方谈话10周年理论研讨会论文集》[M]，北京：中央文献出版社，2002年版。

55. 中共中央文献研究室、中共上海市委宣传部、上海文广新闻传媒集团联合摄制：电视文献片《邓小平与上海》，2004年8月。

三、论文类

56. 陈锦华：《确定市场经济体制和加强国家宏观调控》[J]，党的文献，2008年第4期。

57. 龚育之：《十三大报告要好好写出一篇社会主义初级阶段论》[J]，学习时报，2005年12月5日。

58. 龚育之：《陆定一与十二届六中全会精神文明决议》[J]，书摘，2008年第7期。

59. 龙平平：《论邓小平开创改革开放伟大事业的历史贡献》[J]，党的文献，2009年第1期。

60. 龙平平：《邓小平的历史贡献和深化邓小平理论研究的重点问题》[J]，党的文献，2013年第1期。

61. 龙平平：《从南方谈话看深化邓小平理论研究的几个问题》[N]，人民网，2012年1月。

62. 梁广大：《回忆邓小平一九九二年视察珠海》[J]，中共党史研究，2002年第3期。

63. 李大耀：《邓小平与中国航天》[J]，航天返回与遥感，

2004 年第 2 期。

64. 刘金田、张爱茹：《辉煌的精神力量——邓小平南方谈话始末》[J]，决策，2012 年第 4 期。

65. 吴建民：《改革开放与小平同志的一个重大判断》[N]，北京日报，2008 年 3 月 31 日。

66. 王大珩：《谈谈八六三高技术计划》[J]，科学中国人，1996 年第 2 期。

67. 谢春涛：《关于计划经济与市场经济的争论——吴敬琏访谈录》[J]，百年潮，1998 年第 2 期。

68. 虞家复：《伟大的构想——忆采访邓小平向外国人谈"一国两制"》[J]，中国记者，1997 年第 6 期。

69. 叶华明：《那时他就关心碟片的版权》[N]，北京青年报，2004 年 8 月 20 日。

70. 张爱茹：《邓小平南方谈话实录》[J]，党史纵横，2002 年第 1 期。